蔣中正日記

Chiang Kai-shek Diaries, 1952

◆ 民國四十一年 ◆

民國歷史文化學社　國史館 Academia Historica

感謝

蔣經國國際學術交流基金會
世界大同文創股份有限公司

贊助出版

編輯凡例

一、本書為蔣中正民國四十一年 (1952) 日記，係根據日記原件打字排版。

二、本書卷首列有總序，旨在說明蔣日記之整體歷史意義與價值。

三、本書各年各冊均精選國史館授權使用照片若干幀，與日記內容呼應，不無左圖右史之義。後附索引，意在讀者易於檢索、利用。

四、日記內容本分「雪恥」、「注意」、「預定」等欄目者，本書均依照原有欄目處理。日記原件每月起始有「本月大事預定表」；每週附有「上星期反省錄」、「本星期預定工作課目」；每月月底附「上月反省錄」，全年日記之末並以「雜錄」、「姓名錄」殿之。本書悉依原有形式出版。

五、同日日記遇有草稿、抄稿、秘書抄稿並存時，則以最完整稿置前，其餘附後。

六、日記內文提及之相關人物與重要事件，編輯整理時酌加頁註。相關人物第一次出現時，當頁註釋其全名及當年或前後之職銜，以利查考。外國人名第一次出現時，當頁註釋其拉丁化全名，以資識別。

七、本書用字尊重現今常用字，俗字、簡字、古字等異體字改為正體字。惟遇通同正體字時，為因應讀者閱讀習慣及通俗用法，採用現今通用正體字，如「并」改為「並」，「証」改為「證」，「甯」改為「寧」等。

八、日記用詞保留當時用法，不以錯字視之。若與現今用詞有差異處，遵照蔣中正個人習慣用法，如：舊歷、古鄉、托管、烏乎、處治、火食、琉璜；及部分地名如：大坂、蔣林、角畈山。

九、日記中遇明顯錯別字詞，在該字後以〔 〕符號將正確字詞標出。遇明顯漏字，則以〔＿〕符號將闕漏字詞補入。無法判明者，則加註「原文如此」。本書收錄日記中所附帶之信函、手令、批示等稿件，非蔣原筆跡手稿者，以楷體字體表示。

十、日記中遇損壞、破損而無法辨識字跡者，以■表示。

十一、日記中提及人名偶有筆誤，以錯字訂正形式處理；外國人名譯音有前後不一致情況時，但見索引，不另做處理。書中出現編目「一、一、一、一、」者，為遵照原稿設計，不予修改。

十二、標點符號除原稿上所加之問號、驚嘆號、引號等外，僅以「，」「、」「。」「：」標之。

十三、本書涉及人物、事件複雜，議題涵蓋廣泛，編者思慮難免不周，如有錯誤疏漏，尚請讀者不吝指正，以便日後修整。

序　一

　　蔣中正，學界通稱為蔣介石，是國家級和世界級的領袖人物，早為史家研究的對象。日本學界有蔣介石研究會，臺灣中央研究院近代史研究所有蔣介石研究群，浙江大學有蔣介石研究中心，而學者個人研究蔣介石者，如楊天石、山田辰雄、黃自進等皆為名家。近年臺海兩岸各大學和研究機構，以蔣介石為主題所開的研討會，如「蔣介石與抗日戰爭」、「蔣介石與抗戰時期的中國」、「蔣介石與世界」、「日記中的蔣介石」、「蔣中正日記與民國史研究」等，亦結集了許多研究蔣介石的成果。

　　史學界之所以熱衷於蔣介石研究，除蔣之歷史地位重要外，蔣介石日記開放給史學界使用亦為重要因素。蔣日記初由自己保管，1975 年蔣介石死後由其子蔣經國保管，1988 年蔣經國死後由其子蔣孝勇保管，蔣孝勇死後由其妻蔣方智怡保管。蔣介石原望其日記存於臺灣，於其逝世五十一年後（2026）開放，後因蔣孝勇夫婦移居加拿大，日記乃被帶到該處。2005 年蔣方智怡將日記移存美國史丹佛大學胡佛研究所，並授權該所保管，2006 年起分批開放蔣日記給學者作為研究之用。蔣介石日記開放給學者作為研究之用後，各國學者紛紛前往史丹佛大學閱讀，學者並開始以蔣日記為主要資料寫論文或專書，使蔣介石的研究成果更為深入與豐富。

　　蔣介石日記，從 1917 年起記到 1972 年 7 月止，凡五十五年，四百五十萬字。其中 1924 年日記失落，1917 年的日記為回憶幼時至 1917 年之重要記事，僅約萬餘字。這五十五年，蔣追隨孫中山，並以繼承孫中山的革命志業自居，日記中所記，為民國史留下重要史料。日記史料往往反映一

個人的性格，蔣為軍人出身，做了國家領袖以後，對友邦，只望協助，不喜干涉；對部屬，只望服從，不喜爭權奪利。譬如抗戰勝利後，國家進入憲政時期，蔣的權力受約束，不能全力應付危局，乃制定動員戡亂時期臨時條款，使權力超出憲法以外；又如 1949 年 1 月，國民黨對共產黨有主戰主和之分，蔣主戰，副總統李宗仁主和，蔣辭職下野，另成立總裁辦公室，以黨領政領軍。及李宗仁避往美國，蔣復行視事，始得統一國家事權。

　　由蔣之日記，可略窺蔣之終生志業。但將蔣日記作為史料，像許多其他日記一樣，有不易了解處。譬如記朋友不稱名而稱號，記親戚和家人不稱名而稱親屬的稱謂或暱稱；對不便明說的事吞吞吐吐，語焉不詳；記事突兀，背景不明。在這種情形下，如能對日記作箋注，即可增加對日記內容的了解，由國史館授權，民國歷史文化學社所出版的《蔣中正日記》，即為箋注本，當能應合讀者需要。是為序。

中央研究院院士　張玉法

於翠湖畔寓所

2023 年 5 月 20 日

序 二

一部罕見的國家領導人日記

2006 年，「蔣中正日記」的開放，是民國史研究重要的里程碑；2023 年，《蔣中正日記》的正式出版，更是推展民國史研究令人矚目的一頁。

和蔣中正同時的美國總統羅斯福（Franklin D. Roosevelt, 1882-1945）、英國首相邱吉爾（Winston Churchill, 1874-1965）、蘇聯共黨中央總書記史大林（Joseph Stalin, 1878-1953）、德國納粹頭子希特勒（Adolf Hitler, 1889-1945），都稱得上是當年掀動國際風雲的「大人物」。羅斯福不寫日記，史大林沒有日記，邱吉爾的《第二次世界大戰回憶錄》，於 1953 年得過諾貝爾文學獎，具有的是文學創作之美的價值，畢竟不屬於歷史，也不是日記；1983 年號稱「新發現」的六十卷「希特勒日記」，轟動一時，僅僅十天之後，即被證明是舊貨商牟利的贗品。蔣中正（介石，1887-1975）應該是同一時代世界重量級人物中，唯一真正留有五十五年個人日記的領導人。

蔣日記不是中國傳統史官代撰的起居注，也非皇朝實錄，這部當代政治領袖用毛筆楷書親自書寫超過半世紀的日記，記錄一位曾是滬濱浪蕩子走向全國性政治人物的發跡過程，又提供一個「大」又「弱」的古老國家政治領導者，如何想方設法謀求一統天下，並期盼與國際接軌的一段艱難歷程的重要見證，是十分罕見的歷史素材。

有些審慎的歷史學者提醒道：「日記」作為史料，要分辨「真實的蔣」（person），與蔣「要我們知道的蔣」（persona），日記中能讀出真實的蔣，才是本事。蔣中正的日記複印本開放已逾十年以上，閱者、使用過的學者上千，沒有人懷疑它的真實性，沒有人說它是為別人寫的。作為民國歷史研究的第一手資料，作為民國史最珍貴史料，蔣中正日記的重要不可忽視，相當值得出版。

日記的本質與運用

日記本屬個人生活方式的記錄，是「我之歷史」，但不能沒有社會性——涉及他人、他事的記載，日記歷史文獻價值因此存在。故就歷史研究言之，史家早就視日記為史料之一種重要形式。清季以降，士紳大夫、知識分子寫日記者頗不乏人，日記創作風氣鼎盛。日記固屬私人，但頗多日記出諸官紳，所記內容，自不僅止於私密之內心世界，實多有涉軍國大事要聞者，於是日記又成為認識公眾歷史的重要憑藉。日記既有公、私之記載，也因此能打破正史之文獻表述與壟斷。所以「日記學」在近代史學研究中，不能不為史學界所看重。文化史家柳詒徵謂：「國史有日歷，私家有日記，一也。日歷詳一國之事，舉其大而略其細；日記則洪纖畢包，無定格，而一身一家一地一國之真史具焉，讀之視日歷有味，且有補於史學。」正因日記內容「洪纖畢包」，材料廣泛，如記載時間拉長，固為多元歷史留下大量線索，提供歷史研究絕佳素材，同時是執筆者記錄當下作為自行修身、事後檢討反思的依據，此即宋明理學家「自勘」、「回勘」的工夫，曾國藩的日記、蔣中正寫日記，多寓此意。蔣中正記日記，在生前即囑秘書作分類工夫，「九記」、「五記」及「事略稿本」均有自省及建立形象作用。以日記為主體，衍生出不同類型的版本，內容不免有取捨不同，品人論事可能輕重不一，而這正是「日記學」有趣的課題。多年以來，靠蔣日記撰寫出來的傳記，不在少數，論者已多，不待贅述。

1961 年 12 月，中央研究院院長胡適談到「近史所為什麼不研究民國史」，表示「民國以來的主要兩個人，一位是孫中山先生，他的史料都在

國史館裡；還有一位是蔣介石先生，他的史料誰能看得到？」這樣的情況，終於在 1980 年代以後出現了變化。1987 年 7 月 15 日，蔣經國總統宣告臺灣「解嚴」。對中國近代史的研究而言，實亦一嶄新局面的出現。新時期尤其受歷史學者歡迎的是，史政機構史料的空前開放。1990 年國民黨黨史會率先把重要史料一口氣開放到 1980 年代；國史館於 1995 年奉命接管近三十萬件的《蔣中正總統文物》（即「大溪檔案」），兩年後全部正式開放，對民國史學者而言，好比是近代史學界的一顆震撼彈。可以說，胡適眼中視若「禁區」的蔣中正時代史料，在蔣逝世三十年後，基本上已全數向學界開放了。這批史料的的確確是研治國民政府軍事史、政治史的稀世之寶，如今能全部亮相，是十幾二十年前歷史學者不敢想像的事，而這些正是能和「蔣中正日記」相互對應參證不可或缺的重要史料。

史家陳寅恪曾說：一個時代之學術，必有其新材料與新問題；取用新材料以研究新問題，則為此時代學術之新潮流。1960 年代兩岸對峙局面初成，修纂民國史之議，浮上檯面，民國史料的整理、開放，實極迫切。1990 年代以降，在臺北的國史館對蔣中正總統文物的整理、開放，甚至是出版工作，無疑具相當關鍵作用。1975 年，蔣中正總統過世後，「蔣中正日記」和後來的經國先生日記，從臺北移到加拿大，2004 年暫時落腳美國史丹佛大學胡佛研究所檔案館（Hoover Institution Archives, Stanford University），2023 年回歸臺北，這一段兩蔣日記「出走」「回來」的過程和故事，已為眾人所熟知。2006 年，存放在胡佛研究所的「蔣中正日記」決定率先向學界公開，這無疑的更進一步帶動了學界「蔣中正研究」與民國史研究的熱潮與興趣。蔣日記又促成了民國研究熱，其內容包含日記所涉新資料的挖掘、運用，研究範圍與議題的提出、研究途徑與方法的更新，以及如何重新看待「民國」等，這些討論與探索，使蔣中正研究、民國史研究更為紮實，也綻放出新的面貌。

日記外型

蔣中正自始所使用之「日記本」是有固定格式，早期使用商務印書館印製的「國民日記」，爾後自行印製固定格式，除每日記事外，每年有

該年大事表,每月有本月大事預定表、本月反省錄(後改為「上月反省錄」),每週有本週反省錄(後改為「上星期反省錄」)、下週預定表(後改為「本星期預定工作課目」)。蔣氏日記持續以毛筆書寫,除每日記事外,每週、每月、每年開始必定按照上述表、錄,檢討上週、上月之施政或個人行事,思考本週、本月、本年之預定工作,每年年終會對全年之政治、外交、黨務、軍事等工作進行分項檢討。1925 年 6 月沙基慘案之後,蔣痛恨英帝國主義者慘殺無辜中國軍民,日記稱英國為「陰番」以洩憤,並每日立下格言、標語誓滅「英夷」,時間長達一年又兩個半月。1928 年「五三慘案」發生後,有感於國難深重,自身責任重大,「國亡身辱」,集國恥、軍恥、民恥「三恥」於一身,於是年 5 月 10 日記道:「以後每日看書十頁,每日六時起床,紀念國恥。」此後,每天的日記前必記「雪恥」一項,以誌不忘國恥。抗戰勝利後,蔣氏 1945 年 9 月 2 日自記:「舊恥雖雪,而新恥又染,此恥又不知何日可以湔雪矣!勉乎哉!今後之雪恥,乃雪新恥也,特誌之。」1949 年來到臺灣,日記中雪恥一欄仍不間斷,因為「新恥」未止。

蔣中正日記的內涵

平心而言,從蔣的日記中的確可以看出作為一個從「平凡人」到「領導者」的心路歷程,無需刻意神聖化,也不必妖魔化。

許多人都知道蔣是用度非常節儉的一個人,他補破衣、不挑食,一口假牙,吃東西十分簡單。蔣不喝酒、不吸煙,只喝白開水,其實生活很是平淡。從他的日記中可以體會到,他是很容易結盟,又是容易結仇的人。結盟或許與上海的生活經驗有關,結仇就可能涉及他的個性。他的日記中看出他對人物批評十分苛刻,有軍人作風,黃埔軍校畢業生拿到校長所贈的寶劍上都刻有「不成功便成仁」的字眼,既現代又傳統。但因為他喜歡讀書,所以跟一般純粹的武人仍有不同,能趕上時代,展現一些文人氣息。他自承脾氣暴躁,對文官雷霆責罵,對武人甚至拳打腳踢,日記中常為自己的錯誤「記大過」,也常懺悔,雖然一直想克制自己,但是個性似乎不

易改變。1960 年 11 月，蔣對第九十九師師長鄧親民所製小冊內容不當，大動肝火，聲嘶力竭叱責，以致喉裂聲啞，半年之久，元氣才告恢復。蔣勤於任事，甚至過火，越級指揮壞了戰局，修整文稿苦了文字秘書。大小事情都會過問，碰到交通阻梗，親出指揮，看到街道周邊髒亂，就會破口大罵指斥官員。這些個性的表現，在日記中都可覆按。這正是親近幕僚楊永泰所講的，他「事事躬行」，常致「輕重不均、顧此失彼」。盟兄黃郛則批評他有「毅力」而欠「恢弘」之氣象，均屬中肯之語。

　　一般人展讀別人日記，除了「偷窺」心理外，多半對主人公不免有先入為主的印象。蔣中正從一介平民到作為一個國家領導人，他奮鬥的歷程，後人難免加油添醋、說三道四。如果平實的對蔣中正日記進行觀察，會覺得他是一個民族主義者，是孫中山的信徒，是一位虔誠的基督徒，他不喜歡英國，嫉俄、日如仇讎；日記中顯示他知道自己學養不足，常師法先賢、勤讀宋明理學。1930 年代當了中央領袖，還特別禮邀學者進行「講課」，甚至不斷向「敵人」學習，有他堅持與成功的一面。但長時期以來，尤其是部分西方媒體和他的政敵，一直視他扮演的是一個「失敗者」的角色，因此多從負面來理解。

　　蔣中正當過軍校校長、軍隊總司令、軍事委員會委員長、黨的總裁、國家主席、總統，一生的作為不能樣樣令人滿意，當然有多方面的因素，例如說在大時代裡頭要重建一個近代國家的制度與規模，當時確實缺少一個可以運作的規則；在兵馬倥傯中還要對付內外的腐敗與變亂，何況想迅速建立「近代國家」本來就是一種苛求，幾近不可能的任務。外交是內政的延長，蔣大半輩子與美國人打交道，他的「美國經驗」，酸甜苦辣備嘗，因國力弱，政治不上軌道，一路走來需要美利堅的扶持，根本上又難符美國「要一個強大而親美的中國」的期盼。在 1930 年代之後，美國由扶蔣、輕蔣、辱蔣，甚至倒蔣的戲碼，輪番上演，是有原因的。蔣一生對日本、美國愛恨交加，日記中透露了諸多內心穩忍的秘辛與苦楚。其次，蔣當時確實不夠重視黨組織，大部分的心力不是放在軍事，就是放在對付敵人。從某個角度看，1920 年代孫中山依違於英美政黨政治與列寧式政黨之間，

所幸蔣沒進一步學取極端嚴格的動員性政黨組織模式，保有了憲政理想。
但底層力量的薄弱，派系對權力的競逐，則加深他的黨組危機。1940 年
11 月，在日記中他自承「一生之苦厄，全在於黨務也」。從另一角度看，
孫中山西方民主政治的理想，他遵循，也心嚮往之，但最終做到的只是徒
有其名而無其實。另外，他在群雄中要衝出頭是有很多困難的，他的輩分
比較低，多半的成功是靠謀略與機運。1920 年代的北伐及其後，急功近利，
對各地軍閥採取收編、妥協政策，結果形成一個諸多山頭的統一，他似乎
只成無奈的「盟主」。同時當他有權力之後又甚為自負，不太接受挑戰，
一方面是尊嚴的問題，一方面是權力意識，一方面是支撐他地位的架構，
一方面是財政來源的困難，最後可能涉及到家族的網絡問題。他身處在農
業社會傳統未褪盡，資本主義浪潮下「現代國家」制度尚待建立的威權時
代，他的作為與形象很難符合後人的要求與期待，他做事的動機和過程，
大多可以在他的日記中捕捉、體會。

蔣中正日記的重要性已如上述，讀者讀過之後更大的感受：這是一套
有血、有肉、有靈魂的資料。1920 年代之後，日記中許多蔣、宋、孔有關
國家大事、家中生活細節的諸多紀錄，正顯現他們平實居家生活的寫照。
他除了讀書外，喜歡旅遊，對奉化「古鄉」，頗有依戀之情。平日生活不
失赤子之心，1933 年 10 月 4 日，中央忙於應付日本侵略，又忙於對付中
共問題時，他「與妻觀月，獨唱岳飛滿江紅詞」，這與蔣平日予人嚴肅刻
板印象，頗有落差。可見這日記提供的不只是歷史的發展線索，更重要的
是人性的揭露。歷史的研究本來就應該以人性作基礎，作有「人味」的研
究，這套日記正好提供了一份珍貴的原料。

蔣中正日記的公開，迄今已十數年，對海峽兩岸、英日美近代史學
界，究竟造成多大的影響？「蔣中正日記」自 2006 年開放以來，引來各
地史學家競相閱覽、關注與利用，是不爭的事實。除海峽兩岸學者有大
量論著，忙著開會、籌組成立研究中心、讀書會之外，西方學界也開過幾
次以蔣日記為主體的學術會議。不同國家的學者如陶涵（Jay Taylor）、米
德（Rana Mitter）、方德萬（Hans van de Ven）、戴安娜‧拉里（Diana

Lary)、潘佐夫（Alexander V. Pantsov）等，近年均從不同角度切入，注意到日記的利用，其重要研究成果，有目共睹。即以潘佐夫的《蔣介石：失敗的勝利者》一書言，大量利用蔣的日記，又用俄羅斯的俄文檔案比證，娓娓道來，讓人覺得他真是講故事的高手。齊錫生的中文近著《分崩離析的陣營：抗戰中的國民政府，1937-1945》，其取蔣日記加之中西方檔案作精準比較，史事正負面並陳，同時賦予客觀詮釋，令人耳目一新。這說明研究者、讀者對日記有重大依賴，均能從中直接得到啓發，也就是說，對民國史研究，「蔣日記」之為用，是有相當積極而重要意義。

根據手稿本出版

蔣中正之日記，特別值得一談的是蔣記日記的時間長達半個世紀以上（共五十五年六十六冊），絕對難得。現存的日記，1915 年只有山東討袁一星期的記事，其他都在 1918 年冬永泰之役中喪失。1916 到 1917 年的日記也可能因為 1918 年在廣東戰役中遺失。1924 年正當孫中山致力改善中蘇關係、積極推動國共合作之際，蔣這一年日記則遍尋不著，誠為全套日記出版的最大遺憾。對 1918 年以前的行事，蔣曾經幾度補述，有一部份詳細敘述了他幼年的回憶，附在日記手稿之前；有一部分放在 1929 年 7 月的雜記及 1931 年 2 月的回憶中，嚴格說來不算是日記。1918 年以後雖有部分潮濕霉爛、水漬污染（尤其 1935-1936 年），所幸修補之後，大體完整。

從外型上看，蔣中正日記分為四種形態：蔣中正日記原本、蔣中正日記手抄本、蔣中正日記複印本及蔣中正日記微卷；放在胡佛研究所的蔣中正日記複印本是提供學者閱讀者。事實上，日記的版本應該只有一種，即是目前暫存美國史丹佛大學胡佛研究所之日記原本的「手稿本」，其他所有與日記相關的「版本」，都是由「手稿本」發展出來的。這套《蔣中正日記》是依據原件一個字一個字「刻」（Key）出來的，絕對真實，可靠性無庸置疑。附加的註腳，力求周延，同時方便讀者的索解。

這是學術界、出版界的盛事

　　日記不可能是個人全部生活的百科書全書，不能求全。日記記載的主觀性與選擇性也顯然的，故而日記史料的利用，更需要其他材料的對應和比較，是而斷章取義、各取所需、過度詮釋，都非所宜。歷史家有好的材料，更應具有好的歷史研究素養和技藝，這是學者可以同意的共識。

　　過去幾年，能親自參閱蔣中正日記者，畢竟有限，於是許多抄錄者形成的《蔣中正日記》地下版充斥，揭密居奇者正不在少，故而學界及社會各界要求正式出版蔣日記的呼聲極高。最近，日記出版的時機已告成熟，我們的出版立場是學術的、嚴謹的，我們的要求是明確的，這一定會是學界、社會各界期望的出版方向！

　　我們感謝蔣家家人的同意、國史館陳儀深館長的出版授權、蔣經國國際學術交流基金會錢復董事長、朱雲漢前執行長及今執行長陳純一先生對本案的贊助、世界大同文創公司的支持，使日記順利出版。當然，史學界的朋友，我們曾為蔣中正的善政、失政與作為爭得面紅耳赤，也曾為日記中一個字、詞的辨識吵得翻天覆地，我們的真情是為學術，最大「野心」是努力以嚴謹、負責態度維護出版品水平。這一方面，我們學社同仁自董事長至編輯同仁的付出與辛勞，全在不言中。

　　我們自信這會是一套擁有「精準」、「正確」特質，具權威性版本的《蔣中正日記》。相信這絕對是民國史、近代中國出版史的一椿盛事。

民國歷史文化學社社長　呂芳上

2023 年 8 月 10 日

序　三

　　蔣中正，字介石，浙江奉化人。早年在中國率軍東征、北伐、領導對日八年抗戰，到戰後由訓政走向憲政，於 1948 年當選行憲後第一任總統。1949 年中央政府遷臺後，蔣氏於 1950 年宣布復職為總統並得到美國的支持，迄 1975 年過世為止，是近半個世紀以來統治臺灣最久的領導人，對近代東亞歷史的發展影響深遠；而蔣中正在臺灣，人們對他的評價卻褒貶不一，可說是毀譽參半。

　　中日戰爭的勝利是蔣中正政治生涯的最高峰，獲譽為世界四強的「偉大領袖」，但短短不到四年時間，就從高峰跌到谷底，變成中共口中的「人民公敵」。另一方面，在威權統治時期的臺灣，他被黨國體制宣傳為「民族的救星」、「世界的偉人」，迄 1987 年解嚴之後，臺灣社會與學界才逐漸擺脫言論自由、思想自由的限制，重新審視蔣中正的歷史定位。直至今日，不論是海峽對岸，或是臺灣社會內部的不同群體，都對蔣中正的功過得失，存在著相當對立與矛盾的詮釋，離所謂的「蓋棺論定」，可能還有一段遙遠的距離。

　　關於蔣中正的學術研究，其契機始於 1995 年總統府分批將「大溪檔案」（即「蔣中正總統檔案」）從陽明山中興賓館移轉至國史館庋藏。該批檔案，是蔣中正統軍領政期間之親筆手稿、文件、電令、諭告，也有經過幕僚統整之檔案彙編、事略稿本，並有蔣氏之相關文物照片等，時間涵蓋 1924 年至 1975 年，為研究蔣中正生平及國民政府、國共內戰、1949 年至 1975 年間中華民國在臺灣之歷史的珍貴重要史料。經過本館初步編目

整理，兩年後即全部正式對外公開，是當年學術界的一大盛事。其後，本館更在「蔣中正總統檔案」的開放基礎上，為開拓研究視野並嘉惠學界，從中披沙揀金，先後出版《蔣中正總統事略稿本》82 冊、《蔣中正總統五記》、《蔣中正先生年譜長編》12 冊，後續並將觸角拓展至戰後臺灣史，先後出版《中華民國政府遷臺初期重要史料彙編－中美協防、臺海危機》5 冊及《二二八事件檔案彙編（17）－大溪檔案》等，這些都是完整取材自「蔣中正總統檔案」的原始文獻，從以上出版主題的多元性來看，不難一窺近 30 萬件的「蔣中正總統檔案」，絕對是中華民國史研究者必須參考的材料。

1988 年蔣經國總統逝世後，蔣家家人將兩蔣日記攜至海外，最終寄存於美國史丹佛大學胡佛研究所檔案館。2006 年史丹佛大學胡佛研究所檔案館正式對外開放《蔣中正日記》的閱覽服務，以致以《蔣中正日記》為文本的歷史書寫，方興未艾。本人為了研究二二八事件、1949 大變局、兩次臺海危機以及 1971 年失去聯合國席位的經過等大問題，亦屢次飛去史丹佛大學抄錄蔣日記。隨著日記內容的不斷披露，海峽兩岸與國際漢學界都有研究蔣中正的學界團體與國際會議，出版的研究論著更是隨著時間累積而呈倍數成長。然而受限於時間與成本，絡繹不絕前去史丹佛大學抄錄的學者，往往只能選擇自己最需要參考的部分，而難窺其全貌，這也使得至今《蔣中正日記》雖有多種版本在坊間流傳，但終究都不是正確而完整的內容。

《蔣中正日記》起自 1917 年，迄至 1972 年 7 月止，除了 1924 年份佚失外，大致完整地保存了蔣中正一生橫跨 55 年的日記，其內容不僅是私人之內心世界，更多涉及軍國大事要聞者，對於歷史研究之重要意義，實不言可喻。本館掌理纂修國史及總統副總統文物之典藏管理及研究，長期致力爭取兩蔣日記返國典藏，歷經 10 年纏訟，終於在 2023 年臺灣及美國法院都將兩蔣父子「任職總統期間的」文物所有權判給國史館；加上從 2014 年呂芳上前館長開始、歷經吳密察前館長以及本人任內的溝通努力，陸續得到蔣家後人的捐贈，今日國史館遂擁有這批兩蔣文物的完整所有

權。有鑑於社會各界對於開放日記之殷切期盼，本館立即著手規畫《蔣中正日記》的出版工作，惟考量日記內容卷帙浩繁，決定先從蔣中正就任中華民國行憲後第一任總統任期（1948-1954）的日記開始出版，後續再根據任期及年度依序出版。

　　這次《蔣中正日記》之所以能夠快速而順利出版，要感謝呂芳上前館長所主持的民國歷史文化學社，因學社內的編輯同仁早已著手校正日記內容的正確性，也為日記中提到的人物及事件作註解，使得日記的深度、廣度大為提升。相信藉由《蔣中正日記》的出版，必定有助於呈現一個有血有肉、在感情上常常天人交戰、在理性上屢屢自我挑戰、在政治上功過參半的政治人物，也就是更真實的蔣中正。

國史館館長

2023 年 8 月 31 日

蔣中正日記
Chiang Kai-shek Diaries

圖像集珍

日記原件。1952年1月1日。

「入府舉行團拜，稚老與鼎丞亦到，且甚康健也。」（1月1日）

「與克難英雄團拜，點名給獎，聚餐，訓話。」（1月1日）

「到婦聯會同樂會，紀念夫人回臺二周年也。」（1月14日）

「到樹林口校閱第六十七師新編美制試辦教育，閱兵如儀後，校閱各種兵器射擊及班的戰鬥教練。」（1月24日）

「與經兒乘車，仍循昨日原路至水射堡，下車徒步至左營再乘車回。」（2月8日）

「本日為余復行視事第二周年，十萬群眾在總統府前歡欣鼓舞的慶祝，歡呼遊行行列達二小時半以上，未知如何報答民眾之愛戴熱忱。」（3月1日）

「早餐後與妻在大溪橋上散步。」（3月7日）

「九時半到鳳山軍校，參觀陸軍戰鬥技術競賽，巡視射擊與接力賽跑及投彈，甚感興趣，不覺疲乏。」（3月23日）

「到圓山忠烈祠，致祭陣亡將士與革命士烈及死難同胞。」（3月29日）

「朝課後到反共婦聯會二周年成立紀念會致詞。」（4月17日）

「晚宴美眾議員撥款委員五人。」（4月25日）

「十六時見日本訂約代表河田，約談三刻時，慰勉之。」（4月30日）

「接見雷德福海軍上將。」（5月6日）

「乘火車，往遊竹南獅頭山佛教名地，經兒與文孫陪行也。」（5月18日）

「接見美遠東海軍司令克拉克。」（6月5日）

「正當閱兵時，大雨如注，不願獨着雨衣，於是全身淋漓。」（6月16日）

「正午在研究院約宴
日籍教官辭聘者廿餘
人，並約全體教官作
陪，講解辭別之意。」
（7月2日）

「十時入府辦公，簽署中
日和約批准書。」
（8月2日）

「落機乘車直達谷關,即白冷水電廠之俱樂部也,其地幽雅,適於休養。」(9月3日)

「乘車至久良栖，步行至車站乘小火車，約一小時至佳保台，乘鐵索吊車由下而上，分兩段，共約十餘分時。」（9月6日）

「十時到桃園機場空軍第五大隊部巡視兵棋演習及攝影中隊畢。」（9月23日）

「見紐約星期六晚報記者，攝影。」（9 月 24 日）

「十時入府，舉行日本大使芳澤呈提國書儀式。該大使年已七十八歲，而精神與體力似與二十年前無異也。」（10月6日）

「主持改造委會最後一次常會，加以訓勉。」（10月9日）

「主持國慶典禮。」（10 月 10 日）

「約見雷德福夫婦，來辭行也。」（10 月 20 日）

「晚餐家宴，談勇孫言行，彼以為恥，乃號泣不置，只有以葡萄塞口方休。」（11月2日）

「晚課後約宴陳維屏牧師、唱詩班黃、施夫婦及經、緯全家度聖誕節。」（12月24日）

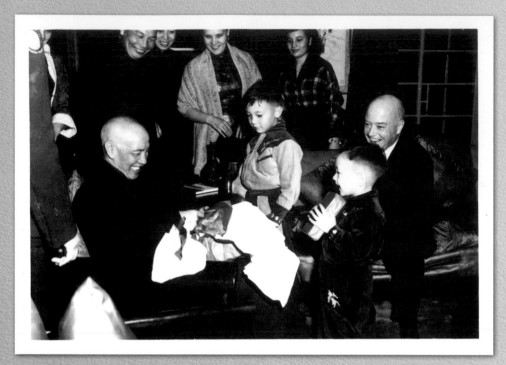

「晚課後約宴陳維屏牧師、唱詩班黃、施夫婦及經、緯全家度聖誕節。」
（12月24日）

「十一時前往士林鎮公所投票選舉縣議會議員後禮拜。」（12
月28日）

目錄

目錄

民國四十一年大事預定表

生活的目的在增進

人類全體之生活

生命的意義在創造

宇宙繼起之生命

　　　　　蔣中正

說話覺得不是便莫說，做事覺得不是便莫做，亦是存心之法。

李季札[1] 錄晦翁[2] 語。

正欲說，教住即住得。正欲怒，教住即住得。慈湖先訓。

以義斷命而不委之於命，以理合天而不委之於天。橫浦[3] 心傳。

1　李季札，字季子，宋徽州婺源人。從朱熹學，多有問答。著有《近思續錄》、《字訓續編》等。

2　朱熹（1130-1200），字元晦，一字仲晦，齋號晦庵，晚稱晦翁，又稱紫陽先生。南宋理學家，程朱理學集大成者，學者尊稱朱子。輯定《大學》、《中庸》、《論語》、《孟子》為四書作為教本，成為後代科舉應試的科目。

3　張載（1020-1077），字子厚，北宋陝西鳳翔郿縣橫渠鎮人，世稱橫渠先生，北宋五子之一。一生主張「實學」，強調經世致用，《正蒙》一書為其思想之總結。曾提出著名的「橫渠四句」，認為讀書人要「為天地立心，為生民立命，為往聖繼絕學，為萬世開太平」。

一、研究各書：甲、菲特立二世[1]著作。乙、亞歷山大[2]戰史。丙、拿翁[3]戰史。丁、克氏[4]戰爭論。戊、歐洲史。

二、太平洋公約之促成。

三、中日和約之訂立。

四、我國控俄違約侵華案之促成。

五、解除杜魯門[5]之臺灣中立化的約束。

六、美國大選之方針。

七、越、緬、泰之危機。

八、韓戰之持久或擴大。

九、反攻方略與登陸各地區之選定。

十、陸軍改編與充實之完成。

十一、訓儲後備兵員案之督導。

十二、建立主管官任期制度。

十三、建立新官階。

十四、建立實踐與契約制度。

十五、建立物品核實制度。

十六、軍官假退役之實施。

十七、重整軍紀。

1　腓特烈二世（Friedrich II, 1712-1786），又譯菲烈德、菲德列，1740 年任普魯士國王兼布蘭登堡選帝侯，被後世稱為腓特烈大王。
2　亞歷山大大帝（Alexander the Great, 356BC － 323BC），古希臘馬其頓王國國王，二十歲繼承王位，統治期間都在進行前無古人的大型軍事征服活動。直到他三十歲時他已經建立了疆域最大的帝國之一，範圍從希臘、小亞細亞、埃及、波斯、兩河流域、阿富汗以及印度西北部。在戰場上從未被擊敗，且被認為是歷史上最偉大的將軍之一。
3　拿破崙（Napoléon Bonaparte, 1769-1821），法國陸軍將領，法國大革命時崛起，1804-1815 年為法蘭西皇帝。
4　克勞塞維茲（Carl von Clausewitz, 1781-1831），又譯考勞維治，普魯士將軍、軍事理論家，著有《戰爭論》。
5　杜魯門（Harry S. Truman），美國民主黨人，原任副總統，1945 年 4 月 12 日接替病逝之羅斯福總統，繼任總統，1949 年 1 月連任。

十八、職位分類制之研究。

十九、陸軍薪給表之研究。

二十、大陸情報部署之督導。

廿一、共匪幹部訓練之方法，應加研究：

　　（甲）共匪幹部業務訓練。

　　（乙）共匪在職幹部訓練。

　　　　　子、業務。丑、文化。寅、政治。卯、理論。分別程度，各有重心、長期性的每日堅持兩小時。

　　（丙）共幹訓練的心中任務。

　　　　　子、強化黨性，實現黨的一元領導。

　　　　　丑、灌輸理論，統一黨內政治觀點與立場。

　　　　　寅、強調階級意識。

　　　　　卯、實施恐怖政策，鞏固黨的組織。

　　（丁）結論：

　　　　　子、實施黨化教育，在思想上使之鎔化，在共產主義範疇之內、在行動上完全受黨的控制。

　　　　　丑、黨的組織領導幹部，黨的理論指導行動，黨的政策決定方針，此為匪黨教育幹部的重心。

　　　　　寅、嚴厲執行自我批判、自我教育、相互批評、集體檢討，此為匪黨健全組織的武器。

廿二、共匪本年度中心工作之方針：

　　甲、工礦企業在其所謂民主改革之基礎上，訂立生產計畫，與實現增產、節約的工人群眾運動。

　　乙、農村上以合作互助的組織，推廣新的農業技術和品種，提高其單位面積的增產，使農民在集體化掌握其生活與行動。

　　丙、學校，高等學校培養經濟建設幹部。

廿三、核心組織對各部會及各防區建立核心小組。

廿四、黨的改造實施與準備工作。

廿五、黨的改造以政治部幹部與研究院學員為基礎，並以此學員為目前現有
　　　黨的領導核心，故應重新恢復小組也。

廿六、動員業務須有計畫與有行動的組織：甲、有組織的體制，有組織的調
　　　查，有系統的考核。乙、動員與訓練必須配合。丙、動員時間不重複。
　　　丁、裝備攜帶法之一律規定，與戰地捆包要領。戊、政策定期檢查。己、
　　　動員業務。庚、留守業務。

廿七、本黨全國代表大會定雙十節召開。

廿八、臺灣社會經濟安定計畫綱要之研究。

四十一年總反省錄

一、國際形勢：自以美總統愛生豪[1]當選，而杜魯門一群之失敗為最大之關鍵，對於美國大選之結果、韓戰和談之無望以及英國關係與俄國之動向，皆如所預料。惟對於俄共、對越南未能積極開展，乃出意外，可知共匪實力已因韓戰牽制損害重大，無能為力矣。至於我國在國際地位已漸趨穩定與轉入主動有利方面，尤其聯大通過我控俄案與對日雙邊和約，雖經千挫百折、忍辱含恥而卒告完成。周匪[2]雖於秋季朝俄，而其結果乃為旅順由俄無限期駐防，在俄僅聲明長春路交還共匪，以欺世自欺而已。但芬蘭世界運動會與加拿大紅十字會對我政府與共匪並約，而我據理聲明與拒絕其邀請。又年杪，聯大對我會員資格，仍以暫不討論為決議，此皆侮辱我國之表示，不知何日能湔除此國恥矣。西班牙已復交，巴西駐華大使[3]已回任，教廷公使[4]亦已來臺，而十月間，俄在千島擊落美機二架，並要求美國撤換其駐俄之大使。伊朗與英絕交，埃及與英亦衝突頻乘。美、英、法、澳、紐在美協商東南亞防共問題。同月杪，美國試驗氫彈完成，此又步入另一新時代矣。總之，本年國際形勢，非洲與中東雖動盪不安，伊朗且與英國絕交，英、埃關係亦衝突頻乘，幾乎破裂，但土耳其、希臘與南斯拉夫已漸接近同盟有望，而俄帝之勢幾已陷於頓挫，不僅無何進展，且有漸趨下坡之象。而五月間，美國對日與對德和約實現，最予俄帝以重大打擊。國際形勢第二次大戰以後，至此已告一

1　艾森豪（Dwight D. Eisenhower），又譯艾生豪、愛生豪、艾克、愛克，曾任盟軍歐洲戰區最高指揮官、駐德美軍佔領區司令官、美國陸軍參謀長、哥倫比亞大學校長，1951 年 4 月任歐洲盟軍司令部司令。

2　周恩來，字翔宇，浙江紹興人。1949 年 12 月起，任中共國務院總理兼外交部部長。

3　李奧勃南柯（Gastão Paranhos do Rio Branco），又譯李奧勃朗柯，巴西駐華大使，1948 年 11 月 30 日遞交國書，1952 年在臺北復館。

4　黎培理（Antonio Riberi），又譯黎培里，摩納哥籍的羅馬天主教會司鐸級樞機，教廷駐華公使，1946 年 12 月 21 日到任，1951 年遭中共外交部驅逐出境，1952 年 10 月抵臺北復館。

段落，五月以後，新的又一局勢開始矣。惟西歐防務未能如期建立歐洲聯盟有力之軍隊，而且英國工黨反美聯俄與攻邱[1]之形勢有加無已，此乃為最大之缺憾耳。

二、本年修養與學業：自覺並無進步，而且漸有倒退之象，對於過去之妄念邪思亦時起時落，未能消除盡淨，殊足慚愧，寸心內疚無已，應切戒之。腿痛雖痊，而目疾閃光始終未癒，但舊日記自卅三年至卅七年各冊皆已審閱完畢，可說最有補益於我，此比閱覽任何歷史所不能得者，而手著反共抗俄基本論，以及政治報告等重要講詞與著述十餘篇，此或為往年所不及耳。

三、政治財經：辭修[2]與國楨[3]意見衝突，自去年以來日加深刻，故行政院與省政府不能合作，政經皆難有重大進步。惟自春季派俞鴻鈞[4]為臺灣銀行董事長之後，與國楨尚能合作，因之，中央與地方行政乃減少隔閡，故一年間之財政、經濟亦日趨穩定，預算收支已漸接近平衡，而財政統收統支亦能更進一步切實執行，尤其財政之改革，直接稅大增，社會財富偏傾之跡象亦已大減，人民生活確已提高。銀行存款增加，利息減低，出產米、糖亦能如數收成。地方治安、社會秩序、衛生環境與學校教育皆多進步，惟戶口與警察合一制度尚未普遍推行，故戶籍〔籍〕尚未能健全，地方自治之內容亦未能充實，此為一重缺憾。深信明年能將以上諸點改正，再加以地方各級月會與黨部能切實配合，則臺灣政治、財經

---

1 邱吉爾（Winston Churchill），英國政治家，保守黨成員，國會議員，曾任首相，1951年 10 月至 1955 年 4 月再任首相。
2 陳誠，字辭修，號石叟，浙江青田人。1950 年 3 月，接任行政院院長。
3 吳國楨，字峙之、維周，湖北建始人。1949 年 4 月，辭上海市市長職務；12 月任臺灣省政府主席兼保安司令，至 1953 年 4 月辭職獲准。5 月 24 日偕妻黃卓群出國，滯美未歸。
4 俞鴻鈞，廣東新會人。1950 年 1 月，三度出任中央銀行總裁。1952 年 2 月至 1953 年 4 月，兼任臺灣銀行董事長。1953 年 4 月，任臺灣省政府主席兼臺灣省保安司令部司令，10月兼中央銀行總裁。

必能更進健全矣。至於五院內容，自考試院長選由賈景德[1]補充任命，立法院長由道藩[2]提補，立院延長任期，該院要求其本院會議決定，最後仍由總統用行政措施之命令行之，卒依中央之決議實施，於是黨威乃振。又有大法官依缺補選以後，政府遷臺以來至此方得充實，而行政院經濟部長張茲闓[3]補充以後，亦更充實。於是行政院與省政府合作因之亦能增進矣，其間有一於國際最所重視之僑務會議，幾乎五大洲之僑領、重要者皆不辭跋涉、辛勤，應召來臺，其成效實超出於預期之上，可知海內外之國民對政府效忠之精神，乃步入空前所未有之境遇矣。

四、黨務與政治軍事部門相較自多欠缺，但本年進步實亦為本黨六十年組黨以來所未有之成就：其一、自為第七屆黨員大會圓滿完成，所有歷來靠黨為生之滓渣，凡腐化、惡化分子軍閥如桂系，黨閥如 CC，財閥如宋、孔[4]及孫科[5]等，皆已澈底掃清，此一行動，自認為比任何軍事、政治之改革為艱鉅，以五百餘之中委而減成為四十八人之限額，若非不計親疏恩怨而有革命大無畏之精神，決不能臻此也。其二、為革命實踐研究院訓練之影響，對於立法委員之收栓以及黨政關係之促進最有效益，此乃三年來繼續努力而其終得收獲，所謂只問耕耘不問收獲之果也。其三、為青年反共救國團之組織，全省青年學生皆可由黨統一組訓矣。其他如黨

1　賈景德，字煜如，號韜園，山西沁水人。1950 年任全國公務員高等考試典試委員長，同年任考試院院長。1952 年 4 月，二度出任考試院院長。1954 年 8 月，受聘總統府資政。
2　張道藩，原名道隆，字衛之，貴州盤縣人。1950 年 1 月，任中國廣播公司董事長，3 月創辦中華文藝獎金委員會，7 月任中央改造委員會改造委員，10 月兼《中華日報》董事長。1952 年 3 月，任立法院院長。
3　張茲闓，字麗門，廣東樂昌人。1947 年參與籌備中國石油公司，初任協理，旋升任為總經理。1949 年 4 月到臺灣，1950 年 4 月任財政部政務次長。
4　宋、孔即宋子文、孔祥熙。宋子文，原籍廣東文昌，生於上海。曾任外交部部長、行政院院長、廣東省政府主席等職。1949 年 1 月蔣中正下野後辭職移居香港，1950 年起寓居美國。1950 年初，兩度拒絕返回臺灣，1953 年，被開除國民黨黨籍。孔祥熙，字庸之，曾任中央銀行總裁、財政部部長、行政院副院長等職。1945 年辭去行政院副院長及中央銀行總裁職務。1947 年赴美國定居。1948 年辭去中國銀行董事長職。
5　孫科，字哲生，孫中山哲嗣。1948 年 11 月任行政院院長，1949 年 3 月辭職，移居香港。1950 年遊歷巴黎、西班牙等地，1952 年定居美國洛杉磯。

營事業之整頓，地方黨部小組之加強，幹部人事制度之建立，業務之統
一化與僑務之加強，雖未臻於完備但亦已開始着手矣。而中央黨部每月
之動員會報，實對於政治、社會之改革乃有重大之效果也，其間最重要
之案件為臺省黨委新選者有二人為通匪之共諜，乃為辭修所力荐而包護
者，余親自檢舉，其中辭修最親信者之一人李友邦[1]，證實以後即令槍決，
並處分省黨部主委之倪文亞[2]予以撤調，而以上官業佑[3]代之，因之黨紀
確立，而中央與省黨部之間歷來之糾紛亦得平息矣。

五、軍事最大之成就：子、圓山軍訓團高級班第三期訓練如計完成，至此團
長以上高級將領皆已訓練完畢，此為建軍之最大（第一）基業也。丑、
三、四兩月間海空軍各總司令如期撤調，嚴拒美國武官橫加干涉。寅、
自五月起各軍澈底整編，以卅一個師至十一月止整編為廿一個師，設立
四個師管區，皆如期實施。卯、陸軍各防守區司令與海軍各艦隊司令皆
重新編調，而空軍各區聯隊司令部亦於年底完成。辰、陸、海、空三軍
物資對流，所有各總司令據為私有之倉庫，一律交予聯勤總部收管。
巳、三軍之餉項，皆歸聯勤總部統一發放。午、步、砲、工科及陸、海
參謀各學校與國防大學皆已舉辦開學，戰術、空軍與裝甲、通信、情報、
政工、測量各校皆由美國協助而加強矣，其他如兵棋二次演習如計舉
行，段澐[4]與詹抑強[5]等高級將領通匪或知諜不報，並予窩藏等之舉發與
逮捕，內部之肅清工作又進一步矣，又有普通專高與大學畢業生一律皆

1　李友邦，字肇基，臺北蘆洲人。時任臺灣省黨部副主任委員兼改造委員會委員，1952
　　年因「匪諜案」於 4 月 21 日被處決。
2　倪文亞，浙江樂清人。1948 年當選第一屆立法委員，1950 年至 1952 年任中國國民黨
　　臺灣省黨部主任委員。1957 年 10 月獲選為中國國民黨第八屆中央委員。
3　上官業佑，字啟我，湖南石門人。1950 年任臺灣省青年服務團團長、中國國民黨中央
　　訓練委員會委員。1952 年 12 月出任中國國民黨臺灣省黨部主任委員。
4　段澐，字湘泉，撤退到臺灣後，升為臺灣防衛總司令部副總司令。1952 年 8 月以「知
　　匪不報」罪名遭保密局逮捕，於 1954 年 2 月 3 日以「共諜」嫌疑與其胞兄段復被槍決。
5　詹抑強，1950 年 8 月出任第八十七軍第二〇八師師長。時任第九師師長，1953 年 4 月
　　因「段澐匪諜案」遭起訴，後無罪釋放。

入軍官學校受訓一年，取得預備軍官資格以後，方給畢業文憑之制度，亦卒能實施，此為二十餘年來所提倡，而今年方得實行，僉認為此制乃為對青年訓練最有效益者也。雙十節閱兵典禮，臺灣光復節之民眾團體檢閱，以及年終軍隊校閱、新竹閱兵之舉行，對內、對外皆發生重要之影響。軍民之組訓，較之去年（四十年）大有進步，實足自慰。總之，本年軍事之進步，舉其大者：甲、軍官假退役制之實施。乙、主管官任期制度之建立。丙、物品核實制。丁、新官階制。戊、重整軍紀。己、加強政工。庚、職責契約制與實踐制之八種制度，皆已普遍推行、切實執行，此皆由於政治工作之澈底實踐為其建軍之基礎，其中惟有後備兵員之儲訓計畫，因經費無着，而未如計實施，是為惟一之缺憾，希望明年度能補充實踐也。

六、大陸匪情：甲、匪的建設：子、鐵路如成渝、如天蘭、如柳邕，各路已經築成，其他如蘭迪、如天成（都）亦正在趕築之中。丑、公路如玉（樹）、昌（都）、新疆至西藏克（大喝）等各路，亦已修通。寅、水利：淮河、沭河、漢水、運河、洞庭、洪澤等湖，似亦在進行修濬。此乃其用奴工強制，不知死亡凍餓多少生命矣。乙、匪區破壞：子、古書歷史文化有關者，焚燬將盡。丑、新婚姻法已成為禽獸社會，匪且自知其強制無法矣。寅、土改變為集體農場，農民變成農奴。卯、工廠自歸國有以後，工人亦成為工奴。辰、商人自五反以後，不自殺亦成為赤貧。巳、學者自坦白以後，幾無士人立足之處，是其社會、文化、倫理、經濟已到破產之日矣。惟其軍隊紀律尚得維持一時，而且其官兵糧餉，皆比國軍超過二倍，惟此應特加注意。至於農村，亦以其村幹控制嚴格，尚未大亂，但其軍隊與社會之秩序，全以其暴力控制，而無外力壓迫之所致，然已有陸續動搖與冒死逃亡之形勢，觀其匪幹與將領秘密派人輸誠與覓我途徑，惟恐不得其門之跡象，是反攻復國時期，將臨水到渠成之時矣。

上月反省錄

一、共匪對內部之三反運動（貪污、浪費、官僚），對商民之四反運動，此三反、四反乃反進其深壑陰監之中，其必將一發而不可救藥矣。

二、共匪突然提倡其加強老匪區，即所謂老區之文化經濟運動，是其自知末日將至，不得不作敗退之打算矣。

三、美國在韓戰之空軍已不敢在日間工作，只能在夜間出動轟炸，可知美國空軍已不能處於優勢地位，如此一報導果確，則韓戰更無停戰希望矣。

四、韓國「聖誕停戰」之日期已過，過此一期，則今後停戰更渺茫難期乎。

五、自惟一生最大之幸福：前有賢母，中有良妻，後有孝子與順孫。余何人斯，而上帝竟賜予如此優厚之家庭，其可尚不知足乎。此乃吾家歷代之潛德幽光，皆厚積於吾一身，而獨由吾享其成。尤其是先慈[1]之苦節困守，思之更難卒述。小子若不戒慎自修，勉為克家之子，其將何以上對祖先、下對子孫，且更無以對全國國民之望矣。戒之毋忽。

六、余自六歲上學識字，至十六歲之十一年間，除任介眉[2]之兇虐以外，蔣价人（謹藩）[3]間亦任意使氣，以學生為囚徒視之。其他對余之教誨，皆無善足述。余之少年教育，完全由先慈一人之所賜，當十二歲時，蔣師之苛刻虐待後，十三歲吾母乃即辭退蔣而聘姚[4]。其對元[5]培養之苦心，可說無微不至矣。

1　王采玉（1864-1921），為蔣中正之母親。十八歲前夫故去，二十歲再嫁蔣肇聰為繼配，1887 年，生蔣肇聰次子蔣中正，後又生一男兩女：蔣瑞蓮、蔣瑞菊、蔣瑞青。
2　任亨鐸，字介眉，蔣中正第一個塾師。從讀《四子書》等。
3　蔣謹藩，字价人，蔣中正之塾師，從讀《禮記》、《千家詩》等。
4　姚宗元，浙江奉化人。蔣中正幼時在外家葛溪王溯源堂從讀之塾師。
5　元即蔣中正，幼名瑞元。

一月

蔣中正日記
Chiang Kai-shek Diaries

民國四十一年一月

本月大事預定表

1. 臺灣財經人事問題。

2. 瑞士匯款。

3. 總校閱之講評。

4. 本年主要工作之方針。

5. 對外政策之研究（日本、英、美）。

6. 人事方針（中央與臺省）之研究。

7. 全國代表大會與黨名及方式之研究。

8. 五院人事之充實。

9. 軍隊人事之調動。

10. 國際情勢之研究與展望。

11. 反攻方略與登陸地區之研究。

12. 財政經濟之具體計畫。

13. 對日雙邊和約之促成。

14. 李宗仁 [1] 彈劾案之方針。

15. 大陳島之防務與方針。

16. 軍訓團高級班第三期續辦之督導。

1　李宗仁，字德鄰，行憲第一任副總統，1949 年 1 月蔣中正宣佈引退，李代行總統職務，國共和談失敗，1949 年底轉赴美國。

17. 預算不足案之籌備。

18. 財政部長人選之決定。

19. 駐泰大使人選。

20. 駐日代表團之改組與繼任人選。

一月一日（元旦）　星期二　氣候：晴

雪恥：申命記云：「耶和華必在你前面行。」這個耶和華就是每一個人的自己「向前進步」、「耶和華必與你同在，必不撇下你，也不丟棄你。」而這個同在，又是每一個人自己的理想與希望。每一個人都抱着自己的理想與希望同起臥，都為着這理想與希望而奮鬥，而這最高的理想，最大的希望，就是快樂。這快樂的心理，包含着自由、平等、博愛的精神。正反映着人類偉大的力量，誰代表着這個力量，誰就獲得最後勝利。

昨夜安眠勝常，今晨七時前起床朝課，與妻[1]同心禱告後，記昨日事。九時後經兒[2]全家來拜年，入府舉行團拜，稚老[3]與鼎丞[4]亦到，且甚康健也。再與克難英雄團拜，點名給獎，聚餐，訓話。午課後批閱。婦女聯會幹事來拜年，與妻車遊基隆道，上草廬，入浴，晚課，餐畢觀影劇（從天到地）。廿二時後略有傷風，服藥就寢。

1　宋美齡，原籍廣東文昌，生於上海。蔣中正夫人。1950 年 1 月 13 日自美返臺，支持反共復國大業，並創辦中華民國婦女反共聯合會、華興育幼院。

2　蔣經國，字建豐，蔣中正長子。1950 年任國防部政治部主任，兼任總統府機要室資料組（國家安全局前身）主任，7 月擔任中國國民黨中央改造委員會委員。1951 年 5 月，國防部政治部改為總政治部，仍任主任。1952 年 10 月，任中國國民黨第七屆中央委員、中國青年反共救國團主任。

3　吳敬恆，字稚暉，江蘇武進人。歷任制憲國民大會主席團主席、第一屆國民大會代表、中央研究院第一屆院士、總統府資政。1949 年，蔣中正派專機「美齡號」將其從廣州接到臺北。1953 年 10 月 30 日逝世，海葬金門。

4　丁惟汾，字鼎丞，山東日照人。1949 年到臺灣後，任監察委員和中國國民黨中央評議委員。

一月二日　星期三

雪恥：一、匯瑞士款項。二、黨務檢討與今年工作方針。三、臺省黨部之申戒。四、告書嚮〔響〕應之具體辦法。五、軍事、經濟、外交、政治、社會、文化，本年度之方針與政策之決定。

七時前起床，朝課，記事。十時後入府辦公，召見八人，與岳軍[1]談國楨事及駐日代表團副團長人選後，清理積案二十餘件。午課後審閱顯光[2]由美報告，彼對歐洲建軍與歐洲中立心理之觀察甚明也。批閱後入浴，晚課。審閱經兒去年日記及其最近製作，進步甚多，尤其樂觀心理殊足慰也。廿二時前寢。

一月三日　星期四　氣候：陰

雪恥：荒漠甘泉[3]：「焦急的開始就是信心的結束，信心的開始就是焦急的結束。」此語以最近心神驗之，足證一年來對於反共復國之前途，明知其困難萬狀，但並不覺有焦急之意，此由於深信「天父之旨意必成功」之效果也。

朝課後記事，十時到中央黨部會議，討論全國代表大會日記〔期〕、人數與原有中央委員是否出席問題，各委員皆發表意見，最後先作一切準備，對於日期與中委出席問題暫不決定，但出席代表均應選舉為原則，其人數不能超過三百人為準也。正午評議委員聚餐。午課後約卅二師日藉〔籍〕教官卅餘人茶點，談笑甚快也。入浴，晚課，餐後閱報，整理文件。今晚明月皎潔，心曠神怡，思鄉念親不能斷也。

1　張羣，字岳軍，1950 年 7 月，任故宮、中央博物院兩院共同理事會理事，8 月任中國國民黨中央改造委員會評議委員。1952 年 10 月，任中國國民黨第七屆中央評議委員。
2　董顯光，浙江寧波人。1949 年來臺，擔任中國廣播公司總經理兼《中央日報》董事長。1952 年 8 月，出任戰後首任駐日大使。1956 年 4 月，出任駐美大使。
3　即 *Streams in the Desert*，基督教靈修書籍，由美國作家高曼夫人（Mrs. Charles E. Cowman）編撰，一日一課，首舉聖經新、舊約經文章節，然後選輯宗教名家對此一節經文的講解、闡釋或證道之詞，並附載有關詩歌。1920 年初版，曾譯為多國語言，中文譯本即《荒漠甘泉》於抗戰期間問世。

一月四日　星期五　氣候：晴

雪恥：國家最大之憂慮，惟在民族之衰老，人心之麻木與萎靡不振，求一自動自發、自強不息而能負責盡職、不辭勞怨者，殊不易得。至於公而忘私、捐嫌無我，其能協調一致、團結奮鬥者，更難其人矣。尤其可恥者，重外輕內，舍己耘人，倚賴成性，徒求徼幸一得。甚至徇外凌上，而忘其為中華民國之國人者，實繁有徒，必須袪除此劣性惡習，而後反共復國纔能望成也。

朝課後記事，十時後入府會客。史尚寬[1]報告考察日本社會保險情形，甚有所感，日本其乃因敗而得福乎。審閱經兒報告，覺其能自反有得也。午課後修正研究院黨政演習（十五期）講稿。入浴，晚課如常。廿二時半寢。

一月五日　　星期六　氣候：陰沉

雪恥：一、上月月會講詞限期研究詳報。二、軍校限期招生。三、校閱訓詞類編。四、保荐所部人才。五、地方自衛隊之學校軍訓之組訓工作。

朝課後記事，記本月工作預定表，十時後入府辦公。召見倪文亞，訓斥其官僚作風不負責任，竟致臺省黨部新選黨委有匪諜二人參加，言下痛憤不置。約見泰國記者六人畢，召集軍事會談後，批閱公文。午課後修正東北軍事失敗關鍵之講稿，未完。入浴後晚課，約亮疇[2]先生與曉峯[3]、彥棻[4]商討大法官之補充與國民大會組織法之修正，以及如何掌握運用等問題畢。晚續修講稿，

1　史尚寬，字旦生，安徽桐城人。《中華民國民法典》起草人，獨力完成《民法全書》。時任第一屆立法委員，1952 年 6 月出任考試院考選部部長。

2　王寵惠，字亮疇，廣東東莞人，生於香港。1948 年 6 月至 1958 年 3 月任司法院院長。

3　張其昀，字曉峯，浙江鄞縣人。1950 年 3 月任中國國民黨中央宣傳部部長，創辦中國新聞出版公司，7 月任中國國民黨中央改造委員會委員，8 月任中央改造委員會秘書長，創辦中華文化事業出版委員會。

4　鄭彥棻，廣東順德人。1949 年 1 月代理中國國民黨中央執行委員會秘書長，1950 年 8 月後任中央改造委員會委員。1952 年 10 月，任第七屆中央委員。

至廿三時方寢。

上星期反省錄

一、國楨辭職雖已打消，但其問題仍在也。應確定方針從速準備，力求事權
　　統一，方能建設模範省也。

二、軍費本月份尚未籌足。

三、俄國提出其和平計畫於聯大，以對抗英、美之集體安全計畫。

四、韓戰談判，美國對於監察問題已讓步，其對戰地修築機場亦將允許乎。
　　然而美國此種求和態度，適足以增強俄共備戰之地位也。

五、西歐四十三師聯合建軍問題，仍不能解決，其將何以使俄懼戰耶。

六、邱吉爾已到美國談判矣，其對東方與中國只有損害，決無轉變政策之望，
　　乃可斷言也。

本星期預定工作課目

1.（日本）駐日代表團副團長發表。

2. 問琉球行政已否交日本管理。

3. 召見研究院十六期學員。

4. 約宴臺大教授。

5. 立法院長人選之研究：李應生[1]？束雲章[2]？

1　李應生（1886-1952），字運啟，1948 年當選立法委員，參與行憲。1949 年隨政府來臺，
　　為立法院院長人選之一。1952 年 5 月 29 日病逝臺北。

2　束雲章，名士方，以字行，江蘇丹陽人。1948 年當選立法委員，1949 年來臺灣，籌設
　　雍興公司臺灣紡織廠，並由經濟部聘為中國紡織公司董事長，籌設中紡臺灣紡織廠。

6. 督導建設臺灣工作與計畫。

7. 院與省人事問題與方針：甲、去嚴留陳[1]。乙、去陳留吳[2]。丙、去吳留陳。

8. 省黨部整頓辦法與人事。

一月六日　星期日　氣候：雨

雪恥：一、立法院長人選。二、省黨部書記人選。三、上官業佑工作。四、第一組長之人選。

朝課後續修講稿。九時半到政工學校舉行開學典禮，訓話畢照相。十一時禮拜後記事。午課後修稿。與道藩談立法院長問題，令其勿辭立法委員。與妻往經兒家，視孝章[3]肺病，似已漸痊矣。往草廬，入浴，晚課。約宴美國主教史培爾曼[4]，往赴韓為其美軍禱告，特來臺灣訪余，在此失敗期間，彼能來臺相訪，殊為難得之良友也。相敘甚歡，並約其留宿草廬，俾得休養也。廿二時半寢。

一月七日　星期一　氣候：晴　今日氣候清淨與古鄉相同

雪恥：一、情報機構與業務之統一。二、檢查業務之統一。三、泰國機構與人選之速定。四、美國僑報出英文版。五、幹部組織之實施。六、香港人員之物色。七、新建組織之實施計畫。

1　嚴即嚴家淦，陳即陳誠。嚴家淦，字靜波，江蘇吳縣人。1950 年 1 月擔任經濟部部長，1950 年 3 月至 1954 年 6 月任財政部部長。

2　陳即陳誠，吳即吳國楨。

3　蔣孝章，為蔣經國和蔣方良長女，1949 年隨家庭來臺。

4　史培爾曼（Francis J. Spellman），又譯史班爾孟，1939 年出任紐約總教區總主教，1946 年為樞機主教。

朝課後九時到軍訓團紀念周，宣講四十年行政講評及本年動員運動之指示。並勉各幹部應具久遠事業之志節畢，點軍訓團第十期學員之名七百餘人後，回寓，記事，記上周反省錄。午課後審閱研究院第十六期學員自傳，及審閱東北作戰經過之記錄。召見學員卅人畢，入浴。晚課後學習三一妙身贊美詩，修正講稿，廿三時前寢。

一月八日　星期二　氣候：晴

雪恥：一、越南逃兵再回者應澈查。二、對各國通各國專門研究員之培養。三、第二廳研究史地為必修科目。三、熱情、積極、主動、負責與創造等精神之養成。四、協調互助精神。五、澈底監督。六、工兵實為無名英雄（技術兵科），但其刻苦耐勞之服務工作，常為忍人之所不能忍受者也。

朝課後續修講稿至十時未完。入府辦公，會客，召集情報會談，商討杜、邱[1]會議情勢與對日和約方針，務使能於美國對日和約批准前訂立也，失此不成，則再無希望矣，思之痛心。午課後續修講稿一段後，召見研究員卅人畢，入浴。晚課後記事。廿二時半寢。

一月九日　星期三　氣候：晴

雪恥：一、臺灣軍訓與師資訓練計畫。二、自衛隊組訓與監察之加強。三、動員人力與征集新兵人數之決定。

朝課後續修講稿完畢，記事。十時半入府辦公，召見二十人後批閱公文。午

1　杜、邱即杜魯門（Harry S. Truman）、邱吉爾（Winston Churchill）。

課後到研究院召見學員卅人後，入浴，晚課，餐後學唱聖哉三一歌。閱報，見「勃雷傑斯[1]」為參議院共和黨領袖，甚慰。對日雙邊和約或由共和黨對其政府壓力，使日本遵守其諾言，將增加其因素也。杜、邱會議昨日已畢，尚未見其宣言，惟聯合國會議已否決俄國反對集體安全措施之建議案，並決定安理會中，不討論韓國問題，是俄之陰謀又一失敗也。

一月十日　星期四　氣候：晴

雪恥：本日見杜、邱共同宣言，並無奇突之點，皆如預料，但其對中日雙邊和約問題，內容或有所決定乎。

朝課後記事，九時半到中央黨部監誓，監察院黨部委員宣誓就職後，舉行常會，討論動員運動綱要草案，與國楨辭職問題。正午約宴臺大錢校長[2]及教授十餘人，談論大陸教育文化界受共匪思想清算自白害人事，將來復國後對此等自毀人格之教授如何處置事，吾認為應不咎既往，一筆勾消，眾皆現欣慰之色。午課後經兒來談南區各軍情形，及立人[3]疑懼與其美國顧問一心反對政治部事，可歎！召見學員卅人後入浴，晚課，餐後學習聖哉三一歌。廿二時半寢。

1　白雷傑斯（Henry S. Bridges），美國共和黨人，1937 年 1 月至 1961 年 11 月任參議員（新罕布夏州選出）。

2　錢思亮，字惠疇，生於河南新野，籍貫浙江餘杭。1949 年由北京經南京至臺灣，隨即被臺灣大學校長傅斯年聘為化學系教授及教務長，1951 年 2 月接任校長一職。

3　孫立人，字撫民，號仲能，1950 年 3 月晉升陸軍總司令。1951 年 5 月授陸軍二級上將。1952 年 10 月當選為中國國民黨第七屆中央委員，兼任臺北衛戍司令。

一月十一日　星期五　氣候：陰雨

雪恥：一、關於美援武器分配之指示。二、職期調任制之實施。三、競賽與標準。四、行政三聯制之考績。五、除去各自為政之心理弊端及其無益的正規化與文牘主義。六、在政策與原則上要有統一的計畫，統一的指導與統一的檢查。七、照顧全局，掌握政策。八、不容破壞政策，鬧獨立性，各自為政。九、工作都要有繼續長期性之打算。十、生產與節約，杜絕濫用與浪費。十一、明知故犯。

昨夜失眠，今晨七時起床，朝課。校正軍事失敗之關鍵講稿，十時後入府辦公。約見東京盟總新聞處長[1]後，召集經財會談，解決上半年欠缺之經費，准動用黃金拾萬兩作抵，增加發行也。午課後召見研究員卅人，見淡游[2]之子周天翔[3]，誠精有為，可慰也。入浴，晚課。晚學習三一歌，廿一時後寢。

一月十二日　星期六　氣候：陰

雪恥：一、掌握政策，照顧全局。二、政策與謀略及時機之重要。三、敵愾心與不共戴天及必死之心之養成。四、虛偽與誇大之為害。五、兵者陰道也之講稿準備。六、通信謀略與保密之研究。

朝課後記事，校正軍事失敗之關鍵講稿完，刪除最後之國際環境一段之說明，其實此段最為重要，但必觸犯美國軍政外交當局之怒，故削除以待他日之補

1　艾倫（Frank A. Allen Jr.），美國陸軍將領，時任盟軍總部新聞處處長。
2　周淡游（1882-1919），蔣中正同鄉好友。1906年東渡日本，入東京警監學校，與陳其美相交，得識孫中山，加入中國同盟會。並介紹蔣中正認識陳其美。1911年11月參加上海光復之役。1913年追隨陳其美參加「二次革命」。1915年謀劃行刺上海鎮守使鄭汝成，參與肇和艦起義。1918年冬，奉孫中山之命任四川庶政。1919年5月5日病逝。歸葬家鄉錦屏山麓，蔣中正親題「周故同志淡游之墓」。
3　周天翔，1949年調派臺灣糖業公司副工程師。翌年，任企畫處副經理，兼資源委員會臺灣機械公司董事。1952年調升臺糖公司東港糖廠廠長，兼中國廣播公司董事。

正也。十時入府辦公，召見六、七人畢，召集軍事會談，美援所到之一〇五重砲廿二門，其砲車與彈藥車皆未配備。美國允我軍援已有二十個月之久，而所到者僅此廿二門重砲為真是戰品，但其殘缺如此，可知其當局對我用心之殘忍與惡毒，誠非言語所能形容，若無其社會輿論與共和黨之督促，則連此而亦不可得矣。

上星期反省錄

一、共匪貪污行動已一發而不可收拾矣，此決非其所謂紀律、坦白與檢舉等名詞所能補救也，此非其本身之致命喪〔傷〕乎。

二、財政之短少已准動用黃金為之抵補（十萬兩），內部矛盾與紛爭，或可暫時消弭，但財政人事尚未解決耳。

三、美英杜、邱[1]會談公報已經發表，對中國與遠東並未有所增損，至其對中日雙邊和約，英國或已改變主張而不加妨礙乎。

四、美、英、法對東南亞防共會議完畢，聲言其嚴守最高秘密，不發表任何內容，此其一為恐懼俄共，一為將索詐吾人。如不有我國加入，其將何以作防止東南亞之共匪，然而吾人決不能捨己耘人，以蹈往日之覆輒〔轍〕矣。

五、聯合國通過以集體行動對抗侵略案，又通過以時機成熟時，對處理韓國問題舉行安理會特別會議，但以無否決權之機構處理之議案。

六、俄國在聯合國撤消其反對禁用原子能之機構，但以不干涉俄國之內政為條件。

七、監察院通過對李宗仁彈劾案。

1　杜、邱即杜魯門（Harry S. Truman）、邱吉爾（Winston Churchill）。

本星期預定工作課目

1. 下周校閱總講評之準備。
2. 省黨部書記人選之決定。
3. 駐日代表團副團長人選。
4. 泰國大使人選。
5. 高級將領之調動。
6. 幹部與組織之督促。

一月十三日　星期日　氣候：陰雨

雪恥：昨午課後到研究院召見學員卅人畢，入浴。晚課，餐後閱報，唱三一歌。廿二時寢。一、公路傍植樹。二、新闢山地仍令造林。三、路傍小便之禁止。四、車傍禁止站人。五、拉扱之清除。

今晨七時半起床，朝課後記事，記上周反省錄。十一時禮拜如常，記錄優秀學員分類存記。午課後修正講稿，與妻車遊淡水回，觀影劇（南美洲鬥牛故事）畢，重正軍事失敗之關鍵講稿，並查現代行政人員須知舊講稿，以備宣讀。晚宴韓國大使金宏〔弘〕一[1]，聞韓軍裝備已加強為慰。宴畢，晚課後，廿二時半就寢。夜間失眠，直至三時後方入睡。

1　金弘一，韓國獨立黨人。1948 年返國，相繼出任南韓陸軍士官學校、陸海空軍參謀學校校長。時任韓國駐華大使，1960 年卸任。

一月十四日　星期一　氣候：雨

雪恥：一、法國越南統帥塔西尼[1]對我留越國軍官兵無異囚徒，其刻薄殘酷，令我官兵不能忍受，乃於去年杪全體絕食三日，以示反抗。此不僅塔西尼為然，凡西方各國皆無公理與人道可言，更無所謂公法與國交可言，如你一旦失勢無力，則過去一切恩惠與情感皆不之顧。而法國民族與斯拉伕相較，其強弱大小雖有不同，而其弱肉強食之心理則並無二輒〔轍〕。今塔西尼已死矣，此為共匪侵越與我留越官兵前途之一轉機乎。

朝課後修正講稿。到軍訓團紀念周，召見學員十一人回，記事。午課後到研究院召見學員卅人畢，入浴，晚課。到婦聯會同樂會，紀念夫人回臺二周年也。

一月十五日　星期二　氣候：晴

雪恥：一、政治教育加強匪對其敵人之心理與看待之經過，以及我官兵被俘時之言行，與欺敵殺匪之方法。二、精神動員與思想領導。三、侍從人員辦公教育與組織之加強。四、執行政策之實習。五、政策之解釋與掌握方法之研究。

朝課後記事，整理剪報。十時入府辦公，會客與召見六人後，召集一般會談。商討監察院罷免李宗仁案之處置方針，不能不召開國民大會與立法院，修改國大組織法，減少法定集會人數，余意仍以不開為主旨，但又不能說不開也。午課後審閱檔稿至西安蒙難之致妻書，不禁泫然。晡到研究院，召見學員卅人畢，入浴。晚課後整記優秀學員名冊。

1　塔西尼（Jean de Lattre de Tassigny, 1889-1952），又譯塔西義，法國陸軍將領，曾任駐印度支那高級專員兼遠東軍司令，1 月 11 日死於癌症。

一月十六日　星期三　氣候：陰

雪恥：一、日本政府發表吉田[1]致杜勒斯[2]函，保證日本對中華民國政府訂立雙邊和約，並根據舊金山和約之原則為基礎，此乃半年來之奮鬥所致。惟須待簽訂與生效後方能確定，此時尚不能即抱樂觀也。二、美商鋁廠合作問題（雷諾）。

朝課後修正上周紀念周講稿一段。十時後入府辦公，約見藍欽[3]公使及其來臺參觀之二美友後，彼乃提出其吉田致杜勒斯之函稿，聞之為慰。召見派赴美國學習人員八人後，批閱公文。正午約宴立法、監察二院黨部委員，指示其要為黨員服務，不可為人視為特殊階級也。午課後到研究院召見學員卅人畢，胃甚不舒，嘔吐時作，乃入浴。晚課，休養，廿一時半即寢。

一月十七日　星期四　氣候：雨

雪恥：一、吉田聲明函發表後，我應取之步驟：甲、應即派定和談代表有力人士，使日可早派犬養健[4]來臺，以防其只派商務專員為代表也。乙、要求美國參加談判為仲介，勿使美對此事卸責。丙、雙邊和約必須於多邊和約生效前正式簽訂。二、對泰國及東南亞商務發展計畫與機構之籌備。三、對泰航船之增加。

朝課記事後，修正對總動員運動的提示之講稿。因昨夜胃病，今仍不適，故

1　吉田茂，日本東京人。1947年4月至1963年10月為日本眾議院議員，期間1948年10月至1954年12月，出任日本第四十八至五十一任首相。
2　杜勒斯（John F. Dulles），又譯陶勒斯、陶拉士、杜拉斯，美國政治家，曾短暫為參議員，1950至1952年為杜魯門總統外交顧問。
3　藍欽（Karl L. Rankin），又譯蘭卿、藍卿，美國外交官，曾任駐廣州總領事、駐香港總領事，1950年8月任駐臺公使。
4　犬養健，日本前首相犬養毅三子。1949年1月24日至1960年8月28日任日本眾議院議員。期間1952年10月30日至1954年4月22日出任日本第二、三任法務大臣。

未往中央會議。午課後仍修講稿,至廿時方完。入浴,晚課,餐後校閱軍事失敗之關鍵與教訓篇,尚有錯字也。廿一時半寢,不能安睡,以國楨言行太過,近於驕橫要脅、不顧大體也。

一月十八日　星期五　氣候:晴

雪恥:一、邱吉爾在美國會演說,贊揚美國對自由中國臺灣之防衛,不犧牲於中共之手一點已可廓清。近日英邱對中國始終反對之傳說,對我軍民心理之鼓舞不少。二、維新斯基[1]在聯合國演說與提議,皆遭反對與否決,尤其對於韓戰停止後十日內仍恢復卅八度分界線,與三個月內外國軍隊撤退之提案,亦遭否決,此於我東亞之關係最大也。三、越南未得美國出兵協助保證,是更使中共侵入越南,此乃英、法之一打擊也。

朝課,記事,十時入府辦公。召集對日和約委員會,商討對日吉田致杜函之方針,決定發表正式談話,表示對日速訂和約之意,並確定余所指示各原則畢,再召集情報會談,對共匪在我軍與學校滲透之案件層出不窮,甚為憂慮,惟政治部對於每一官兵之考查已較澈底,此乃可以自慰也。

一月十九日　星期六　氣候:晴

雪恥:昨午校正講詞後回寓,已十四時矣。午課後到研究院召見學員卅人,第十六期生已全部見完矣。入浴,晚課。胃病今方漸癒矣,為國楨告假與消極事,煩惱更甚,又恐其神經失常,發生狂病為慮,誠難處理也。

1　維辛斯基(Andrey Y. Vyshinsky),又譯維新斯基,曾任蘇聯檢察總長、外交部副部長,1949 年起任外交部部長。

朝課後手擬麥帥[1]生日賀電稿，惜無妙語為之慰勉耳。整理剪報後記事。十時後入府辦公，會客，召集軍事會談，聽取美軍顧問團書面報告，其判定我國軍戰鬥力全部統計為百分之十五，聞其百分比內容，以人員、武器、體力為要素，此乃自然如此而已，但其估定士氣已十分旺盛云。午課後批閱。接英士夫人[2]來談，其精神尚佳，相敘甚樂也。與妻車遊基隆道上，往草廬，入浴。晚課後閱報，廿二時寢。

上星期反省錄

一、邱吉爾在美議會發表演說，對於美國防護臺灣表示贊揚，是一年來英、美對臺灣咀唔〔齟齬〕之政策，已可因此消除，其於各方各種之懷疑，亦可為之澄清。且英、美對遠東政策亦漸取一致，此乃其保守黨當政必然之結果，只要吾人能發奮自強，持久不懈，不患民族無轉敗為勝之道也。

二、吉田茂發表其致杜勒斯函件，表明其對華訂立和約之決心，此或其為美國參議院審議其多邊和約而發，一俟其美國和約批准，則將延宕無期，亦未可知。吉田官僚狡猾，絕無遠大之東亞民族合作之抱負，故不能有所期待也。

三、維辛斯基在聯合國提案每案必敗，尤其對韓戰調停之條件，完全否決，余敢斷其停戰絕望矣。

四、法國駐安南之塔西尼死亡，其於安南之關係甚大也。

1　麥克阿瑟（Douglas MacArthur），又譯麥克阿薩、麥克阿塞、麥克合瑟、麥克約瑟，西南太平洋戰區盟軍最高司令，1945 年 8 月任盟軍最高統帥，1952 年參與美國共和黨黨內總統初選失敗。

2　陳其美遺孀姚文英女士。

本星期預定工作課目

1. 校閱六十七師。

2. 發給陣亡家屬年節慰勞金。

3. 陳、吳[1]問題之研究。

4. 軍事檢討會議。

5. 高級將領之調動辦法。

6. 泰國大使人選之決定。

7. 對日和約問題之準備。

8. 經兒糖病之注意。

9. 總動員運動之督導。

10. 高級人事之考慮與政策。

一月二十日　星期日　氣候：晴

雪恥：軍評會議講目：一、新陳代謝與定期調職之實現的必要。二、限齡退役與傷廢安置辦法。三、調防與對調習慣之養成。四、教官待遇之提高。五、被俘教育與俘虜教育之研究。

昨夜前後睡眠不足五小時，近來有感失眠之苦痛。朝課後，九時到軍隊校閱評判會開會，宣布陸、海、空、勤各總部所屬部隊、機構、學校等各單位之成績分數，與甲乙丙等級。十一時後休會，入府整書。正午回寓，記事。與美友費伍生[2]夫婦聚餐，談話後，休息半小時。到軍評會主持會務，十七時後

1　陳、吳即陳誠、吳國楨。

2　費吳生（George Ashmore Fitch, 1883-1979），美國長老教會傳教士，長期於中國傳教，戰後並服務於聯合國善後救濟總署。

回寓，約見美國猶太退伍軍人會代表金世保[1]，又談一小時半，疲甚，赴草廬入浴。晚課，餐後閱要件，廿二時寢。

一月二十一日　星期一　氣候：晴

雪恥：一、黨政業務演習講評發給軍會。二、黨政高級班重訓之分科。三、軍評會要目：甲、聯勤成績最優。乙、軍訓團訓練收效。丙、美顧問團報告誠懇。丁、政工與指揮官關係及其責任與主官之心理。戊、袪除軍閥養成之積弊。四、限田實施與退伍軍人授田之具體計畫。五、橫斷公路[2]與橫斷電線加設之完成。五[3]、中興事業之複雜艱難，甚於新興開創者萬倍。

朝課後記事，召葉外長[4]，對日雙邊條約應對美切實聲明，中日雙邊條約必須為純粹的和約，而決非日人所擬議之友好條約，而帶有和約之性質者也。此點應加強調，不能含混耳。研究院十六期學員畢業典禮與訓詞，聚餐。午課後，到軍評會聽取黃振〔鎮〕球[5]與周至柔[6]總報告，皆有條理且甚重要，無任欣慰。十七時回寓，與詹生[7]談話，彼為西方企業公司負責人也。入浴，晚課，閱報。廿二時寢。

1　金世保（Paul Ginsberg），美國猶太退伍軍人協會（Jewish War Veterans）會長。
2　即橫貫公路。
3　原文如此。
4　葉公超，原名崇智，字公超，廣東番禺人。1949 年 4 月以外交部政務次長代理部務，10 月真除。1950 年 5 月兼任僑務委員會委員長，6 月兼任故宮博物院中央博物院共同理事會理事。1952 年 3 月，免兼僑務委員會委員長。
5　黃鎮球，字劍靈，廣東梅縣人。1950 年 4 月，任聯合勤務總司令部總司令。1954 年 7 月，調任國防部副部長。
6　周至柔，原名百福，字至柔，以字行，浙江臨海人。1946 年 6 月，調任空軍總司令。1950 年陞任空軍參謀總長，仍兼任空軍總司令。1952 年 3 月，免兼空軍總司令職；10 月兼任中國青年反共救國團團務指導委員；同月，當選中國國民黨第七屆中央委員。
7　詹斯敦（Charles S. Johnston），又譯約翰敦、姜斯登、摩斯頓，西方公司代表，來臺洽談合作反攻游擊計劃。

一月二十二日　星期二　氣候：晴

雪恥：昨日為陣亡遺族發送年節金事，以本年家數增加，款項無着，以致稽延，時用憂惶。今晨醒後認此為第一要務，嚴令吳嵩慶[1]與蔣經國必須於舊年內負責發送後，方安於心也。

朝課後記事，十時後入府辦公。見日本新聞記者三人，答其中日本為兄弟之邦，兩國青年尤應密切聯繫，以求兩國永久之和合也。與任顯羣[2]談限田政策，並以公債購大地主之土地，以分配退伍與失業軍人，以求整軍之澈底，勿使老弱者再留隊中，以減弱戰力也。召集宣傳會談，研究對日和約問題。午課後整理書籍與各期學員成績名冊二小時之久。晡召見徐本生[3]，查報去年公費開支詳目。入浴，晚課，晚記事。

一月二十三日　星期三　氣候：晴

雪恥：一、兵器性能講解。二、國民之工作權與生存權，問之保障辦法。

朝課後，準備講評要目。九時到圓山軍訓團軍評會議，聽取各小組審查總報告十八決議後，說明感想，對於軍官定期調職之決議更為感慰，但望其提議與決議者皆能實踐力行，不可如在大陸時一般將領風習，所想者與其所言者不同，以所言者與其所行者又不同，此其所以招致敗亡也。今後必須思想與言行一致，方能望其復興建國也。正午續擬講評要旨，午課後十五時到會照相，舉行閉會典禮講評，二小時餘告成。往浴，晚課後到婦聯會祈禱會聚餐，

1　吳嵩慶，浙江鎮海人。時任聯勤總司令部軍需署署長。1953 年 6 月，任聯勤總司令部財務署署長。
2　任顯羣，原名家騮，江蘇宜興人。1949 年 12 月任臺灣省財政廳廳長，1950 年 1 月兼任臺灣銀行董事長（1951 年 3 月卸任），首倡愛國獎券與統一發票制度。1953 年 4 月卸任臺灣省財政廳廳長職。
3　徐本生，號本岐，1948 年 6 月任總統府第六局副局長、局長，1950 年 3 月任總統府秘書兼主計室主任。

廿二時寢。對於午後講評總覺缺失甚多，尚須補充，故對於既往不戀之習性，尚未養成也。

一月二十四日　星期四　氣候：晴

雪恥：一、召集宗南[1]、伯玉[2]等，研究突擊計畫與訓練。二、改編軍隊事，對蔡斯[3]不講有所改變。三、留美專業軍官應派任部隊兵科服務。四、大學或職校畢業生必須在軍隊服務期滿發文憑。

朝課後九時半，到樹林口校閱第六十七師新編美制試辦教育，閱兵如儀後，校閱各種兵器射擊及班的戰鬥教練。其排長與班長之指揮優良，語調儀容皆臻上乘，殊堪欣慰。正午在樹林口小學校聚餐，下午校閱營戰鬥演習，其步兵皆站立前進，毫不顧及敵方火力與射擊之損害，殊不相宜。其火力之熾盛，即所謂火海之演成，今始見之，但其彈藥之消耗，只有美國所能為也。演畢，蔡斯對我說明，如此火海乃能在韓國殺傷很多共匪也。午課如常。

一月二十五日　星期五　氣候：雨

雪恥：昨十六時半回寓，途中靜默，晚課。休息後往浴。晚整記研究院第十五期優生名冊後，宴詹斯敦。廿二時辭去後就寢。

1　胡宗南，原名琴齋，字壽山，浙江孝豐人。1951 年 8 月化名秦東昌，出任江浙反共救國軍總指揮兼浙江省政府主席。1953 年 7 月，任總統府戰略顧問委員會顧問。

2　胡璉，字伯玉，陝西華縣人。1949 年 12 月 1 日，接任金門防衛司令部司令，4 日兼任福建省政府主席。後又兼任福建游擊總指揮。1951 年底，改兼福建反共救國軍總指揮。1954 年 6 月，調任陸軍第一軍團司令。

3　蔡斯（William C. Chase），美國陸軍將領，曾任第一騎兵師師長、第九軍軍長、第三軍團參謀長，1951 年 4 月至 1955 年 6 月任援華軍事顧問團團長。

昨夜睡眠連續七小時熟睡，未曾間醒，最為難得之佳象也。朝課後記事，十時軍訓團舉行第十期學員畢業典禮，朗誦大陸軍事失敗之關鍵與教訓講詞，並令各軍校閱，及卅二師與六十七師兩師成績動作與方式等皆應澈底研討，擬定今後教育統一之張本也。正午聚餐畢，朗誦對總動員要領之指示。午課後整錄學員名單，約見道範〔藩〕與人鳳[1]後，往浴，晚課。晚約美第七艦隊司令馬丁[2]與琉球基地司令貝達萊[3]及其空軍司令史德萊[4]等宴會，相談至廿三時方散去。禱告後就寢。有朋多自遠方來訪，可知自身地位加強矣。往年則無此現象也，聊以自慰。

一月二十六日　星期六　氣候：陰晴

雪恥：本日是辛卯年大晦日，時起鄉思，尤念先親盧墓不置，恐被共匪所毀也。自省卯年經一年之慘澹經營，臺灣防務漸固，民族命脈當可保全，復興基礎已定，如今後果能及身光復大陸，完成統一則天也。否則不能目睹革命成功，是亦命也。但有此基業，後人亦必能繼志成業，故此心泰然，自覺毫無憂懼也。此乃可以告慰於雙親與總理[5]在天之靈耳。

朝課後記事，十時入府辦公。約曉峯、書琴[6]二同志，討論總動員運動要領後，召見六人畢。召集軍事會談，乃知此次馬丁來臺，仍不能解決第七艦隊對臺

1　毛人鳳，浙江江山人。時任國防部保密局局長。

2　馬丁（Harold M. Martin），美國海軍將領，曾任第一艦隊司令，1951 年 3 月至 1952 年 2 月任第七艦隊司令。

3　貝達萊（Robert S. Beightler），美國陸軍將領，琉球部隊司令兼琉球民政府副長官。

4　史德萊（Ralph F. Stearley），美國空軍將領，曾任第十四航空隊司令，1950 年 7 月至 1953 年 2 月任第二十航空隊司令官。

5　孫中山（1866-1925），名文，字逸仙，化名中山樵，廣東香山人。曾任中華民國臨時大總統，中國國民黨總理。

6　崔書琴，河北故城人，1950 年 8 月奉派中國國民黨中央改造委員兼設計委員會主任委員。1952 年 10 月出任中央委員會設計考核委員會主任委員。

協同防守計畫，可知杜、艾[1]對華毫無誠意，殊堪痛憤，其居心之卑鄙極矣。午課後寫壽字畢，與妻車遊市中，視察社會過年情形後往浴，晚課。晚令經、緯[2]兩家來聚餐，觀影劇。

上星期反省錄

一、俄外長維辛斯基已由巴黎聯合國大會回俄，此乃對韓戰無法在聯會討論之證實，停戰問題亦將無期延宕，實為美國求和之失敗也。

二、杜魯門聲明亞洲以日本與印度為其政策之核心，可見其對中國之排斥，已成為其牢不可破之成見矣。

三、美國至今仍不肯以其第七艦隊協防臺灣，予我以明確之保證，此次馬丁來臺，又是一回表現性之訪問，聞其駐琉球之第二十航空隊，兼負協防臺灣之任務，誰復信之。

四、去年終校閱研討會議，本周已舉行完成，其間成效自不少也。

五、第六十七師改編後示範訓練校閱，本周已舉行完成訓練，雖未純熟，然進步頗多也。

六、退伍軍人征田安置政策，如果能成事實，則整軍與限田同時並行，一舉兩得矣。余認為此又將為平生政績之一也。

---

1 艾奇遜（Dean G. Acheson），又譯艾其生、艾其蓀，美國政治家，曾任國務次卿，1949 年 1 月至 1953 年 1 月任國務卿。

2 經、緯即蔣經國、蔣緯國。蔣緯國，字建鎬，蔣中正次子。1951 年 11 月，任臺中市私立宜寧中學（原裝甲兵子弟學校）董事長。1952 年 11 月，升任裝甲兵司令部司令。1953 年兩度赴美，先是隨徐培根赴美考察訪問，回國時元配石靜宜去世，為免觸景傷情，乃赴美國陸軍指揮參謀學院正規班及防空學校飛彈班受訓。

本星期預定工作課目

1. 臺灣銀行董事長問題之解決。

2. 對日和約變卦之原因與應因方略。

3. 蔡斯回美前談話之準備。

4. 柯克[1]回美前之談話。

5. 游擊會議日期之預定。

6. 傘兵游擊之計畫。

7. 因間之組織。

8. 高級將領之調動。

9. 美商鋁廠合作問題（雷諾）。

一月二十七日　星期日　晴　夜雨

雪恥：昨夜全家團團聚餐，惟孝章以肺病未痊不能參加，不無缺憾。膳後先觀校閱影片及卅八年掃墓影片，三孫[2]戲躍、天真，入晚蘇醒如成人不想睡眠。今晨七時半起床，朝課，夫妻共同祈禱後記事。八時後閱報，見吉田在其議會報告對我和約事，全翻其對杜勒斯致函內容，幾不承認我為中華民國政府

1　柯克（Charles M. Cooke Jr.），又譯可克，曾任美國海軍軍令部副部長、第七艦隊司令、西太平洋海軍部隊司令，1948 年退役，1950 年春天起，組織「特種技術顧問團」，在臺灣推動非官方軍事顧問計劃，1952 年結束。

2　即蔣孝文、蔣孝武、蔣孝勇。蔣孝文，字愛倫，為蔣經國和蔣方良長子，生於蘇聯，1937 年隨父母回國，1949 年隨家庭來臺。蔣孝武，字愛理，為蔣經國和蔣方良次子，生於重慶，1949 年隨家庭來臺。蔣孝勇，字愛悌，為蔣經國和蔣方良三子，生於上海，1949 年隨家庭來臺。

也。一面又告我駐日代表團長何世禮[1]，彼擬派和〔河〕田烈[2]來臺任其講和代表，征求同意。余嚴令外交部覆何，問明日政府派和〔河〕田來臺，究為和約代表否？何其昨答議會之話，前後如出二人，究竟如何？望其明答後再定，一面明問美國，何吉田之言與致杜勒斯之言，意完全相反，必須由美負責澄清也。余甚疑其遠東司長前日到日本後作祟，所以吉田變卦也。而雪艇[3]等認為無甚關係，幹部腦筋之滯鈍如此，何能制勝外交耶，可歎。

一月二十八日　星期一　氣候：陰晴

雪恥：昨上午經、緯全家來拜年，武、勇二孫在樓廊上食糖果與醬瓜，天真活潑，其對愛好葡萄捧取不厭、多多益善之情形，喜欣難忘。文孫長大已能孝悌知禮，此孫將為仁厚長者，武、勇雖較智慧，福分或不如乎？禮拜後，約南京監理會督華達[4]夫婦聚餐後，與華達談其美國教友對華擁共應負其重大責任，至今該會在美國各報，對中共仍與我政府並視，毫無是非善惡與真偽之分，此種忘卻公理正義、遺棄主義、違反基督教理之精神，其言其行，直認為假基督徒也，望其轉告同道。華達之態度直為一帝國主義之代表，驕矜無禮，不知其在華護共反蔣之鑄成大錯，至今猶未覺悟，故特警斥之。午課後，與妻往各院長及岳軍、國楨家拜年。晚餐後往浴回，晚課。廿二時寢。

1　何世禮，原籍廣東寶安，為香港富商何東爵士第三子。1949 年隨政府遷臺，歷任國軍東南補給區司令兼基隆港口司令、國防部常務次長。1950 年 6 月任駐日軍事代表團團長兼盟軍對日理事會中華民國代表。
2　河田烈，曾任日本大藏大臣、臺灣拓殖會社社長，為簽訂中日和約的日本政府全權代表。
3　王世杰，字雪艇，湖北崇陽人。曾任外交部部長，1948 年 3 月當選中央研究院院士。1950 年 3 月至 1953 年 11 月出任總統府秘書長。
4　華達即黃安素（Ralph A. Ward），美國傳教士，美以美會及衛理公會傳教士、會督。1952 年，受美國聯合衛理公會總議會之命到香港、臺灣，向來自大陸的移民開展「國語」事工，並在臺北協助東吳大學復校。

一月二十九日　星期二　氣候：晴

雪恥：古句：「遺民淚盡胡塵裡，東望王師又一年。」讀之不勝為大陸同胞焦灼矣。據傳四、五母舅[1]皆已為共匪所害，鉅舅已八十有五歲，裕舅亦踰八十歲，萬不料匪類誅及我外家之慘如此，悔不當日強其同來。亡命也，嗚呼悲哉。

昨日傷風，今七時半起床，朝課，記事。十時入府，約見菲國議員與記者八人後，召見葉外長[2]，商討對日和約形勢，示以要旨。回寓，記上周反省錄與本周工作表。午課後續記反省錄。芝珊[3]與培風[4]之女[5]來訪。晡與妻車遊頂北投回，晚課。膳後觀影劇空軍校閱片甚佳，祝壽影片其配音太差矣。廿二時寢。

本廿九日七時起床，昨夜失眠，幾乎六時前未得睡眠也。朝課如常，召朱醫生[6]診斷認為傷風而已。整記優生名單，與公超、雪艇談對日和約，同意其全權代表河田烈之提名，但其發表時必須有一書面聲明，其為訂立和約之代表也。與辭修談柏園[7]調兼中行總經理事。

1　王賢鉅，蔣中正外祖父王有則（1820-1882）之長子，稱四母舅。王賢裕，蔣中正外祖父王有則（1820-1882）之次子，稱五母舅。

2　葉外長即葉公超。

3　竺芝珊，蔣中正胞妹瑞蓮之夫婿。1945 年代理農民銀行董事長，1954 年真除。

4　竺培風（1916-1948），浙江奉化人。蔣中正胞妹瑞蓮之子。空軍第一大隊第二中隊飛行員，後調升中尉作戰參謀。1948 年 1 月 12 日，由西安飛返徐州，不幸因飛機機件故障，墜機身亡。

5　竺友冰，蔣中正胞妹瑞蓮之孫女，其父竺培風為空軍飛行員，1948 年 1 月執行空運任務，因飛機機械故障墜毀殉職。

6　朱仰高，名慶鏞，字仰高，浙江嘉善人。在滬行醫多年。抗戰時期赴重慶，曾任軍事委員會侍從室醫官。戰後接收上海公濟醫院。1949 年隨政府遷居臺灣，開設私人診所，並為蔣中正特約醫官。

7　徐柏園，浙江蘭谿人。1951 年 3 月接任臺灣銀行董事長。1952 年 2 月轉任中國銀行總經理，兼中國國民黨中央財務委員會主任委員。

一月三十日　星期三　氣候：晴

雪恥：昨日決定調鴻鈞為臺銀董事長，使國楨得以安心任職，辭修亦同意，此乃安定內部之要着也。午課後整記優生名冊，批閱要公，晚課，閱報，廿一時後就寝。以昨夜失眠又害傷風，未入府辦公，入夜漸倦矣。我政府控俄案，昨日已在聯合國大會通過矣。

今晨以傷風未痊，八時前方起床朝課，記事。審察世局，記雜錄二則後，批閱文件。與至柔談對蔡斯覆函要旨，對其先編三個師意見可贊成，但不專為派遣遠征軍而用也。午課後為妻題畫。批示總動員運動綱要，甚覺空洞無物，極為幹部無人才悲也。晚課後餐畢，觀影劇（皆大歡喜）。國片比前進步，但缺點甚多也。廿二時前寝，仍不能安眠也。

一月三十一日　星期四　氣候：陰沉

雪恥：一、美國海軍上將美考密克[1]已任大西洋聯軍海軍統帥，據邱吉爾向英議會報告詞中，是含有組織改正後始允許之意。余認為這組織必是英、美聯合參謀部之恢復工作，乃無疑義，此為對俄作戰之準備最具體之行動也。二、邱氏在英議會報告中強調，其第二大戰中余之關係一段，殊堪注意，但其現派亞列山大[2]為其國防部長，此亞被余在緬甸之斥責其怯懦與敗退之歷史，當不能遺忘也。惟之外交只有利害與現實，如我果能自立自強，則彼在東方自不能不交好於我耳。

1　美考密克（Lynde D. McCormick），美國海軍將領，曾任大西洋艦隊司令、大西洋司令部司令，1952 年 1 月底任北大西洋公約組織大西洋聯軍海軍統帥。
2　亞列山大（Harold Alexander），1946 年 4 月至 1952 年 1 月任加拿大總督，將派任為英國國防部部長。

今晨八時起床，朝課，記事，審閱上月日記。午課後記上月反省錄，授予柯克勳章，因會客傷風又大作，苦甚。晚課後觀影劇（凱撒侵鄰），廿二時寢。終夜不能熟睡。

上月反省錄

一、廿九日巴黎聯合國第一組政治會通過我政府控俄違約案，以二十四票對九票，殊為難得，其票數以南美洲各國為最多，除墨西哥與阿根廷棄權以外，其他幾乎皆投我贊成票，此當然為美國之力也，是亦奮鬥三年之結果耳。上帝佑華，其必不負苦心人也。

二、控俄案通過時，美代表庫珀[1]說明我國曾作極大讓步，並始終遵守諾言及義務之句，以及俄國控制東北後，以此為侵韓之根據地等語，出之於美國代表之口，殊覺（最足）自慰。因當時俄入東北，接收日本投降時之殘暴與欺詐，明知其條約為無效，尤其對外蒙問題，當時已有很多理由，不必履行承認其獨立之諾言，余仍予以承認，此乃人人認為余最蠢拙之舉動，但余對馬歇爾[2]及哈爾[3]說明余既有諾言，承認外蒙獨立，余仍不以俄國各種失信不義之舉，而改變我諾言。余仍依照諾言實施，不問其俄國今後之是否能守其約也。蓋弱國外交更應守信重諾，即使明知其於我大害，甚至危及國本，亦不得不遵守信約，總使其此後無瑕可擊，即使敗亡蒙恥，亦不能使其有絲毫之藉口，以為我咎由自取也。尤其是美國代表今發此言，不僅判明其曲全在俄，而其美國本身之責任，亦間接承認矣。故余今日對日和約態度亦堅持此同一立場，凡我所已有之諾言與應有之權利，余必始終一致，如其和約不成，則其曲須全在日與美，即使和約不能成立，於我絕無可為彼指責之點，則得矣。至於和約之成與不成，尚在其次也。

1　庫珀（John Sherman Cooper），美國政治家、外交官，曾任參議員、駐聯合國代表。
2　馬歇爾（George C. Marshall），日記中有時記為馬下兒，美國陸軍將領，曾任陸軍參謀長、駐華特使、國務卿、美國紅十字會主席、國防部長。
3　赫爾利（Patrick J. Hurley），又譯哈雷、赫雷，美國外交官，曾任戰爭部部長、羅斯福總統私人代表、駐華大使。

三、邱吉爾訪美結果：甲、英、美對遠東政策漸趨一致。乙、英得美鋼百萬噸，其建軍已有把握矣。丙、對俄作戰計畫及其組織，必有成議，或已開始實施矣。丁、其對東南亞與中東，至不得已時仍主放棄，而自近東至太〔大〕西洋－歐洲為其戰略之中心，故其對亞洲仍不重視，惟韓戰不能停止，則其又不能完全放棄亞洲，置之不顧耳。戊、韓戰必盡其可能求其中止，故其談判竭盡其遷就容忍，而仍不能獲得俄史[1]之恕諒，亦云慘矣，奈之何哉。無可奈何，只有被其拖住，被動應戰耳。

四、俄國在聯大各種提案，尤其是韓戰問題，主張移至聯大討論亦被否決，維辛斯基乃掃興回俄，然而韓戰亦因之更無停止之餘地矣，此乃為美之失敗耳。

五、日本吉田對華雙邊和約之聲明，及其致杜勒斯保證函件之發表以後，對其議會再三反覆，不值一文，殊為可笑之至。余認此為美國之責任，必須力爭「和約」方休也。

六、西歐建軍四十六個師問題，至今尚不能具體決定，英國始終不肯參加歐洲建軍之列，西歐各國皆想避戰中立，而又畏共如虎，其何能建立反共陣線，美國願在西歐唱其獨腳戲，而且令人討厭，豈不多此一舉，可笑。

七、本月失眠時作，殊為可慮。

八、經兒亦發糖尿病。

九、年終校閱檢討會議，與第六十七師新編制之試驗，皆已如期完成，此於整軍為一大進步也。

十、聯合國大會通過人權宣言，此乃是民主國道義的勝利。

1　史達林（Joseph Stalin），又譯史大林、斯大林，曾任蘇聯共產黨總書記、部長會議主席。

二月

蔣中正日記
Chiang Kai-shek Diaries

蔣中正日記
Chiang Kai-shek Diaries

民國四十一年二月

本月大事預定表

1. 政治反共與軍事反攻總目標之決定。
2. 重要津貼項目與情報游擊補助費之預定。
3. 核心幹部之選定與組織之成立。
4. 黨員具體之教育（宣傳調查及領導組織監察與管制之技能）心理學與辯證
   法之重要。
5. 臺灣軍訓與師資之訓練計畫。
6. 自衛隊歸各防守區司令之督訓。
7. 動員人力與今年征兵人數之決定。
8. 檢查與情報機構行動之統一。
9. 泰國指導統一之人選。
10. 立法院長與考試院長人選之決定。
11. 鋁廠與美商合作之督導。

二月一日　星期五　氣候：晴

雪恥：一、總理手書與總裁有關重要文件之輯要。二、總理廣州蒙難記與西
安半月記之合編。

昨夜幾乎終夜未能熟睡片刻，今晨七時後起床，停止體操，但其他朝課如常，

精神並不覺疲弱，召朱仰高醫生來診，服安神藥片。記事，記上月反省錄二則，心神沉重，頓覺近日失眠乃為用腦過度所致，服安神藥後午睡，仍不能成眠，乃於十五時如期到軍訓團，聽取軍事動員之準備工作總報告及預行演習後，回寓。約鄭曼青[1]中醫來診，以西藥於我失眠皆已無效，乃不得不試中藥也。往浴，晚課，膳後觀影劇未終似覺入睡，乃就寢一小時後漸入睡鄉，夜間已安眠如常，此乃服中藥之功效乎。

二月二日　星期六　氣候：陰雨

雪恥：一、一般將領對於用人經理受制度之限制不能自由，即認為無權威，認為指揮作戰甚難之觀念，非加以打破不可。

昨夜安眠已恢復常態，今晨八時起床，朝課，記事。十時半約見美國情報局參長詹生[2]談三刻時，覺傷風未痊，故先退，聽取公文呈報後，閱報。午課後十四時半到軍事動員演習會，參觀後講評說明，此實為科學精神辦事方法之示範，可推行於黨政軍各種行政工作之中，乃能增加我國行政之效能，更不可視此僅為軍事部門之動員工作演習也，但對於軍事組織與運用方法及精神實為一切政治法則之基礎，以及民主制度必須基於軍事，蓋軍中紀律平等與職責分明不相侵犯，尤為自由與民主之導源之意尚未闡明耳。往浴，晚課，晚為陳譚夫人[3]生日聚餐，國楨夫婦[4]狀甚快慰，對辭修夫婦和偕相得，為之一慰。觀影劇後就寢，夜又失眠矣。

---

1 鄭曼青，著名中醫師、畫家、武術家，精於太極拳，為鄭子太極拳的創始人。時為國民大會代表。
2 詹生（Ural Alexis Johnson），美國外交官。1949 至 1953 年，在國務院遠東局負責日本和韓國事務，後升任副助理國務卿。
3 陳誠夫人譚祥女士。譚祥，字曼意，軍政元老譚延闓三女。1932 年元旦與陳誠結婚。來臺後協助宋美齡管理婦女聯合會，致力於婦女運動與救濟事業。
4 即吳國楨、黃卓群。

上星期反省錄

一、各防守區司令官之調動命令已下達矣。

二、臺灣銀行董事長由鴻鈞接替，柏園轉任中國銀行總經理實施後，對於國槙之精神與陳、吳[1]關係之轉變最有補益，此舉對於我政府內部團結關係甚大也。

三、對監理會督華達，我夫婦皆嚴詞斥責，不顧其今後回美對公私之評論如何，但於我內心甚安也。

四、軍事動員預行演習，自覺對軍政人員之收效非尠，再加余之講評予以說明，其獲益更大乎。

五、舊歷新正，氣候清和，心理快慰，惟於星一忽得傷風又患失眠為苦，更以吉田在其議會對中日和約無恥之聲明，反覆無常，傷腦極矣，然此毫不能減損我信心與希望於萬一耳。

六、對於本年世界局勢之觀察在星期三、四日記述於雜錄中四則，自信不致大誤也。

本星期預定工作課目

1. 政策之意義與解釋及掌握與運用方法。

2. 黨政高級班之編組應分科研究。

3. 到高雄休養。

4. 與經兒商討幹部人選與組織辦法。

5. 審核、校閱講評稿。

6. 第三期高級班名單之核定。

1　陳、吳即陳誠、吳國槙。

7. 研究院各期優生名單之記錄。

8. 駐泰人選之決定。

9. 留越被俘官兵之交涉。

二月三日　星期日　氣候：陰

雪恥：一、各司令官調任時，其衛隊與幕僚人員是否隨之調動之問題，應予以決定。二、高級班第三期學員名額之分配。三、軍事組織與紀律及其精神實為一切政治之法則，應特加闡明。

昨夜又失眠，終夜未得熟睡，心神提吊，將入沉睡時忽然警醒，此乃神虧之故歟。七時起床，朝課。召見石覺[1]與經兒，請曼青診斷開方後即禮拜。正午記事，午課，午睡漸能入睡矣。批閱要公，致國華[2]撥宣傳經費電畢，與妻巡視基隆市，沿途軍人儀容態度又多不整矣。十八時後晚膳，觀影劇天地末日，地球與火星相撞而毀滅之形容畢肖，美國人之求新及其思想之奇異，蓋如此也。往浴，晚課後廿二時寢。

二月四日　星期一　氣候：雨

雪恥：一、自北伐、討逆、剿赤、抗日至剿共失敗各戰役之戰史編纂〔纂〕與付印。二、對日和約決不許日本以雙邊條約或友好條約之含混名詞代之，吉田之首鼠兩端、投機取巧之官僚心理，毫無宗旨，其何能當此日本之難局，

1　石覺，字為開，廣西桂林人。1950 年 6 月，任臺灣防衛總部副司令兼北部防衛區司令，1952 年兼南部防衛區司令。1954 年 5 月，調任第二軍團司令。

2　俞國華，浙江奉化人。1951 年 1 月，任國際貨幣基金會副執行董事。1955 年自美返國，出任中央信託局局長。

亦為我東亞之不幸也。三、美國防部宣布其韓戰十八個月中已消耗其戰費五百卅九億美金圓,此一報導更使俄國無意停戰,非使美國在韓戰拖至其經濟崩潰矣,而其死傷美軍十萬人員以上尚不計也,如此千載難得之良機,俄史其何能放過美國,再予自由行動乎。

昨夜睡眠漸復常態,今晨四時半起床,朝課,記事。八時對青年各級組長二百人點名,訓詞,整記優生名冊,入府召見柏園、安國[1]、至柔、孟緝[2]等指示要務。召集一般會談,商討立法院長人選,決提道藩。商討對日和約,力爭和約二字。李[3]之無恥,又在美發表監察院對其罷免案為非法矣。

二月五日 星期二 氣候:晴

雪恥:昨午課後整書。未刻飛岡山即轉高雄,住澄清樓,途中閱「第二次大戰的潮流轉變」章,使余對整個大戰獲得一個概念,殊為有益。晚課後獨餐,閱報,入浴,廿二時寢。來此專為休養,故不敢多用腦力也,昨晚睡眠已如常矣。

今晨七時後起床,朝課,記上月反省錄,記事,記本月工作預定表。午課後記上周反省錄。晡出外散步半小時回,晚課,膳後審閱軍訓團高級班第三期學員人選名冊未畢,不敢用腦,乃觀影劇後默禱,未浴而寢,仍失眠,夜中起床二次,觀月聽潮,風景如畫,上帝賜予如此美麗幽雅之環境,而我仍不能安眠,何耶。豈非養天不足之過歟,應靜敬澹一自修也。

1　戴安國,戴季陶長子,曾任農業教育電影公司總經理,時任董事長。
2　彭孟緝,字明熙,湖北武昌人。1950 年 3 月,任革命實踐研究院軍官訓練團主任。1954 年 8 月,擢升為副參謀總長,兼代參謀總長。
3　李即李宗仁。

二月六日　星期三　氣候：晴

雪恥：一、巴黎聯合國大會已於昨日閉幕，此後國際形勢對俄綏靖計畫與英、美對韓戰之犧牲中、韓之陰謀更將不易，聯大閉會以後，韓戰問題與我國關係或能比較安定，而不如開會期間之危險乎。二、日政府已通過其派和〔河〕田烈為全權特使來臺商訂和約，成敗殊難料也。

昨夜仍失眠，今晨七時起床，朝課如常。經兒來陪朝餐後，往潮邊觀軍民合組網魚，以消遣圖樂，午前續整優生名冊。午課後記事。與經兒及桂永清[1]乘車巡視鳳山大埤湖海軍新兵營基地，其地幽雅，清靜可愛，據稱日人本擬以此為其總督府之新址，遷移臺灣首都於此也。晡回寓，晚課，晚餐畢，觀影劇後默禱。與經兒在月下談心，提及周、孫[2]作為，恐將失眠，故不敢多談也，廿二時後寢。

二月七日　星期四　氣候：晴　溫度：七十八　地點：高雄

雪恥：一、永年動員計畫之意義解釋。二、聯大閉會時，以暫緩討論韓戰問題票決通過案為押臺戲，可知此次聯大會議本以韓戰為主要問題，而未得結果，不可謂非美國之失敗也。然而我國在此又渡一難關，而且我控俄案亦得通過成立，此為二年以前所夢想不到之舉也。

昨夜睡眠正常，今晨七時前起床，朝課後朝餐畢，與經兒往海邊參觀網魚，能忘憂誤〔娛〕樂也。回記事，批閱高級班學員名單，審定頗費力也，乃知凡是公事無論鈔錄名冊亦非用心用力不可也。午課後整錄優生第十四期名冊完。十七時與經兒等徒步循西子灣至左營之沿海要塞公路視察，約行一小時，

1　桂永清，字率真，江西貴谿人。1948 年 8 月任海軍總司令。1950 年授海軍上將銜。1952 年 4 月轉任總統府參軍長。1954 年 7 月任參謀總長。
2　周、孫即周至柔、孫立人。

過柴山村後乘車經水射村而至左營,十八時半回寓。晚課,餐後觀影戲後入浴,寢。

二月八日　星期五　氣候:晴

雪恥:一、如何使青年能自動奮發興起。二、生理與病理之別。三、科學與組織。四、啟發與自然。五、六點實踐與實踐十條。六、分別人民階級?七、編輯講詞與文告工作,先編:甲、軍事與政治。乙、哲學與科學各類編。丙、革命與青年(國家與民族)。八、今後外交應漸轉入主動地位。

昨夜已能安睡如常,今晨七時前起床,朝課畢。未工作(記事),先朝餐後即往海邊,參觀網魚取樂,回已十時,記事。召見海軍往美實習人員劉慶生[1]、李連墀[2]、羅日賢[3]、張克勤[4]等六員畢,整錄優生研究院第十四、十五、十六各期已完,批閱要公,宣布年終校閱會議所通過重要法案十件及任官令一千餘件,此皆制度之初步實施也。午課後閱報及審閱講稿,見立人後出外與經兒乘車,仍循昨日原路至水射堡,下車徒步至左營再乘車回,晚課。

1　劉慶生,1949 年 8 月任海軍總司令部第四署署長。
2　李連墀,號步廷,河北遵化人。1950 年 11 月,任海軍澎湖要港司令部司令。1951 年 11 月,任海軍供應司令部司令。1955 年 10 月,任海軍總部公工署署長。
3　羅日賢,福建永定人。1952 年至 1956 年間先後擔任十艘 PC 與三艘 LST 接艦連絡官,回國後在總部補給署補給管理處辦理軍援之編製與執行。
4　張克勤,江蘇吳縣人。1951 年 5 月任海軍總部第四署第三室第九科科長。

二月九日　星期六　氣候：晴　風

雪恥：一、美參議院由其國防部長與總參謀長出席舉行秘密會議，其方式較任何密會為嚴密，據其主席於會後僅言於韓戰和平有關云，如其為和平政治有關者，則當由其國務院長出席參加，而今次僅為國防部長與參長，則其必為軍事有關之事，其或決定最後之和戰方針，如其不能獲得停戰和平，則報告其擴張戰爭之計畫乎，或其停戰交涉已獲得一解決辦法乎，如果依後者而言，則俄共對美天真之幼年又得玩弄一次矣。

朝課後與經兒在澄清樓朝餐，觀潮，一樂也。餐後往海濱散步回，記事。見唐守治[1] 詳詢其所部各副師長以上人員之品性、學力與成績後，見布雷[2] 之弟叔同[3] 畢，批閱公文。午課後審閱講稿完，往屏東接妻來高，鄭曼青君來診斷，身體已復元矣。晚課後觀影劇，見玉泰舊址與舊書屋，甚有所感也。

上星期反省錄

一、美國政府其國務院與國防部至今對軍隊不夠民主為詞，必欲取消我政治部為快，其用意使軍權全歸其所擬樹殖者之手，完全受其統制而後已，但彼不問事實如何，後果如何，更亦不問其如此做去〔法〕能否達成其目的，而亦不一加考慮，彼以為上次用於暹邏之政變老法輕而易舉，而在臺灣亦無不可如此也，可痛極矣。

1　唐守治，字浩泉，湖南零陵人。1950 年 5 月，調任臺灣南部防守區司令官。1952 年 2 月，調任臺灣北部防守區司令官。

2　陳布雷（1890-1948），名訓恩，字彥及，筆名布雷、畏壘，浙江寧波人。曾任中國國民黨中央宣傳部副部長、中央政治委員會副秘書長、國防最高委員會副秘書長、軍事委員會侍從室第二處主任等職。1948 年 11 月 13 日，服用過量安眠藥致死。

3　陳叔同，名訓願，字叔同，以字行，浙江慈谿人。1949 年移居臺灣，1950 年 11 月任《臺灣新生報》高雄分社（即當時的《新生報》南部版，後為《臺灣新聞報》）主任。

二、聯合國大會已在巴黎閉會，並議決韓戰暫不在聯大討論，是美國停戰運動又遭一次失敗矣。

三、失眠症遷來高雄休養後，漸復元痊癒矣。

四、軍事高級班學員人選已審核完成，研究院討論會議之規章與中上校任官令皆已核定頒佈矣。

五、各防守區司令官調職制已得實施，此與今後整軍建軍之關鍵甚大也。

本星期預定工作課目

1. 年終校閱檢討會議講評稿之審定。

2. 國民革命第三期之理論稿審定。

3. 革命剿共必勝之戰略。

4. 卅五年日記之審核。

5. 對日和約問題及會議之準備。

6. 實研院第十一期以前學院之檢討會開始。

7. 革命之理論觀念與原則方法之研究。

8. 召集二胡[1]等之突擊會議。

9. 游擊傘兵之組訓人選。

10. 第四師長人事之決定。

11. 顧葆裕[2]之成績如何。

1　二胡即胡宗南、胡璉。

2　顧葆裕，字覺後，號長風，江蘇松江人。1949年秋到臺灣，歷任革命實踐研究院輔導委員會委員、國防部戰略計畫研究委員會委員、陸軍傘兵總隊總隊長。

二月十日　星期日　氣候：晴

雪恥：一、俄國歷史，其國家被戰敗制服者，只有東方之成吉思汗[1]統制俄國有四代之久，其他由西方而攻俄國莫斯科者，無一而不敗於俄國之手也。二、二十世紀以後之時代已入於太平洋之時代，而大西洋之時代已成過去，此無異於殖民亞洲之時代已成過去，今後實為一民主合作之時代相同也。太平洋西岸各國如不能獲得安全與和平，則美國西面國防必難鞏固，故為美國永久安定計，必須保證東亞各國之和平與安全，而不再為帝國主義侵略與殖民政策所脅制也。三、二十世紀之亞洲實為美國經濟與主義發展惟一之地區，而且亞洲人民皆樂與美國合作，願受其領導也。以上三點必須使美國國民切實了解領悟，而不為英、俄所欺蒙也。

本日為壬辰元宵節，六時起床，朝、午、晚課如常。終日除修正講詞外，與妻在海濱要塞公路散步取樂也。晚觀龍燈，與士兵娛樂，入浴後寢。

二月十一日　星期一　氣候：晴

雪恥：一、聯勤之軍需訓練班、軍醫訓練班以及空軍之照測隊儀容與風紀皆應嚴格整頓。二、我國控俄案通過以後，共匪電臺無法隱瞞，乃不得不於前日廣播。其尾巴黨派如李逆濟深[2]等對美國痛罵，而又不能不提及臺灣反攻大陸之必然行動，此一廣播乃為大陸人民聞之，其必超過於久旱甘雨之感，實等於天上之福音乎，二年餘來匪臺怕播我政府消息，不使人民知有我政府在

1　成吉思汗（1162-1227），即元太祖。1206 年至 1227 年為蒙古大汗，和其子嗣在歐亞大陸和北非各地征戰，領土在一百多年間迅速擴張，其領土幅度為歷史上連續性版圖最遼闊的國家。

2　李濟深，字任潮，廣西蒼梧人。1948 年 1 月在香港成立中國國民黨革命委員會，任中央委員會主席。1949 年 10 月任中華人民共和國中央人民政府委員會副主席、全國政協副主席。

臺灣之情景，而今則無法掩藏，此乃無異對共匪本身末日已至之預卜乎。

朝課後記事，餐畢至海濱觀網魚為樂。上、下午皆修整、校閱檢討會講評稿未完，午課、晚課皆如常無間。晚觀影劇後入浴，廿二時後寢。今日心神閒適，不憂不懼為快也。

二月十二日　星期二　氣候：晴　溫度：八十一　地點：高雄

雪恥：一、日政府已指定其代表團人選正式發表，定十六日來臺。二、彼對條約性質仍多方推托，不願為正式和約字樣，我方應堅持其必須正名為和約全權代表，否則仍拒不接待，此點美國亦必同情於我也。

朝課後記事，餐後往海濱散步，妻對其學畫工作自朝到晚不肯罷手，已成畫迷矣，但其學習石濤[1]確已畢肖進步矣。上、下午皆修正、校閱檢討會講評稿，尚有一段未能修正完成，午、晚課皆如常。身體、精神皆已復元矣，晚傍海濱散步後觀影劇，入浴後廿二時寢。

二月十三日　星期三　氣候：晴

雪恥：一、我國外交家辦理外交總先為對方體諒其困難，為之設法解決，而對於我本身之權益則置之緩圖，甚之犧牲地位、危及國本，亦所不恤。尤其怯懦心理，事事恐被對方所拒絕與停止交涉，故不敢稍作堅持與強烈之態勢，連一試探之言行而亦不敢為，幾何其不被各國所輕侮耶。外交家如此習尚，

1　石濤（1642-1707），清初畫家，與弘仁、髡殘、朱耷合稱「清初四僧」。擅長山水，常體察自然景物，主張「筆墨當隨時代」，畫山水者應「脫胎於山川」，進而「法自我立」。

焉能立國而不失敗乎，痛心極矣。

朝課後續修講稿。十時往海濱觀網魚取樂。回寓，修稿完成，召見臺南葉市長[1]，此人似甚有血氣也。下午批閱公文，指示對吉田不肯在其全體代表證書上寫明為和平條約代表，而只肯用附函證明為和約代表，余堅持必欲在其證書上正名為和約全權代表，並正告日本此種大事必須堂堂正正出之，決不可稍有假借也。午、晚課如常。

二月十四日　星期四　氣候：晴

雪恥：今晨朝課後，修整對第六十七師校閱之觀感講稿完，在海濱觀漁、散步。十時岳軍、辭修等為對日和約方針特來商討，彼擬定四種辦法，第一種即照余之意見必欲在其代表證書寫明為和約代表，不料其特使代表證書已由其天王〔皇〕頒發，向例無法更改，由其駐臺事務所主任木村[2]再三懇求，准其用其他方法補救，願用書面證明其代表任務為全權簽訂和約字樣也，余乃將其第二、第三、第四之三項辦法綜核為一個辦法，並由其自動方式用書面補救，而不出於我之要求，只要其能為正式簽訂和約之代表而已，如此更為大方，使其知我對日一貫之寬大政策不使難堪也，商談至十五時後辭出回去。午課後修整動員演習訓詞講稿未完。晡在海濱散步、觀漁後晚課，餐後觀影劇，入浴，廿二時後寢。

1　葉廷珪，1950 年 12 月，角逐臺南市第一屆民選市長，經二次投票，整合臺南市黨外勢力高票當選。

2　木村四郎七，1951 年 11 月任日本駐臺北海外事務所所長，1952 年，參與中日和平條約交涉。

二月十五日　星期五　氣候：晴

雪恥：一、梅雷[1]所說三月間世界必有變局，其果指韓戰必將擴大之意而言乎。
二、梅雷為何要約李彌[2]赴舊金山商議滇事。三、梅雷要余約其來臺相晤，其
意究何在哉。

朝課後海濱散步回，續修講稿，約見美太平洋艦隊參謀長[3]與陸、海兩軍顧問
商談其工作，似甚順利也。蔡斯離臺十餘日，今始抵達華府，何耶。午課後
記事，批閱公文，國楨夫婦來寓。晡與國楨在海濱散步，閒談對經濟見解，
彼似有獨到之處。晚課後與李彌共餐畢，修正講稿，觀影劇覓取所羅門寶藏
探險經歷畢真，實為最佳之影劇也，廿三時半寢。

二月十六日　星期六　氣候：陰　大浪

雪恥：一、要塞部隊改為砲兵部隊之利害如何。二、憲兵辦公與勤務費之增
加。三、修艦經費之指定。

朝課後與國楨共餐畢，記事。重修動員演習講稿，批閱公文，以總統府新增
特別費十二萬圓，皆由幕僚長浪費示惠，作為經常費支配無餘，此無異共匪
之用光、吃光、倒光之政策，閱之殊為痛心。彼個人除領特支費以外，另自
開銷其日用私人經費幾乎再加一倍，使一般職員均多異議，而其他高級人員
亦仿傚其事，紛紛報支其不應有之費用，因其主管私心自用，府內風氣與紀
律幾難維持，思之痛心，故午睡未能安眠，夜間亦仍失眠。貪此少數之款而

1　梅雷、美爾（Howard Meyers），美國經濟學家，時為美國國家安全會議特使。
2　李彌，字炳仁，號文卿，雲南騰衝人。1950 年率部撤往緬甸、寮國、泰國交界地，任
　　雲南省政府主席兼雲南綏靖公署主任，繼續於雲南江心坡地區帶領滇緬孤軍與中共對
　　抗。1952 年 1 月，受任為雲南人民反共救國軍總指揮。1953 年 11 月起至 1954 年 5 月，
　　迫於國際決議，部隊從緬北撤回臺灣。
3　哈定（Truman J. Hedding），又譯赫定，美國海軍將領，時任太平洋艦隊參謀長，後
　　接任第七艦隊第七十二特遣艦隊司令。

敗壞府事，不能為廉能政府之示範，其人何苦如此。午、晚課如常，午後校閱講稿，晚宴客後觀影劇（菲律濱游擊戰），甚動人也，廿三時寢，直至一時方昏沉睡去。

久不夢見總理，今晨未醒之前，忽夢總理對余額上接吻，其形狀親愛逾昔，但其所居之屋湫陋不潔，彼指隔室曰，夫人在此有病，汝願見否？余答曰不見，完即醒。

上星期反省錄

一、近日美國輿論要求其政府解除臺灣中立化與協助我光復大陸、推倒毛匪[1]偽政權之呼聲與日俱增，而其政府對韓國停戰不成時之軍事準備，似亦已趨積極矣。

二、美國基督教箴言報與展望雜誌等向來對我反對與攻訐者，今皆轉向贊譽稱頌矣。

三、日本訂約代表河田烈未來臺之前，為和約二字問題經過很多周折，吉田茂總想投機取巧、騎牆觀風，逃避其和約應負之責任，可說既欺中、美與日本國民，而又想欺騙朱[2]、毛與暴俄也，此種政客何能望其成大事也。

四、修整講稿三篇皆甚重要，而以校閱檢討會議之指示為最費力也。

---

1 毛澤東，字潤之，湖南湘潭人。1945 年任中國共產黨中央委員會主席。1949 年 10 月，中華人民共和國成立，當選為中央人民政府主席。
2 朱德，字玉階，四川儀隴人。中華人民共和國成立後，先後擔任中央人民政府副主席、中共中央紀律檢查委員會書記、中華人民共和國副主席、中共中央副主席等職務。

本星期預定工作課目

1. 軍事校閱會議閉會訓詞之審定付印。

2. 高級班第三期學員之召集。

3. 軍事動員演習示範工作之結束儀式。

4. 中日雙邊和會之開始。

5. 巡視軍官學校及步、砲兵學校。

6. 毛[1] 案速辦。

7. 致梅雷函。

8. 游擊會議提案之準備：甲、降落部隊。乙、經費。丙、艦艇。丁、降傘訓練主任之人選。

9. 情報會議之準備。

10. 韓戰談判情形之注意。

11. 歐洲聯軍之里斯本會議之注意。

二月十七日　星期日　氣候：陰

雪恥：一、研究院第五期學員李義成[2] 為匪諜案之澈查。二、軍事學校受訓學生之訓詞必須每人頒發一份。三、教官加薪之實施。四、陸總在鳳山聯絡組房屋與司令臺應即撥歸軍校收管。

昨晚睡眠不良，今晨朝課後與國楨散步談話，聚餐。記事畢，召見軍政人員二十餘人後，續修講稿，國楨午後回臺北。午課後召見軍、師長及政工人員

1　毛邦初，號信誠，曾任航空委員會副主任、空軍副總司令。1951 年任空軍駐美辦事處主任時，以誣告及貪污遭撤職，滯美拒歸，政府派員赴美調查提出訴訟。1952 年潛逃墨西哥。

2　李義成，曾任臺南縣政府新豐區督導處主任，誤以為是革命實踐研究院第五期學員，實為第九期。

卅餘人畢，與妻循要塞道路由西南正門散步約四十分時即回。以臺北氣候突寒，故回北改期，明日動員演習終結典禮在湖口，派辭修代行。晚課後觀影劇（傳教電影），二十二時寢。

日本（媾和）訂約代表河田烈等今晨飛抵臺北，聞其和約名稱尚未正式宣布也。

二月十八日　星期一　氣候：雨　溫度：六十

雪恥：一、校閱檢討會議指示中應補充各點：甲、自動精神不足。乙、制度化、科學化辦事方法之重提。丙、行政三聯制之推動。丁、所屬人事之升降、黜陟、功過、賞罰、優劣、勤惰之考察評判皆由其原主官負責陳報，並無減削其權力，所異者與前不同之點，就只要先呈報國防部考核評定後令行，不能任其各級主官擅自施行而已，須知過去此種擅行妄為乃是侵權瀆職之所為，當時國防部亦放棄其職權置之不問，所以軍人違法亂紀，無所不為，卒致演成敗亡之慘禍，豈大家尚不覺悟乎，各點應增補。

朝課後續修講稿，至午方完，記事。午課後重閱校閱講評原稿。晡與妻車遊壽山要塞沿海公路一匝回。晚餐，晚課，唱歌，廿二時前寢。

二月十九日　星期二　氣候：雨　溫度：五十九

雪恥：一、中日雙邊條約的會議名稱，日本全權證書雖有其補充書面為簽訂和約之代表，但會議必須正名為和平會議，以此指示葉部長特別注意，但其洽商結果發表共同公報，中、英文皆用和會名稱，而日文仍用其條約會議字樣，以其要應付日本國會不能不如此，請求諒解，乃亦允之。惟吉田仍在其國會說是對臺灣政府仍為有限度的地方條約，殊為可惡，此種鬼祟不正之言行，何以取信於國際也。二、河田對記者說和約簽訂須要一個月時間，殊堪

駭異，其必要在此時間內等待韓國戰局變化如何，如其韓戰和談成功，則中日和約亦將延閣〔擱〕之可能乎，日人之見小，果如此也。

朝課後重閱校閱講評後，記事。終日增補檢討會議提示之訓詞，至十九時方完。午、晚課如常，晚閱報，入浴，廿二時寢。

二月二十日　星期三　氣候：晴　溫度：六十

雪恥：一、國防部參謀總長之下增設陸、海、空軍參謀長各一人，以調濟陸、海、空各軍高級將領人事，亦可符合美國制度也。二、閉塞賢路，固位自保，人才無由升進，軍隊必歸腐蝕淘汰，此乃必然之勢，能不戒懼。

朝課後記事，朝餐後海濱散步回，整理校閱會議講稿作最後之審核，尚有未盡之處也。昨日吉田在其國會又言，對中日條約是一地方性之條約，可說此人欺人自欺、毫無人格，更不負責者之所為。余得消，乃令葉部長質問河田是否吉田之言為負責之言，必須先澄清其言，否則不能開今日之和會也，乃由河田聲明為與中華民國政府正式和會並表示歉意，方正式開會也。聽批公文與口授令稿十餘通。午課後重審校閱講評。十七時後與妻登壽山巔，並遊總臺回。晚課，觀影劇，廿二時前寢。

二月二十一日　星期四　氣候：晴　溫度：六十三

雪恥：一、軍風紀應特別注重。二、各軍校之視察。三、長官對剔汰庸劣與擢舉賢能，應同樣負責辦理。四、戰士授地應由省府負責實施。五、中心理論之決定。六、重要積案之清理。

朝課後記事，記預定工作表。餐後海濱散步，上午審閱重要文件及研究和約草案。午課後重校年終校閱檢討會議講稿，補充幾點甚為重要，直至十八時

後方畢。與妻海濱散步，晚餐後為夫人題畫十張，頗費力也，近日夫人畫工進步，朝夕不息，自覺其得此藝術，為天父特賜之恩澤，故其欣幸歡樂之情緒真有手之、舞之、足之、蹈之之感，此殊為從來所未有者也，特記之。晚課後，廿二時寢。

二月二十二日　星期五　氣候：晴

雪恥：一、粵藉〔籍〕可任師長者：林崇軻[1] 96A 戰團長，孟述美[2] 18D 長，李正平[3] 輜汽團副。

今晨在陽臺上觀海受涼感冒，乃即入室。朝課，記事。審閱校閱檢討會議決議各案，最有心得，本年度軍事中心工作已決定，此為一要事，惟政治與經濟工作尚待研究決定耳。批閱公文，聽取報告，綜核日本各報對中日和約輿論，多數主張不與我政府簽訂和約，而且其驕橫傲慢輕侮中國之語意，又將復其侵略時代之故態矣，甚為東亞前途憂也。午課後重校講稿，又增補數節，至晚方完，審閱革命第三期理論開始。晚課後聽琴唱歌，入浴，服藥後就寢。

二月二十三日　星期六　氣候：晴

雪恥：一、行政院工作綱領每一條目要有其有關主管部會詳訂實施有限期的計畫。二、反攻時先下令大陸免糧及檢舉其當地共幹。三、總動員設計情形

1　林崇軻，號毅行，廣東陽江人。1951 年 1 月任第九十六軍軍官戰鬥團團長，1952 年 5 月調任第六十九軍副軍長。1953 年 9 月任屏東榮民之家主任。
2　孟述美，廣東崖縣人。1950 年 5 月任第十九軍第十八師師長，1954 年 7 月調任總統府高級參謀。
3　李正平，號聲振，廣東梅縣人。時任聯勤輜重兵汽車運輸第一團副團長。

之定期報告。

朝課後記事,閱報。毛邦初已逃往墨西哥,由其律師證明是實,不勝痛憤,駐美人員辦事之不負責任如此也,惟其潛逃畏罪以後,所有污衊政府貪腐之謠諑已可大白,此則不無補益。上、下午審閱革命第三期理論綱要完,上篇文字與方式皆欠妥當,午、晚課如常。妻自三時起嘔瀉發燒,未得安睡,故其終日臥病未起,至晚熱度漸退矣。未刻見薛仲述[1],調其為第五軍長,其狀似不甚安,此為改造粵軍之第一步,第四師即為第四軍之後身,如不調換其師長,則國家與軍隊終將為張、薛[2]等所毀滅矣,故決調任也。

上星期反省錄

一、應正告河田,此次和會失敗,中、日兩國再無合作機會,將我六年來以德報怨之和好基礎完全被其毀滅,日本因此失去最鄰近最大的助力,其在長遠利益上,使中國對日本提高其只重利害而毫無道義的戒心,是最不智的事。其次,中國看近日日本對和會的態度,是來抹煞中國國格,侮辱中國政府,使中國在盟國地位與權力英國所未盡排除者,中國未盡被日本消滅之基點,而乘此談約機會,使之澈底毀滅無已而已。

二、本周共黨在日本重要都市同時暴動,在韓國巨濟島俘虜營亦對美國示威暴動。

三、北大西洋公約理事會以三千億元從事反共整軍之會議已結束,其形同兒戲,焉得不使史大林撚髯竊笑耶。

1　薛仲述,字力生,廣東樂昌人。1950年6月任第四師師長。1952年4月,奉調金門接掌第五軍。同年10月,奉命軍屬第七十五師參加突擊南日島作戰。1953年1月,升任第五軍軍長。

2　張、薛即張發奎、薛岳。張發奎,字向華,廣東始興人。1949年9月定居香港。1950年與左舜生等組織「第三勢力」,成立民主戰鬥同盟,任召集人。薛岳,原名仰岳,字伯陵,廣東樂昌人。1949年任海南特別行政區長官,1950年任總統府戰略顧問。

本星期預定工作課目

1. 臺灣無業男女之工作與增產辦法。

2. 研究員點名與召見。

3. 對日和約形勢之研究。

4. 軍訓團高級班第三期開學。

5. 軍校紀念節之準備。

6. 降落游擊部隊之訓練主持人員。

7. 情報檢討會議。

8. 總動員運動方案之督導。

9. 理論（中心）之審定。

10. 反共革命戰略之研究。

11. 黨務中心工作之審定。

12. 經濟部長人選之決定（張茲闓）。

二月二十四日　星期日　氣候：晴

雪恥：一、各市區被炸而未修的房屋牆壁應一律拆除，並限期建築，否則充公出售或改公用場所收容難民。二、軍重〔車〕載重量數及人數之規定，限外搭載應處罰其駛〔司〕機與主官。三、各市應設衛戌或警備司令，管理軍風紀與指揮（臨時）軍隊。四、禁止車傍帶人。五、各部隊應製造軍人姿態之模型（分正與不正兩類）。六、衛兵特別挑選為榮譽職。七、空校儀隊糾正。

朝課，記事。十時到鳳山軍校與步兵學校巡視，軍校由羅校長[1]主持各種設計與工作，進步甚大也，正午召見鄭彬[2]師長。午課後獨往臺南砲兵學校新址視察，王觀洲[3]能力甚差為慮。十八時回，審閱要案，對經國意見書再加研究，甚覺有益也。晚課後唱歌，入浴，廿二時後寢。

二月二十五日　星期一　氣候：晴

雪恥：一、英國提議我派非正式代表駐倫敦，應加研究。二、美國務院通知我並無再派司徒[4]來華之意，以接受我政府之提議，此皆國際地位好轉之趨勢。三、河田對公超表示其對我所提和約不耐之意，且以老賣老，又出其日政府之威脅故態，日本人侮華侵華之習氣。豈終不能改變乎。日人照相與面貌總表現其一種皮肉不一、外冷內忌之神情，殊為可畏，此非情義之所變化也。

昨夜睡眠不佳，今晨六時起床，朝課。七時後由高雄出發到岡山，以飛機固〔故〕障誤時，又起憤怒，幸得另換飛機，屆時能趕到圓山舉行高級班第三期開學典禮，朗誦校閱檢討會議訓詞二小時，自覺對今後建軍事業必有重大影響也。

1　羅友倫，原名又倫，號思揚，廣東梅縣人。1950 年 8 月，出任陸軍軍官學校校長。1954 年 9 月，接任憲兵司令部司令。

2　鄭彬，1950 年 12 月，任第六十四師副師長，1952 年 11 月改任第六十七軍第八十一師師長。

3　王觀洲，字子仲，福建林森人。1951 年 4 月任陸軍總司令部砲兵訓練處處長。1954 年 12 月調任馬公要塞司令部司令。

4　司徒雷登（John Leighton Stuart），美國傳教士，曾任燕京大學校長，1946 年 7 月起任駐華大使。

二月二十六日　星期二　氣候：晴

雪恥：昨正午聽取彭教育長[1]對動員演習之結果，與卅二師之執行成績，甚為欣慰，又破獲匪諜李麻斗〔媽兜〕[2]與王鳳岡[3]案，殊令人心寒，共匪間諜之兇險誠無微不至，而王鳳岡之任匪諜亦為夢想不到者也。午課後召見雪艇畢，獨往頂北投測勘核心幹部訓練地址後，到草廬入浴。晚課，記錄共匪本年中心工作數條，餐後九時寢。昨夜睡眠甚佳，熟睡七小時之久。

今晨朝課後往高級班視察，宿舍、講堂情形甚擠也。十時入府辦公，批閱後召見韓電信部長，及駐日華僑代表觀光團後，召集對日和約研究小組，研討對日代表團言行姿態，可說其戰前態度方法、習慣作風與思想行動毫無二致，此種故態復萌之現象，殊為東亞前途危也，可說其戰後更無政治家其人也，十三時半回寓。午課後記上周反省錄。

二月二十七日　星期三　氣候：晴

（接昨）晡巡視研究院後入浴，晚課，餐後讀詩，廿一時半寢。

雪恥：一、對日代表河田應予間接教訓要旨：甲、日本要求條約簡化不成為和約方式。乙、以其對華雙邊條約為藍本與印度等國談判訂約。丙、認我為地方政府，故名為有限度條約。丁、明告其此次日本對華談和而不出以真誠與東亞前途久遠合作打算，則此種條約無論如何名稱均為有害而無益。戊、明告河田如其此來不為鞏固我在其投降時以德報怨之和平基礎，而亦歧視我中國如英國排除我於舊金山和會之外，且欲損害我盟國地位，以為我與日本

1　革命實踐研究院軍官訓練團主任彭孟緝。
2　李媽兜，1948 年 5 月，赴香港參加「臺灣省工作研究會」，回臺後建立二十六個中國共產黨臺灣省工作委員會支部。1952 年 2 月被捕，1953 年 7 月被槍決。
3　王鳳岡，抗戰時曾加入共產黨後退出。1947 年任河北省第十區行政督察專員，兼保安司令。

無訂和約資格，則今後兩國之關係完全從此毀滅，再無合作之機會矣。己、吉田以地方政權視我，我認為其對華莫大之侮辱。庚、我今並不求日本有所協助，亦不要求特權，而只要你日本能盡戰敗國之義務，不失為東方人在道義上之人格而已。

二月二十八日　星期四　氣候：晴

雪恥：昨夜失眠，只沉睡二小時，而且恍惚昏沉，自不知其究有睡去否，此為最近失眠最大之一次。

昨（廿七）晨朝課後記事，入府辦公，批示畢。召見至柔、介民[1]，指示對改編部隊與對香港要求情報合作之方針，與鴻鈞談經濟與臺灣銀行方針後，召見高級將領十餘人畢，與岳軍談對和〔河〕田教訓稿，余認為尚欠嚴正也，應予以嚴正的教訓使之覺悟。午課後審閱反共抗俄戰爭的指導原則未完，出外由頂北頭〔投〕沙帽橋下車，徒步登山經湖山小學校，直上後草廬，約二十餘分時入草廬，入浴，晚課，回寓。廿一時半服安眠藥就寢。

本晨朝課後召集對日和會指導小組，研討河田只接受條約名稱為和約，但不願見之共同公報之提議，以其對英國與國內輿論反動派有所顧忌云，如獲我方同意其提議則即開第二次正式會議，余認此為遁辭，不如不開正式會議而先商討和約內容也。

1　鄭介民，原名庭炳，字耀全，廣東文昌人。1947 年 12 月至 1950 年 3 月任國防部常務次長。後改任參謀次長，兼大陸工作處處長。1952 年 10 月，任中國國民黨中央委員會第二組主任。1954 年 8 月，任國家安全局局長。

二月二十九日　星期五　氣候：晴

雪恥：續（廿八）昨：以彼既承認為和約，而又欲急開正式會議，此顯為美國從中之督促，以其如不承認為和約，亦未正式開會進行討論內容，則美國對其舊金山和約參議院必難通過也。故日不能不急求開會，一以彼既承認為和約如復開會，則以後會議不成，非日不肯承認和約之責任，而美政府亦以日既肯訂和約而又在進行討論，則可要求其參議院先行通過日本和約，故美國以既正式開會亦可免除其促成中日雙邊和約之責任也。果爾，則以後雙邊和約不成，日、美之責皆要由我方單獨承當，更無法拉住美國為我負責也，故決定再開非正式會議，要日本提出其對我所提和約之意見，姑視其糊〔葫〕蘆內所藏何藥，摸清其內容後再開會議，乃以其既不肯作共同聲明理由，不如續以非正式商討其對案後，再開正式會議覆之。

上午到黨部開會，討論總動員規程與和約問題。午課後記事。遊覽陽明山心水源地後，草廬入浴，晚課。

前、昨兩日皆於晡刻登山步行半小時以上，故自廿七晚至廿八晚兩夜皆甚安眠，足睡八小時以上，惟仍服安眠藥且用雙料，不過從前雖服藥亦無效也，故二日來心神甚覺暢快。

日本吉田內閣對我和約毫無誠意已甚明顯，此時惟有如何使美國參議院對我中日雙邊和約未簽草字以前，勿批准其和約或暫閣〔擱〕置不議，暗示日本非與我速訂和約，則不能批准舊金山和約之意，惟此或可促成此雙邊和約也，應急圖之。

二十九日朝課後，致祭周佩箴[1]同志，視其遺容黑而瘠，悲哀之至。入府辦公，召見十餘員，召集經濟會談，經濟比較穩定矣。岳軍、公超等報告對日交涉經過，只要其接受我和約名稱，則准開正式會議。午課後記事。

1　周佩箴（1884-1952），浙江吳興人。早年加入同盟會，辛亥革命後，出任浙江省官產處處長，後追隨孫中山，投入反袁、護法，歷任廣東省政府委員兼土地廳廳長、廣東沙田清理處處長、中國農民銀行常務董事兼代理總經理、中央銀行常務理事。

上月反省錄

（續前）晡到研究院視察後，入浴。晚課後餐後，在院落周圍散步一匝約二千步，自昨起擬定為常課，廿一時寢。

一、本月失眠症時發且比前更劇矣，此或衰老之象，亟應修養，對於用腦更不宜過度也。

二、臺灣銀行人事調整，鴻鈞兼任其董事長後與省府合作密切，此為政治內部安定之一最大關鍵也，財政、經濟亦漸穩定矣。

三、軍事動員演習，認為對黨政人員皆有大益。

四、修整軍事會議講稿，幾乎費時一星期餘，此篇訓詞自信對將來建軍之影響最大，亦可說奠定建軍基礎之文告也。

五、各防守區司令已如期調任，此亦建軍重要關鍵之一也，各軍長亦已相繼調整矣。

六、軍訓團高級班第三期已召集續辦，認此為一難得要事，幾經挫折始得達成預期之目的，自信上校以上高級將領之學術，皆可有一相當之基礎，此為今後建軍最大之計畫也。

七、中日和會經過幾許挫折，總算已成立矣。

八、日本各大都市，共黨皆同時暴動，韓國巨濟島之俘虜營亦大舉暴動。

九、美、日之政治與駐軍協定（美國享有治外法權）已於月杪簽訂矣。

十、北大西洋公約國在里斯本開建立歐軍會議，形同兒戲，只有引起俄史之野心，毫無補益於反共陣形也。

十一、韓戰停戰談判真演成兒戲矣。

十二、吳[1]譯新約第二次校正畢，但尚有未盡之處耳。

1　吳經熊，曾任中華民國駐教廷公使、制憲國民大會代表。時任美國西東大學教授。

蔣中正日記
Chiang Kai-shek Diaries

三月

蔣中正日記

Chiang Kai-shek Diaries

民國四十一年三月

本月大事預定表

1. 巡視大陳島。

2. 卅二師遷移之營房籌建。

3. 對日和約之督導。

4. 總動員運動之實施方案公布。

5. 後備兵員儲訓方案之督促。

6. 立法院長、考試院長人事之決定。

7. 大法官人選之提出。

8. 空軍總司令之調換。

9. 黨務之改造與準備方針。

10. 限田與戰士授田制之督導。

11. 核心幹部之速定。

12. 政治反共與軍事反攻之目標。

13. 重要津貼之決定。

14. 第四師與七十五軍改編開始。

15. 舊日黨政高級班之集訓計畫。

16. 實踐研究員之組織加強。

三月一日　星期六　氣候：陰晴

雪恥：一、本日為余復行視事第二周年，十萬群眾在總統府前歡欣鼓舞的慶祝，歡呼遊行行列達二小時半以上，未知如何報答民眾之愛戴熱忱。大陸未復，人民水火，不能如期拯拔，只有惶恐而已。近日對古鄉廬墓更感思慕，不知何日復回重掃矣。二、中日和會下午乃開第二次會議，條約名稱對方已接受為和平條約。聞其所修正草案，與我所提原方案相差有限，此或岳軍與河田談話後之效也。聞其原案為一平等友好條約方式，而無和約條款也。河田與岳軍談話時，稱其原帶訓令必須修正，方敢提出，以避免我方刺激，因之彼竟二夜未睡也，未知其究竟如何耳。

今晨六時後起床，夫婦共同禱告後朝課。十時入府辦公，在陽臺上接受群眾歡呼。回召見八人，召集軍事會談，聽取美國軍援武器數量，對於戰車與車輛皆無也。

自本日起改為夏令時間，提早一點鐘。

上星期反省錄

續昨。午課後到研究院，對第二次研究會議學員點名訓話。聚餐後入浴，回寓修正今日講稿。晚餐後晚課，廿二時寢。

一、近日時現驕矜之氣，對高級將領易於暴怒，應急改之。

二、本周對日和約之用心最力，適患失眠症亦最劇，深恐失事也，幸能多採納幹部眾意，三思後行也。

三、經濟與財政尚稱穩定，臺灣銀行人事調整後，國楨亦能安心相處為慰。

四、軍訓高級班第三期已如期開學，對於軍事會議訓詞亦同時公布，此必於將來建軍之影響極大也。

五、革命實踐研究院第二期研究會已完成。

六、黨務仍無進步，此乃革命之大障礙也。

本星期預定工作課目

1. 立法院長定期選舉。

2. 最高法官定期補充。

3. 臺灣防務計畫之檢討。

4. 大陳防務之研究。

5. 情報檢討會議之督導。

6. 精神動員與思想領導之講稿。

7. 理論稿之督導核正。

8. 反共抗俄戰略指導要領稿之審核。

9. 侍從人員辦公制度與組織學習之改革。

10. 風紀整飭與具體辦法之規定。

11. 動員演習結束會議。

12. 假退役與應調任人員名單之調製。

三月二日　星期日　氣候：陰晴

雪恥：一、研究部（黨、政、軍與外交、經濟、匪黨等）之設立與籌備人員。二、節省守備兵力。三、輪番集結訓練，扼要防守。四、碉堡之爭奪與破壞戰。五、經國注意黨政高級班學員及課目。六、教育人才。七、學校軍訓與反共先鋒隊之情形如何。八、空軍人事與布置。九、海軍人事之研究。十、查陸總司令委任日期。十一、參軍長與陸大校長人選。

朝課前在室外感冒，體操，默禱，唱詩，讀荒漠甘泉如常。記事，記上月反省錄與本月工作預定表。經兒報告近情，美國顧問團邀其赴美考察，當為好意也。禮拜如常。午課後召見至柔，准其辭空軍總司令職，仍留其任參謀總長之意明告之。記上周反省錄與本周工作表。晡入浴，晚課，廿二時寢。

三月三日　星期一　氣候：晴

雪恥：一、黨的組織與運用。二、黨、政、軍各機構不相聯系之弊（以軍校招考為例）。三、常識與規章（以掛旗為例）。四、憲、警常識，社會教師地位：甲、乘各種車輛方式與載重量。乙、行進靠右與二人以上同行時之排列。丙、服裝之整頓。丁、清潔衛生之檢查。

朝課後九時到軍訓團紀念周後，召開動員演習結束會議，聽取白、易[1]二教官講評以後，再由余作總結論，並朗誦上次科學辦事方法的示範篇畢，已十二時半矣。午課後記事，批閱積案二十餘件畢，往草廬入浴，晚課。餐後閱報，廿二時寢。

三月四日　星期二　氣候：晴

雪恥：一、日吉田對華訂約之內定計畫：甲、對我承認全國主權，但其實施範圍要求臨時協定。乙、企待大陸上第三政權出現，作為其承認之對手。丙、視臺灣為一新興國家，等於印度國，只以訂立友好條約為度，決不與我訂立正式和約。丁、最後結果乃視英、美之態度而定。戊、準備犧牲其代表河田之地位，即使簽訂草約，以其議會不通過方式，仍使和約不成也。此乃吉田之內心對和約毫無誠意，但美國如能真用壓力，則其不能不服從也。此種官僚短視淺識，可歎也。

朝課後到國府月會。十一時召見六人後，召集對日和約小組會議，討論對日本參考之意見條文，余主張應即退還，以示拒絕之意，仍應照我方所提草案

1　白、易即白鴻亮、易作仁。富田直亮，前日本陸軍第二十三軍參謀長，化名白鴻亮，1949 年 11 月 1 日抵臺，協助訓練國軍幹部，為實踐學社（白團）之總教官。山下耕，前日本陸軍第四師團參謀，化名易作仁，1951 年 6 月抵臺協助訓練國軍，為實踐學社（白團）之教官。

逐條討論，不過於我國無關之條文，准予酌量刪去。午課後批閱公文畢，與藍欽、詹士[1]談話後往浴，晚課。

三月五日　星期三　氣候：陰沉

雪恥：一、日和約如訂立時，我擬重申開羅會議之宣言。二、對日要求，其不能與匪訂立條約為附帶條件何如。三、召見魏大銘[2]。四、情報員之把持、拷詐等弊應嚴除。

韓戰俄國噴射機大量增加，自去臘以來，美國重轟炸機被擊毀十餘架後，美機在白日已不敢出動轟炸。最近其戰鬥機在白日，亦不過只有二小時之制空權之消息，則停戰更難矣，美國似不能不另作打算矣，然而被動極矣。

朝課後記事，十時入府，聽取臺省防衛計畫之報告，最後作結論，主張減少金門、澎湖兵力，而增強本島之總預備隊也。午課後到情報檢討會議訓示畢，與妻到草廬入浴。回寓晚課，膳後記事。

三月六日　星期四　氣候：晴

雪恥：一、節約與浪費之告戒。二、警察之設，不僅為地方之治安，而兼任地方秩序之維持與民眾之導師，為民眾服務。地方之整齊清潔、人民之禮義廉恥以及其生活行動，皆應由警察負責主持實施也。

1　鍾華德（Howard P. Jones），又譯瓊斯，美國外交官，戰後曾任駐德國高級專員公署柏林辦事處主任，1951 年至 1954 年任駐華大使館代辦。

2　魏大銘，江蘇金山人。1949 年 7 月撤臺後，任國防部第二廳技術實驗室主任。1952 年 2 月以技術研究室機要情報保密安全已遭嚴重危機，簽請撤銷該室另以秘密方式改組設置。

朝課後九時入府，召開補充大法官之人選問題，先補七人，連原有之二人共為九人，乃足過半數之開會名額也。十時後到中央召開總動員運動之首次幹部會議，指示要領與督導實施。正午約宴立法委員本黨黨員，在本黨黨員大會中，提名張道藩為立法院院長候選人畢，回寓，兒孫等為夫人明日生日預祝暖壽，文、章二孫[1]以在學與養病未到，其餘皆聚集一堂共餐也，武、勇二孫[2]更加活潑矣。午睡後午課，往浴，乃與妻到大溪避壽也。

三月七日　星期五　氣候：陰晴

雪恥：昨晡夫妻同來大溪，晚課後聚餐，在月下散步。溪上林中，月白風清，幽閒清靜，頗覺自得。十時後就寢。

昨夜甚安眠，今晨夏令時間九時方起床，朝課，閱報。早餐後與妻在大溪橋上散步。叔銘[3]來見，同進午餐，其他八人皆侍從主要人員，並未另約他客。午課後記事，十六時後由大溪回士林，花籃與禮品滿室也。晡巡視研究院後入浴。晚課後觀影劇，美軍佔領日本時之情形及美軍之情緒，皆於此劇表演見之。今日為空軍總司令任免問題頗費研究，決於明日下令實施也，否則建軍人事制度無法建立耳。

1　文、章二孫即蔣孝文、蔣孝章。
2　武、勇二孫即蔣孝武、蔣孝勇。
3　王叔銘，本名勳，號叔銘，山東諸城人。1946 年 6 月任空軍總司令部副總司令兼參謀長。1952 年 3 月升任空軍總司令。

三月八日　星期六　氣候：晴

雪恥：一、軍校校慶之準備（皮鞋與服裝、乘馬）皆應注意。二、常識與理智。
今晨初醒忽聞鳥語。晡時散步，到處花咲，乃覺已到春天。此自三年前離開
故鄉武嶺後，第一次對春光可愛之感覺也。然而不聞子規久矣，未知何日果
得回鄉，再享幼年之福，重聽子規，欣賞杜鵑矣。近念廬墓更切矣，鉅、裕
二舅父之惡耗，但願其不確也。朝課後記事，十時入府辦公，召見公超，聽
取其對日和約進行情形報告，彼謂日人對賠款不願多加條文，爭執甚烈，余
以為如僅此，則和約不難訂立矣。其亞洲司長倭島[1]亦於今日來臺，則其對和
約方得認真進行矣。今日以前，吉田並不以商訂和約之方式作準備也。召見
六人後召集軍事會談，商討國防部與參謀總長權限，獲得一正確之解決也。

上星期反省錄

一、香港九龍共匪於一日暴動，不久平息。

二、史密斯[2]君三日在其參議院提議緩議對日和約，故其杜魯門雖積極催促無
　　效。此一星期之延緩，實予我對日和約之聲援最為有力也，此時美奸艾
　　其生亦不能不強勉聲言，其對杜勒斯主張日本與中華民國之訂立和約為
　　始終支持者也，此乃其對華白皮書後之惟一轉變之表示也，特記之。

三、動員結束講評完畢，應督促動員實施機構之正式成立。

四、臺、澎防衛部署之檢討完畢。

五、立法院長已提名張道藩為本黨候選人。

1　倭島英二，時任日本外務省亞細亞局局長。

2　史密斯（H. Alexander Smith），又譯史米斯、史米思，美國共和黨人，1944 年 12 月
　　至 1959 年 1 月為參議員（紐澤西州選出）。

六、杜魯門在其對外援助案中，此次方將中國政府名稱列入其報告之中也，
　　此乃為其四年以來第一次之表示也。

本星期預定工作課目

1. 召見吳靜[1]與魏大銘。
2. 常識節約與浪費之講詞稿。
3. 對日和約之促成。
4. 大法官之提名決定。
5. 空軍總司令之發表。
6. 重要預算外支出之計畫。
7. 黨政高級班之集訓設計。
8. 研究部與設計委員會之職權。
9. 黨的組織與黨政聯系及運用。
10. 限田政策與戰士授田制之督導。
11. 核心幹部人選之速定。
12. 政治反攻之設計。

三月九日　星期日　氣候：晴

雪恥：昨午課後整理革命實踐研究院與軍訓團學員名冊，甚有益也。晡與妻
同遊草山公園後，入浴，晚課。餐後閒觀圖書，廿二時就寢。

1　吳靜，字清源，時任國防醫學院物理醫學系主任。

朝課後召見至柔，詢其對空軍副總司令與參謀長人選後，聞孫立人已提辭呈也。上午整理剪報，禮拜如常。國楨夫婦來談，聚餐。午課後記上周反省錄、本周工作表畢，到研究院第三次檢討會點名畢，入浴，回寓，晚課。餐後與妻車遊淡水，彼以余催行甚急，故其畫搞壞，甚不樂也。晡河田烈特訪岳軍，告其倭島司長來臺，其政府對於和約之名稱與實質，皆已承認我方所提之約稿云。日報發表我方之約稿，彼尚不知其來源之所自，余認此必以其外務省所示意也。

三月十日　星期一　氣候：陰晴　夜雨

雪恥：一、共匪在本年度所謂「公安工作」計畫，實為我今後反攻大陸最重要之問題，應速定對策以制之。二、上月以來，共匪宣傳美軍在韓國施行細菌戰，而其在近日又發表其大陸要地亦發現同樣之黑死病，可知鼠疫流行已遍及於內地。此種所死者皆為我無辜之同胞，茫茫天意，不知其何日停止此浩劫矣，悲乎哀哉。

朝課後批閱公文，記事。十時軍訓團高級班紀念周，講共匪學習俄國之三反運動內容，對於反浪費一節尤加重視也。召見叔銘，詢其空軍副總司令人選意見後，高級班點名。巡視省府在團後新築之感訓所，華侈異甚，應改為聯合大學校舍也。

三月十一日　星期二　氣候：雨

雪恥：昨午課後清理積案畢，續閱反共戰略指導綱要完，後篇勝於前篇，然尚多缺點，應切實改正。晡往浴，巡視研究院回。晚課，廿二時寢。

朝課後閱報。十時入府辦公，召見美國國防部作戰處與新聞處各處長，藍欽

公使作陪。彼謂對日和約，據最近日人行態大有進步，余曰此乃你的關係及
美國力量之關係最大，余所以留你在此，取消例假，即為此也，彼聞之更為
興奮。召見大法官候選人七位畢，召集對日和約指導小組會談，特提出和約
簽字時之正簽與草簽之別，杜勒斯當時只說先草簽，待其舊金山多邊和約批
准有效後，中日和約再行正簽之意。余認為要求此時正簽，不可放鬆也。又
開羅宣言重加有效之聲明，以補和約內未提臺灣地位問題之缺憾也。對宣傳
方針亦加指示，不過攻訐日方也。

三月十二日　星期三　氣候：陰晴　夜雨

雪恥：昨午課後記錄不良學員名單，後召見孫立人，彼以其任期屆滿，是否
將要其辭職之意是問，余慰之，不使其分心也。與陳納德[1]談話半小時，彼來
辭行也。晡巡視研究院後，入浴。晚課後獨觀去年雙十職〔節〕閱兵電影，
甚佳也。廿二時以研究空軍人事略用腦力，又夜不成寐，直至今晨二小時方
睡去。

朝課後十時入府辦公，召見美駐臺共同安全分署長史幹克[2]，余問其中國與日
本經濟機構，及其人員辦事效能比較如何，彼稱我是美國人，對日本攻襲珍
珠港與太平洋戰爭並不能遺忘，故其自不愛日本人，而樂與華人相處，但華
人各自為謀，而不如日人之合作與組織之強，故效果亦不如也。余聞之惶愧，
幾無地自容，國人之不自合作，奈何。另召見十餘人後，與至柔談空軍副司

1　陳納德（Claire L. Chennault），曾任駐華美國陸軍第十四航空隊司令。1945 年 12
　月，在上海與盛子瑾合股，開設「中美棉業公司」。1946 年 10 月與魏勞爾（Whiting
　Willauer）成立民航空運隊並參與經營，1950 年任董事長。
2　史幹克（Hubert G. Schenck），又譯斯幹克、施幹克，美國共同安全總署中國分署署長。

令人選，余擬以徐康良[1]與劉國運[2]二人為副司令並列，而彼則主張一人，且堅持甚力。

三月十三日　星期四　氣候：雨

雪恥：續昨：彼意非劉不可，余直告以高級將領之選擇，品學與儀表同樣重要。固不問劉之品學如何，而其目與嘴皆不能為現代將領之標準。如列席國際會談，則國譽亦將為人所損也。然彼仍主張發表一人，余以再加考慮答之。空軍內部敗壞，造成派遣與個人之私產者，皆為劉國運與羅機[3]等小肖包圍至柔之所致也，可痛。午課後審閱唐縱[4]所擬政治作戰計畫稿頗切，似可用作草案也。到研究院與經兒談空軍人事問題後，入浴，晚課。餐後散步回，寢。

朝課後閱報。十時到中央開會，聽取第一、第二組報告後，到研究院與第三期檢討會聚餐，訓話。午課後審閱行政院所呈總動員計畫綱要，其組織建議更不合用也。與道藩談立法院今後方針畢，往浴，晚課。陽明山重霧。晚餐後為夫人題畫，廿一時半寢。

1　徐康良，字即甫，浙江孝豐人。1950 年任空軍訓練司令。1952 年 4 月升空軍副總司令。1957 年調國防部聯戰會副主任委員。

2　劉國運，字泰初，湖南衡陽人。1950 年任國防部參謀次長。1954 年 6 月調任總統府戰略顧問。

3　羅機，字之綱，時任國防部常務次長。

4　唐縱，字乃建，湖南酃縣人。1950 年 9 月，任中國國民黨中央改造委員會第六組主任。1952 年 10 月，調任中國國民黨中央委員會第一組主任。

三月十四日　星期五　氣候：陰

雪恥：一、政治部英文名詞改為精神教育部或心理作戰部。二、本黨全國代表大會日期之研究。三、研究院主任與訓練委員會主任人選。

朝課後記事，與經兒商談空軍副總司令問題，並令其慰問劉國運，決調劉為參謀部次長，而以徐康良為副總司令，則空軍內部糾紛當可根本解決矣。好在至柔態度轉佳，甚有中興將領之心襟也，可慰。此為三年來重大之問題，一旦迎刃而解，乃非本人感召所致，實為上帝佑華之預兆也。十時入府，召見六人，召集情報會談後批閱。午課後審閱情報教材畢，召見謝冠生[1]副院長後，與妻巡視淡水，往浴，晚課。餐後散步，廿二時寢。

三月十五日　星期六　氣候：晴陰

雪恥：一、戶政必須歸警察辦理。二、泰國政局時起變化，最近又有不穩消息，乃予共、俄以侵襲良機。三、埃及內爭甚劇，此全為英國帝國主義者從中作祟也，可憐。

朝課後記事，召見至柔，決定調劉國運為參謀次長，此實為空軍內部統一與團結之重要措施也。十時入府辦公，召見顧葆裕，游擊空降部隊人事之指示。召見鄭介民，令其專任大陸工作處長，而以其次長缺由國運遞補也。召集大法官人選會議，作最後決定。召集軍事會談後，召見劉國運後，再見王叔銘。午課後往淡水游擊幹訓班舉行結業典禮。訓話後參觀爆破演習時，又感傷風矣。到草廬入浴，晚課。餐後以傷風廿一時即寢。

1　謝冠生，本名壽昌，字冠生，浙江嵊縣人。1949 年 8 月來臺，1950 年 5 月任司法院副院長。

上星期反省錄

一、美國以臺灣與菲律賓劃為其一個防區,而移轉於太平洋海軍總司令之指揮,此於我主權無損,乃純為其內部軍事計畫之一部,而亦並不要求我承認其權利也。三年以來,美國政策對臺灣早置放棄,而今列入其防務之內且明白發表,此實為臺灣形勢與我反共事業一重大之轉捩點也。

二、空軍總副司令問題已得一解決,此為今後整頓陸、海、空各軍與建立人事制度最大之關鍵。

三、大法官遞補人選亦已決定提出矣。

四、美日和約,美參議院已提出討論,其參議員羅蘭[1]因中日和約滯延已作警告,此於我關係最有助益也。

五、美國共和黨夏州[2]選舉會中,太虎脫[3]被艾生豪擊敗,殊堪注意。

六、本周批閱反共戰爭指導綱領、總動員實施計畫與反共政治作戰計畫皆甚重要,但皆應重修也。

本星期預定工作課目

1. 限田政策與戰士授田之實施辦法。
2. 儀表之標準與劣等之電影教育。
3. 美海長[4]來臺之準備。
4. 本年度射擊比賽演習之參觀。

1　諾蘭(William F. Knowland),羅蘭、羅倫,美國共和黨人,1945 年 8 月至 1959 年 1 月為參議員(加利福尼亞州選出)。

2　新罕布夏州(New Hampshire)。

3　塔虎脫(Robert A. Taft),又譯太虎脫,美國共和黨人,1939 年 1 月至 1953 年 7 月為參議員(俄亥俄州選出)。

4　金波爾(Dan A. Kimball),1951 年 7 月至 1953 年 1 月任美國海軍部部長。

5. 黨政高級班重集之科目研究。

6. 訓練委員會與革命研究院主任人選。

7. 重要津貼之決定。

8. 游擊傘兵挑選之區域性重要。

9. 巡視大陳島之準備。

三月十六日　星期日　氣候：陰雨

雪恥：一、中央日報、中央通信社與廣播公司各主官之調整與整頓業務之督導。二、中通社駐外記者之獎調。三、黨務一年來具體之表現與獎懲。四、設計委員宴。五、臺大各系主任約見（林霖[1]、王師復[2]、全漢昇[3]、楊樹人[4]、張果為[5]）。臺大秦大鈞[6]。

昨夜傷風服藥，今晨八時方起床，未體操，其他朝課如常。九時祭李福林[7]追悼會回，記事，記上周反省錄與本周工作預定表，禮拜如常。午課後重審去年人才記錄名冊，準備再加，召見者百餘人。晡與妻同往草廬，入浴回。閱

1　林霖，號可立、學曾，廣東梅縣人。1949 年 1 月應聘為臺灣大學經濟系教授，8 月開始至 1952 年 7 月兼系主任。

2　王師復，福建林森人。時任臺灣大學經濟系教授。

3　全漢昇，廣東順德人。中國經濟史學家。1949 年 1 月隨中央研究院歷史語言研究所遷臺，累遷為終身職研究員；並受臺灣大學校長傅斯年囑託，任教臺灣大學經濟系。1952 年至 1955 年並兼系主任。

4　楊樹人，臺灣大學經濟系教授，專攻國際貿易貨幣銀行。

5　張果為，號格惟，安徽宿松人。1937 年 8 月至 1939 年 8 月曾任福建省政府財政廳廳長，來臺後在臺灣大學經濟學系任教。

6　秦大鈞，時任臺灣省立工學院院長。

7　李福林，字登同，廣東番禺人。曾任廣東國民政府政治委員會、軍事委員會委員，國民革命軍第五軍軍長。1949 年任廣東省游擊總指揮，1950 年 4 月移居香港。

港報，晚課，廿二時寢。正午覆令傑[1]電，望美議會延長其審查美日和約日期，以促成中日和約之訂立也。

三月十七日　星期一　氣候：陰雨　重霧

雪恥：一、對日和約方針：甲、政治重於經濟。乙、主權與國際地位重於一時的利益。丙、中、日兩國關係重於其他國家關係。丁、勞役賠償可以不爭。戊、平等互惠關係條件應予除去。

朝課後記事，十時到軍訓團紀念周，指示去年未辦之各項要政，對於文官制度簡化法令、戶政歸警與軍法司法管轄權限等問題，嚴令限期實施。講詞畢，巡視高級班宿舍後回。午課後審核研究院十七期員生名單，不良者三名予以剔除。晡到研究院，與崔書琴同志商討十七期員生課程與準備要旨，務使此班高級幹部能多獲益也。入浴，晚課，閱黨史料外交部份。晚以琴樓別墅消息，為英士[2]頗多感觸，又將失眠，廿四時前服藥後方睡去。

三月十八日　星期二　氣候：晴

雪恥：一、本黨全國代表大會決於雙十節召開。二、美國大選結果之推測，與我國應作之要事，其時間先後當有不同利害之研究。三、對日和約，昨日會議為勞役賠款問題雙方堅持，因成殭〔僵〕局，此又我外交無時機、無重心之表現，可歎。當其倭島對公超辭行時，明說如其留此有益，自可再留數

1　孔令傑，孔祥熙與宋靄齡次子，時為駐美軍事採購處陸軍武官，往來美臺之間，為蔣中正、宋美齡傳訊。

2　陳其美（1878-1916），字英士，浙江吳興人。早年加入同盟會，在日本結識蔣中正，並與重任。於辛亥革命初期與黃興同為孫中山的左右股肱，1916 年遭暗殺身亡。

日之試探性問語，乃即應順其言而留之，不料公超毫無反應，又以賠款為菲律濱等之故，不能不爭之言，更為失態矣。美參議院對日和約已提出討論，如一經通過，則日對我和約之談判必將延宕無疑，故必須於本星期內完成和約交涉，方合機宜，故余決自動放棄此有名無實之勞役賠款，以示寬大，使日可以此與其他各國要求免賠之理由，此實於日助益不小，故決放棄，以打開殭〔僵〕局也。

三月十九日　星期三　氣候：雨

雪恥：昨朝課後入府辦公，召見八人後，對港、澳童子軍致訓，照相後召集和約小組，指導會議，討論至十四時方畢。午課後記事，約岳軍商討和約關鍵與政策，認為機勢已將過去，不可再事延誤，乃決由其約日副代表木村示意。先談其他條文，只要其對其他條文能尊重我方提案，則賠償問題留待最後決定可也。晡與妻在園中散步，晚課。今晚防空警報，故遲至廿一時方往草廬入浴。

今晨朝課後記事，十時入府辦公，召見十餘人，對交通處長[1]、電力公司總經理[2]等去年有成績者特加慰勉。分別與公超、岳軍商討和約要旨，對放棄勞役賠償與實施範圍，決自動聲明方式出之，而以開羅會議有效之義〔意〕亦附帶聲明，使不着痕跡也。今日實為最後決定和約成敗之日，自覺集義養氣，窮理至本，無所疑懼也。

1　侯家源，字甦民，江蘇吳縣人。1950 年 7 月任臺灣省交通處處長。
2　朱一成，江西興國人。1950 年 5 月至 1955 年 1 月任臺灣電力公司董事長，日記中誤為總經理。

三月二十日　星期四　氣候：雨

雪恥：昨午課後記事，研究第十七期研究員訓練要旨，批閱公文。十九時後，公超來報告其今日和會經過情形，照指示各項進行，日代表甚為驚異，彼萬想不到我代表態度之急轉直下也。聞其每提及總統之寬大時，河田必起立致敬云。又聞美參議院對日和約展至下周批准，則其延長三、四日時間，實於我援益最大也，未知其果確否。晚課後閱黨史料外交篇，未完。

今晨朝課後中央黨部開會，聽取各組去年工作總報告。午課後記事，審查人事。十七時約各親友茶會，以答謝為妻祝壽也。晡往浴，晚課，餐後閱黨史外交篇。臨睡以前，辭修與公超來報告其對日和約第三條原文，處理在臺灣之日本公私財產，由中、日雙方另行協商之意，雪艇以其勞役賠償條既經取消，則該第三條亦應取消也。余以我方既經提出，再作反案，將為日方藉口，故只好另圖簽約後之補救，此時不宜提此，以延誤訂約之宗旨也。

今日臺中與日月潭已大雨，則旱象已可減除矣。

三月二十一日　星期五　氣候：雨

雪恥：一、美參議院昨日以六十六票對十票通過對日和約，將於我對日和約之影響甚大，日人其或因之延宕不進亦未可知，好在我最後讓步，即取消勞役賠償之條件已經提出，成敗皆當置之度外，如其不成，究於我無大害也。此後關鍵仍在美國，若美不能棄我，則日本仍不能不與我訂約也。因之此心反得安定，未若過去之急促也。

今晨朝課後記事，十時入府辦公，召見蔡斯，聽取其回美經過之報告，彼甚覺得意，彼亦誠意助我也。召見徐柏園後，召集對日和約小組，商討約稿第三條之利害，最後仍決照舊不變，以要求日方改變。徒着痕跡，有損無益也。午課後批閱要件。召見李彌，聽取其在東京與美方接洽情形。美國封鎖大陸雖有計畫，但未必能實現也。晡往浴，晚課回，記事。

三月二十二日　星期六　氣候：晴

雪恥：一、海軍總部應遷駐臺北。二、令陸戰隊暫駐大陳。三、陸大校長問題。昨晚閱黨史外交關係下篇。今晨朝課後審閱日本報章之報導，對於美參議院通過其美日和約事，其社會人民一若無動於中者，而其各大報主持人對李其威[1]答語，認為美軍仍駐日本，並未使日本真能獨立之意，可知美雖百方對日討好，但日終不滿意，余以為美國必有後悔莫及之一日。十時入府辦公，會客六人後，召集軍事會談畢，批閱，並為韓國李承晚[2]總統寫壽字祝壽也。午課後入浴罷，起程飛屏東，住高雄澄清樓，經兒同住。晡與經兒散步山坡，巡視左營。晚課後審閱告青年文稿。飛機上審閱黨史開羅會議章。廿二時寢，失眠。

上星期反省錄

一、空軍總司令已由王叔銘接任布達，此為數年來內部軍事主要之懸案，亦為整軍、建軍最大之障礙，竟得肅清於一旦，不可謂非感召之力也。

二、本月二十日全省大雨，水電與禾田之旱象因之免除，上期豐收或可無慮乎。

三、美參議院已通過舊金山對日多邊和約，羅蘭等友好皆置中日和約成敗於不顧，如其能延宕一星期時間，則於我協助即非尟矣。

四、韓戰和談，據報美有允認以卅八線為界之密議，杜魯門欲以和談成功為其競選之資本，果不出余新年雜錄之判斷。然而其和議果然如此謀成，則其為害於美國與世界之大，更不可以度量計矣，果則杜之罪惡，千秋莫滌矣。

1　李奇威（Matthew B. Ridgway），又譯為李其為、李奇偉、李其威，美國陸軍將領，曾任第八十二空降師師長、第十八空降軍軍長、陸軍副參謀長，第八軍團司令，1951 年4 月接替麥克阿瑟任韓戰聯合國軍總司令。

2　李承晚，字承龍，號雩南，韓國黃海道人。長年推動韓國獨立運動。1948 年任韓國制憲國會議長，同年當選韓國大統領。1951 年創立自由黨，自任總裁。

三月二十三日　星期日　氣候：晴

雪恥：一、反攻開始地點：甲、副目標：子、定海。丑、三門灣。寅、海門（浙屬）。卯、溫州。辰、三都澳。巳、泉州灣。午、廈門、嵩嶼（漳州）。未、海澄、漳州。申、詔安、黃岡。酉、潮安、汕頭。戌、汕尾、海豐。亥、墩頭灣、惠陽（淡水）。乙、次目標：子、電白、陽江、茂名。丑、海安、徐聞。寅、龍門港（欽州）。卯、北海、合浦。辰、啟東。巳、小洋口、如皋、東臺。午、門〔鬥〕龍港口、鹽城。未、日照（魯）。申、海陽（魯）。丙、主目標：福州－連江－福清、閩清、水口、羅源－候〔侯〕官。

昨夜失眠最劇，至今晨五時後方昏沉睡去。七時醒後起床，朝課。九時半到鳳山軍校，參觀陸軍戰鬥技術競賽，巡視射擊與接力賽跑及投彈，甚感興趣，不覺疲乏。十二時後與高級將領訓話，聚餐畢即飛回臺北休息。晡往浴，巡視研究院回。閱報，修正講稿，晚餐後散步。晚課畢，寢。

三月二十四日　星期一　氣候：陰雨

雪恥：一、主要地區與戰略之研究：甲、福州與漳、泉。乙、廣州與墩頭灣－淡水。丙、乍浦與上海。丁、石臼所－青島。丁[1]、煙臺、龍口。戊、大沽－天津。己、葫蘆島－錦州。除福州為最先（灘頭陣地）登陸之橋頭堡以外，其南為廣州，北為青島，至於上海與南京，如無突特形勢之變化，只可作為第四之登陸目標，但主要戰略仍以上海與南京為總目標也。

昨夜服安眠藥後乃熟睡，至今早八時方起床，朝課。十時到軍訓團紀念周，朗誦雪恥復國之典範篇後，加以解釋與訓戒畢，巡視高級班課室回，記事。午課後記上周反省錄畢，入府約見英國記者。與董顯光先生談話，聽其對美

1　原文如此。

國視察之報告與歐洲近情，歐人皆不願備戰，而以中立與避戰是求也，美國乃強其備戰，豈不可怪。往浴，晚課，晚校正開羅會議史稿。

三月二十五日　星期二　氣候：雨

雪恥：一、對美爾談話要旨：甲、海南島無法反攻，此為最下之策。乙、參加越南剿共，只以現駐越南被俘之數二萬人為限，與臺灣部隊交換，乃可一戰。丙、願參加韓戰，以五萬人為度。丁、要求其共同反攻大陸是為上策。朝課後十時後入府辦公，召見沈之約〔岳〕[1]、汪貫一[2]等六人，召集對日和約小組會談，對於實施範圍之主權字樣尚未商討。余以為只要有（領土）臺灣為我現有之領土，則主權字樣不必多爭也。正午在研究院，與檢討會第四期生聚餐。午課後校正（開羅會議篇）黨史，記事。晚課後宴美國海軍部長，廿二時辭去。妻之皮膚病甚劇，招待為苦。

三月二十六日　星期三　氣候：晴陰

雪恥：一、美爾攜其國務院中央情報局與國家安全會綜核之意見秘密來臺，以私人關係來徵求我對反共軍事計畫之意見，並以其情報員之身份實告其之責任與使命所在。彼稱半年以來，國務院對我政策確已根本改變，現在惟恐

---

[1] 沈之岳，浙江仙居人。1947 年任國防部保密局第二處科長，1949 年 3 月任蘇浙情報站站長並兼石牌訓練班副主任，1951 年後任大陳防衛部政治部主任、大陳區行政督察專員等職。

[2] 汪貫一，上海松江人。歷任國防部總政治部設計委員會主任、國防部總政治部第三組組長、國防部總政治部監察處處長、陸軍指揮參謀學校政治部主任、第二軍團政治部主任、陸軍總司令部政治作戰部副主任。

我持重保守，不肯冒險反攻耳。余聞此甚覺駭異，但究其內心認為可信，故余以實情告之。另有書面問答存記，故不詳錄。

昨夜仍服安眠藥，今晨八時起床朝課。十時後入府辦公，召見十餘人畢，批閱公文。午課後記事，與桂淑〔率〕真商談海軍總司令繼任人選，與海總部遷駐臺北之意旨畢，與公超談開羅宣言，必須於對日和意〔議〕簽訂時，重新聲明其有效，並先要求美國同意也。

三月二十七日　星期四　氣候：陰雨

雪恥：昨晚課後約美爾便餐，敘談一小時餘，甚覺其人誠懇可信，並無如該國普通人士輕浮之氣也。十時後就寢。

朝課後先修正青年節文稿，繼復重校開羅會議篇、黨史稿此二篇文字，皆甚重要，故亦甚費心力，正午方完。約臺大教授與錢穆[1]等二十人聚餐，談經濟問題頗多隔閡，擬令經濟機構主管者與其平時聯絡也。午課後記事，手擬答美爾問題，以秘書長所擬者多文不對題也，奈何。晡往浴後晚課。二十時約美爾作最後談話，詳詢其韓戰與助我反攻時期，多無邊際，但余仍以誠意待之。晚餐後，廿二時寢。

1　錢穆，字賓四，江蘇無錫人。1950 年 3 月在香港成立新亞書院，出任校長。1951 年為籌辦新亞書院臺灣分校滯留臺灣數月。1952 年 4 月，應邀為「聯合國同志會」在淡江文理學院驚聲堂講演。

三月二十八日　星期五　氣候：雨霧

雪恥：一、本日下午中日和會首席代表又繼續會談，河田先告其政府訓令，不接受其建議對我放棄賠償一點，不允由其先承認應該賠償之款，而對第二十一條，各國對日所享權利，中國亦應同樣享受之意義完全抹煞，其他亦多有無理之要求，並准其有居住自由等前所未提之條件。推究其故，總欲我國放棄盟國地位，而向其戰敗投降國反轉降服而已。余將臨睡時得此報告，並不以為奇，以吉田等人本為一小政客，何能望其識大體也。但夜間終於失眠，直至三時後服藥睡去。

朝課後審校告青年文稿。入府接見加拿大記者[1]與美國教友[2]及議員[3]後，接見韓國親善訪問團畢，召見馬紀壯[4]等。召集經濟會談，至十三時半方完。午課後記事，核定青年文稿後，巡視研究院軍隊黨部代表大會場畢，入浴，晚課。餐後與葉公超部長電話，乃知日本對和約反案矣。

三月二十九日　星期六　氣候：晴　晨大霧

雪恥：昨夜三時後方睡去，今晨七時起床，精神如常。朝課後讀報。九時半入府，對廣場青年大會訓話畢，即到圓山忠烈祠，致祭陣亡將士與革命士烈及死難同胞後回寓，召集岳軍、公超等，指示岳軍對日本代表河田來見時，嚴正教訓諸詞：甲、國民黨六十年來不惜犧牲一切，企求中日合作之願望，全為其吉田政府所消失無遺。乙、中國受日本侵略十四年，死傷人民三千萬，損失無數公私財產，所受之苦痛，未有如昨日。日本所要求文字與條件之侮

1　鮑斯，加拿大通訊社記者。
2　基爾曼，美國浸信會牧師。
3　蓋爾，前美國眾議員。
4　馬紀壯，字伯謀，1950 年任海軍總司令部參謀長、副總司令，指揮海軍進行舟山撤退，日後又於大陳島、南日島、東山島戰役，與共軍交火，卓有戰績。1952 年任海軍總司令。

辱，其甚於十四年軍事侵略之嚴重，不啻倍蓰。丙、日人毋認為大陸既為俄共淪陷，中國四億半人數中已無視一人矣。丁、國民政府如果可以被欺凌壓迫而屈服，則民國卅年前早已為日本所滅亡矣。屬其以上四點明告河田，令其一一電告吉田政府為要。

上星期反省錄

一、對日和約雙方代表本已商妥就緒，不料日本吉田政府最後反案，提出無理欺負之反要求，殊難忍受。此不惟吉田無識小器，而其新起之外交中級人員如倭島之流，自認其為小壯外交家，目無中國，又起其優越侵略之野心所致也，可痛可悲。彼等皆已忘卻其侵略中國，無視華人之教訓矣，如何使之覺悟自悔耶。

二、美國最高政府會議，國家安全會密使美爾（梅雷）唧命秘密來訪，對於其世界大戰之計畫與時期雖未曾吐露，但其對我政策之轉變，與對我國軍之運用方針正在積極準備之中，乃可斷言。美國海軍部長來臺訪問，對於其增援我海軍之艇艦亦已實告其預定之數字，未知其援日之艦艇數字究何如耳。

三、手擬反攻大陸戰略地區與程序，草記於每日日記之中，此亦一久擱之要案也。

四、桂永清已提出辭其海軍總司令職之呈文，並荐宋鍔[1]與馬紀壯自代，其意頗誠也。

五、上周核定黨史開羅會議篇，與答美爾問及青年節文稿，是皆重要文件也。

六、陸軍戰鬥技術競賽會如期舉行完成矣。

1　宋鍔，字敬明，湖南湘潭人。1950 年 3 月，任國防部參謀本部次長，主管國防部之人事、軍法、後勤等業務。1952 年，兼任國防部廢舊及不適用物資處理委員會主任委員。

本星期預定工作課目

1. 海軍總部遷駐臺北令。
2. 全島兵棋演習準備。
3. 巡視大陳日期。
4. 日本要求波茨坦條約廢除之研究方針。
5. 對日和約問題之謀略與方針。

三月三十日　星期日　氣候：晴

雪恥：昨十一時到陽明山革命實踐研究院，參加軍隊黨部代表大會，主持開幕典禮，致開幕詞約卅分時畢，攝影後回寓。午課後記事畢，巡視軍黨會場後入浴。獨往頂北投視察建築餘地，以備成立軍事研究院也。晡在蔣林蘭圃獨自散步後晚課，膳畢在樓廊循行千餘步。就寢，甚能酣睡為快。

今晨朝課後，先在院中觀魚為樂。召見公超，指示其明告美國，如中日和約未簽以前，四國對日管制會如開會取消，則我國必投反對票，並聲明我國對日投降時所有之特權，決不因盟總撤除而取消之政策，乃令外部切實準備實施。再與岳軍談話，聽取其與河田昨日談話之經過後，禮拜。午課後閱報，記事。晡與妻巡視淡水及研究院會場。入浴，晚課畢，在樓廊下月散步。

三月三十一日　星期一　氣候：雨

雪恥：一、實踐制度之督導與充實。二、軍隊黨性之加強方法。三、志氣、節操、紀律、責任、信心、決心與犧牲。四、告士兵代表回去時，對上服從，對同伍愛敬，更應自謙。五、杜魯門宣布不競選以後，美國內外之局勢與我國之關係得失如何。

朝課後看辛亥革命史，對陳子範[1]於民國二年炸斃徐寶山[2]案，黨史中竟無記載，應增補之。十時到軍隊黨部代表大會，主持紀念周致詞約一小時畢。召見空軍出國人員及士兵代表五十五人，詳詢士兵代表之意見，約一小時後方畢。聚餐，健飯三碗，誠勝常矣，代表以余康健為樂，皆出於自然也。午課後記事，記上周反省錄。晡往浴，經兒來見。晚課後膳畢，觀去年遊阿里山電影，甚嘉為慰。

1　陳子範（？-1913），福建侯官人。青年時學習海軍，參加柳亞子、陳去病等組織的南
　　社，主編《皖江日報》。1913年參與策劃「二次革命」，失敗後繼續進行反袁。不料
　　在製造炸彈時引起爆炸，死於上海。
2　徐寶山（1866-1913），字懷禮，江蘇丹徒人。清末民初著名鹽梟，政治立場反覆，袁
　　世凱上臺後投靠北洋政府，反對革命黨。1913年5月23日為滬軍都督陳其美等革命
　　黨人炸斃。

上月反省錄

一、杜魯門於本月杪果已宣布其不再為總統候選人之競選矣，艾其生美奸最多八個月以後，亦不能再戀棧其國務院矣。只要余在臺灣能自立站穩，則彼等賣華擁俄之禍首，不能不倒在吾人之前也。此三年來艾奸之陷蔣賣華，其所用手段之毒辣甚於俄史，而其愚拙亦誠不可及也，不僅美國未有如此昏昧之國務卿，即世界最幼劣之政府，恐亦未有此之外交部長也，即其前任之馬歇爾，亦不亞於彼耳。美國人之頑固執拗，如其一經錯誤，則不問其客觀事實與環境如何，彼亦一意孤行到底，殊為美國前途危也，而杜魯門之下臺，不能不說受馬、艾之所賜也。

二、美國參議院通過對日舊金山和約矣。

三、美國將臺灣與菲國防務，由其駐日盟總轉移於其太平洋海軍總司令，是為最合理之調正。美國對太平洋軍事部署之積極及其決心，亦可於此見之。

四、美政府安全會內之美爾秘密來臺連絡，乃可斷定其對華政策真已改變矣。

五、空軍總司令調職事已實行矣。

六、行政院與省政府合作已大見改正矣。

七、立法院長已照提名選出矣。

八、大法官已如期補充矣。

九、對日和約為其吉田政府反案，殊為可痛。

十、自覺本月工作進步，審核重要計畫與要務亦比往月為多，尤其是建軍制度已開始推進，實值得最足欣奮者也。

四月

蔣中正日記
Chiang Kai-shek Diaries

民國四十一年四月

本月大事預定表

1. 第十七期研究員多數為黨政高級班學員，其程度較高，故準備應足，訓練宗旨：甲、經濟政策。乙、社會（制度）組織。丙、教育方針。丁、政治原則。戊、外交目的，凡反攻各時期各地區政、經、教、社等與黨政軍之配合等各種緊急措施方案之研討。戊[1]、研討重於教授。己、重具體與實踐問題，務免理論與抽象論文。庚、反共抗俄之理論與號召條件，與政治反攻之條件。辛、理論與思想之研究。

2. 總動員運動實施之推動。

3. 海軍總司令之調動與總部遷臺北。

4. 考試院長之決定人選。

5. 黨務改造與全國代表大會之日期。

6. 對日和會成敗之方針與決策。

7. 核心幹部之人選速定。

8. 限田與戰士授田制之督導。

9. 第七十五軍與第四師之改編開始。

10. 巡視大陳島。

11. 審閱卅五年日記。

1　原文如此。

12. 去年總反省錄。

13. 軍隊黨員大會之完成。

14. 行政院與省政府關係之調整與加強。

15. 假退役令實施之準備。

16. 後備兵員儲訓方案之督導。

四月一日　星期二　氣候：雨

雪恥：一、對日和會停頓時，應警告日、美要旨：甲、美國雖取消其日本投降時一切組織及權利，但中國未參加舊金山和約，故仍必在日本行使其一切應享之權利。乙、中國為保護公理與條約之義務，必須如此，否則世界只有強權，再無公法與條約之價值矣。丙、中日戰爭狀態未解除以前，中國對日本之海、陸行動自有實施其戰時任務之權。丁、對日和約中國未參加簽字，而美國擅自批准或生效，是為美國對盟約、對公義、對公法最大之污點，實啟今後世界破壞條約之惡例，信義與道德喪失殆盡。戊、今後中、日間一切不能和平與東方不幸事件，美國應負其全責也。

朝課後十時入府辦公。召見姚廼崑[1]等八人，召集對日和約小組，予以重要方針之指示。午課後記事，批閱公文。晡巡視會場後，入浴，晚課。觀中國影劇。

1　姚廼崑，菲律賓華僑，祖籍福建晉江。在菲律賓創辦嘉泰公司，為旅菲華僑反共抗俄總會主席。1961 年 6 月，返國參加陽明山第一次會談。

四月二日　星期三　氣候：雨

雪恥。

朝課後記事，手擬警告美、日要旨後，十時到特別黨部代表大會，點名畢，舉行閉幕典禮，致訓詞約三刻時完。桂永清來報告其準備交卸手續，並言美國武官有勸其勿離海軍，否則美援不來之意。余即告其寧使美援不來，但決不願受外國干涉我內政也。聚餐，讀訓一篇，回寓。午課後批閱公文，清理積案。晡往浴，晚課。閱覽美報之為共匪宣傳之文字，及中央日報警告日、美社論之文稿，應待改正，故未准發表也。

四月三日　星期四　氣候：雨

雪恥：數日來，每夜皆失眠至三、四時方睡去，而今夜更甚，幾乎終夜未能睡去也。

朝課後修改對美、日警告文稿。十時到中央黨部本月份動員會議，正午回寓，閱及美海軍武官致余及妻函，附其海軍部長問其桂永清辭職內情，而其武官函內說明此電之意，如桂果調職，則美援勢必停止云。余乃召辭修、至柔，示以武官來函，此必為桂運動干涉內政，希冀戀棧不調也。令陳、周轉告桂之無智不義，並即下令准其辭職，以馬紀壯接其遺缺，屬其勿離臺北擅往左營，以防其運動海軍反對命令也。午課後再召至柔來見，乃悉桂果令馬紀壯領銜，以全體海軍名義挽留矣，後又令馬自動撤回其挽書，可知桂之無恥極矣。往浴，晚課後召集對日和約小組會議，決定以書面致美，不能同意其對日行動也。

四月四日　星期五　氣候：晴

雪恥：昨夜終夜未能睡去，六時前起床，天尚未明。朝課如常，為美海軍武官來函事，不勝憤悶。記事後九時前入府辦公，召集雪艇、公超，示以武官來函，屬將此函轉示美代辦藍欽，使其知此武官有此一事，加以警戒。但望其不必處罰，以其向來援我海軍甚熱心，不因此次幼稚行動而使其灰心喪志也。後來藍欽表示道歉，惟其自云必須加以指斥，以免其再犯錯誤也。十時月會後，召見十餘人，白鴻亮告假回國辭行，請問今後工作與中、日軍事合作計畫也。會客至十三時，身覺甚倦，嘔聲時作，午睡仍不能睡去。午課後至頂北頭〔投〕，由其後山步登草山公園，約行三刻時，以每次失眠之極時，次日登山遠足，使身體疲乏，夜間反得安眠也。行至途中嘔吐大作，稍憩後，仍徒步至公園登車，到草廬入浴休息，就醫，略睡一小時。

四月五日　星期六　氣候：陰

雪恥：昨晡朱仰高醫師來診病，注射葡萄糖質後，晚課。決宿草廬中，妻亦來陪同住，夜間服藥後，頗能安眠。

今晨七時後起床，朝課如常。入府辦公，軍事會談後，雪艇報稱美國艾奸致電其代辦藍欽，問其中國調動海軍總司令，彼與蔡斯有否預知。今後為配合美援有效使用計，最好要求中國政府，凡高級將領之調動事先應有商討，其意欲預問任免權，進一步之干涉我內政也。余聞此即召公超來問其詳後，令其即覆示藍欽，此係干涉我內政，殊非美國之榮譽，而且余決不能遷就此意。不過顧問團對我將領之成績與考察之所得，彼可隨時提供意見與建議，以備參考，但任免事項不能有任何之主張，以免其干涉內政之嫌。惟為私人友義關係，重要事項余可令參謀總長[1]預示蔡斯也。

1　即周至柔。

上星期反省錄

一、美國海軍武官先來警告，而艾奸又繼電侮辱，此乃桂永清卑污之所致，於人何予也。

二、對日和約延宕，雖被欺受辱，所擬對日、對美之警告文字，仍不願輕心出之，然而痛憤極矣，自不掙氣，亦於人何予。

三、桂永清之糊塗卑劣竟至於此，殊所不料，然而其奸詐無用已為我防止矣。

四、本周對內對外之奮鬥，亦為近年來所罕有。弱者最後只有依理、依法力爭不讓，自能取勝也。

五、軍隊特別黨部已正式成立矣。

六、本周失眠最劇，實為從來所未有，而所受刺激亦為最大，然而本周奮鬥之效果，實已奠定建軍之基礎大業矣。

七、海軍總司令之任免，能照預定計畫貫澈實施，乃為今後建軍成功之第一要務也。

本星期預定工作課目

1. 召見高級班學員開始。
2. 復活節講稿之修正。
3. 對日和約之研究。
4. 黃、孫[1] 二總司令之留任令。
5. 海軍參謀長人選與陸戰隊人事。
6. 緬甸李彌軍隊之補充。
7. 核心幹部人選之決定。

1　黃、孫即聯勤總司令黃鎮球、陸軍總司令孫立人。

8. 全國代表大會之準備。

9. 考試院長人選之決定。

10. 研究院第十七期之召集。

四月六日　星期日　氣候：雨

雪恥：昨日午睡又未睡去。十六時午課後到中央，先與陳、王、葉[1]商討美奸艾其生之應付方法，不可予彼艾以任何妨礙美援口實也。商談畢，召集研究院十七期課程與訓練宗旨會議，即回第一賓館（草廬），入浴後與經兒談話，令其對馬紀壯總司令轉告要旨各點後，乃再注射。晚餐前後與妻散步各三里，以期能安睡也。晚課後服藥就寢。至今晨四時仍未能睡去，乃起而入溫泉沐浴後，五時方睡去。約二小時餘至七時起床。體操畢，回蔣林朝課，與經兒通電話二次。朝餐後記事，禮拜如常。十二時半午餐畢，午睡未能睡着。十五時起床，午課，審閱卅五年二月份日記後，與妻巡視基隆回。晚課，餐後讀唐詩，休息。九時半至十時半，連服二次安眠藥方睡着，今夜已能安眠如常矣。

四月七日　星期一　氣候：雨

雪恥：午後胃甚不舒，各藥罔效，乃服蘇打片後漸安也。召人按摩腳指，使能安眠，亦無效也。

八時前起床，朝課後審閱臺省教育會議提案後，到軍訓團紀念周，專對教育界說明教育人員之責任及其地位之重要與民族前途之關係畢，雪艇來報，公

1　陳、王、葉即陳誠、王世杰、葉公超。

超與藍欽昨日為艾電干涉我人事交涉之經過，嚴予拒絕，但為藍欽計，彼要求致葉私函方式，請求我以後與美軍援有關最高將領之調動，事先使之知道之意，只要以私人關係接受，亦不要求覆信也。否則藍於此事對艾不能交代，則艾將乘此撤藍之職也。以藍對華友好，如其撤調，則我有損，故特允其請。正午再約王、葉、周[1]談艾電，及處理桂永清與孫、黃[2]二總司令留任事。午課後審閱復活節講稿二篇後，審閱卅五年日記，晚課，十時寢。

四月八日　星期二　氣候：晴

雪恥：一、提名考試院長賈景德於監察院同意，以充實考試院後，則五院皆可充實矣。二、海軍陸戰隊應歸國防部直接統轄與整訓。三、定侍從守則及應修課目。

朝課後記事，十時入府辦公。召見劉士毅[3]等，處理要員調動問題。陸軍大學校取消，國防大學校長新派侯騰[4]充任，此亦為軍事改革之重要業務也。會客畢，召集一般會談與對日小組會議後，批閱要案，清理積案，回寓已十四時矣。午課後記上月及上周反省錄後，葉部長來報，今日和會河田甚表誠懇，其所提之通商居住一條，以我方激烈反對，彼乃告公超，此事請與其副代表木村會外一談，公超即令我副代表[5]與其木村單獨談話。彼木村稱，此條只要我能力拒不讓，則最後彼方必可同意，以此條為其新來臺灣之倭島司長主張甚力，故表面不得不談云。

1　王、葉、周即王世杰、葉公超、周至柔。
2　孫、黃即孫立人、黃鎮球。
3　劉士毅，1949年2月，任總統府第三局局長，5月，任總統府參軍長。後到臺灣，1950年3月，仍任總統府參軍長。1952年10月，任總統府國策顧問。
4　侯騰，字飛霞，湖北黃陂人。1949年任國防部第二廳廳長；來臺後，任國防部副部長，1952年4月調任國防大學校長。
5　胡慶育，廣東三水人。時任外交部政務次長，中華民國與日本國商訂和平條約副代表。

四月九日　星期三　氣候：晴

雪恥：昨晡知對日和約河田之表示誠意，此心為之稍慰。往浴回，晚課。十時前寢。

一、據莫斯科經濟會議，俄、共雙簧〔簧〕之姿態，可以推知共匪急求解除對其封鎖與結束韓戰之意。二、韓戰和談，對遣俘事之秘密會議，以及共匪最近廣播誘引匪俘之謊言，更可知韓戰將有停止之可能。三、北韓瘟疫流行，共匪似有不能不停戰撤退之事實，綜核各點韓戰將停，所可慮者，匪俘如被強制遣歸匪部，則萬餘之忠貞志士將被共匪屠殺，應急發動輿論責美不仁，以圖挽救也。

朝課後審閱卅五年日記及記事。入府辦公，處理要公，召見李彌、陳延炯[1]等八員，與辭修商決買為考試院長等要公。午課後審閱高級班員自傳，召見二十員後，即在團與班員共餐。回研究院幾無一人，可歎。入浴，晚課，閱報。

四月十日　星期四　氣候：陰　夜雨

雪恥：一、對板門店談判之換俘問題，應積極發動輿論，一致指責美軍之不仁不義也。

七時起床記事，十時入中央黨部，與賈玉〔煜〕如談考試院長問題，彼甚樂意也。常會聽取訓練、紀律、財務、設計等會報告後，講評中央黨務重要缺點與弊端，而以第四組蕭自誠[2]虛浮不實，招搖自誇，以公濟私為最也，並以組長必坐汽車為榮，而不惜被人指摘，不能以身示範為戒。黨務與幹部總不

1　陳延炯，號地球，廣東番禺人。1947 年 3 月任中國長春鐵路理事長，1950 年 8 月任駐日代表團顧問。1952 年 3 月 20 日向蔣中正報告有關倭島英二對中日和約問題談話。

2　蕭自誠，字明覲，湖南邵陽人。1951 年 7 月調任中國國民黨中央改造委員會第四組主任，主管宣傳，完成英文《中國郵報》、《聯合報》、《中國時報》、《大華晚報》、《自立晚報》的創刊、改制及復刊。

能脫除衙門與官僚化，而恢復革命精神為歉也。午課後審閱學員自傳，召見二十人畢，與妻上草廬，入浴，回途晚課。膳後閱報，記事。十時寢。

四月十一日　星期五　氣候：晴

雪恥。

七時起床朝課後，修正本日證道講詞畢。十時入府辦公，會客後召集情報會談。正午夫妻同在蔣林堂，為救主受難節講詞證道約一小時餘，回寓休息，午課如常。召見學員二十人，至十八時回寓，乃啟食，往研究院巡視後入浴。晚課，讀唐詩。十時寢。

海軍顧問貝雅利[1]又來干涉我海軍總部遷移臺北，使陸海空三軍總部集中一地之主張，殊為可痛。彼海軍本來甚知理守分，而今屢作此無理之干涉，其實彼貪左營居住便利，生活優裕，而遷臺北不能如在左營之自由而已，言之可笑，其幼稚蓋如此也。

四月十二日　星期六　氣候：陰

雪恥：今日為舊曆三月十八日，是經兒生日，彼已往南部講學與視察矣。

一周來每夜服安眠藥，故睡眠尚佳，但今日精神與胃部漸覺疲弱，今夜想斷藥，則又不能安睡，故最後仍歸服藥，然而睡眠終不佳也，奈何。

七時前起床，朝課，記事。十時到中央與監察院之本黨委員談話，對提名賈、

1　貝樂利（Irwin F. Beyerly），又譯貝雅利、貝樂理，美國海軍軍官，抗戰期間於中國任職，1951 年 7 月 1 日出任駐華軍事顧問團海軍組組長。

羅[1]二同志之原由及其品德有所說明，蓋其監院對二氏多不諒解，並有彈劾案未了也，談完乃入府辦公，會客。聞古島與緒方[2]對和約竭力主張其政府應讓受促成也，此或於中國一周上周發表開羅會議經過史實之影響也。正午聽取美顧問團所提步兵師之編制，其間雖有不合實際之處，但已比較合理矣，故決先接受實施，再催其武器速來也。回寓已十四時矣。午課後召見學員廿人畢，往浴，晚課。

上星期反省錄

一、俄國經濟會議，朱、毛代表對英美大送秋波，急求解除其禁運，與表示韓戰停止之期望，此皆奉俄而行者，無奈英美皆置之不理何。

二、為韓戰俘虜事，美國與共匪舉行秘密會議，恐被美出賣我忠實之志士，不勝憂慮，急求有所表示與收效，阻止其陰謀。

三、艾奸來電，要求我調換高級將領，先予其顧問團之商討，不勝侮辱，乃以事先告其了事。

四、海軍正副總司令就職，桂永清任參軍長，及孫、黃[3]二總司令連任命令發表，完成手續，此實建軍最重要之步驟。本周受內外之阻撓，乃為最激烈之鬥爭，過此一關以後，建軍之基礎定矣，頗足自慰。

1　賈、羅即賈景德、羅家倫。羅家倫，字志希，1947 年 5 月，出任駐印度大使兼世界各國駐印使節團團長，1950 年 1 月下旗回臺，先後任總統府國策顧問、中國國民黨中央黨史編纂委員會主任委員，1952 年 4 月任考試院副院長。

2　古島與緒方即古島一雄、緒方竹虎。古島一雄，日本明治、大正、昭和時代的政治評論家、眾議員、貴族院議員。戰後力薦吉田茂組閣。緒方竹虎，1952 年 5 月訪問臺灣，謁見蔣中正，討論中日軍事同盟。11 月，當選日本眾議院議員，並任吉田茂內閣國務大臣、官房長官。

3　孫、黃即孫立人、黃鎮球。

五、考試院正、副院長提名，已由監察院投票同意，則以後五院在臺灣皆已
　　充實矣。

六、研究院第十七期已召集矣。

本星期預定工作課目

1. 立法院延期問題。

2. 約大法官宴。

3. 高級主官履歷與三代之呈報。

4. 侍衛守則與課程之速定。

5. 彭孟緝與蕭、馬 [1] 等升級。

6. 假退役案之實施。

7. 核心幹部之人選準備。

8. 對日和約之簽訂。

9. 臺北衛戍部之設立。

四月十三日　星期日　氣候：陰

雪恥：昨晚始未服藥，待安眠不成乃再服藥。但夜半以後服藥，效用減少，
雖較能睡着，但仍昏沉不能熟睡酣眠，而胃部更覺不舒，乃於今晨再邀中醫
鄭曼青先生診斷，決服中藥以試之。

1　蕭、馬即蕭毅肅、馬紀壯。蕭毅肅，原名昌言，四川蓬州人。1950 年 3 月，任國防部
　　參謀次長，1951 年 4 月，升國防部副參謀總長。

朝課後記事，診斷後禮拜。午課後記上周反省錄畢，與妻往祝于院長[1]七十四歲壽後回寓，往研究院巡視。入浴，晚課。約美國西方企業公司，即協助我游擊人員四十餘人聚餐後，觀影劇。廿三時寢。

此次對日和約如果訂成，應特別說明我對勞役賠償放棄之意義，應作為對日和約各國之準則，希望各國亦能放棄，以促進和平與協作也。

四月十四日　星期一　氣候：晴

雪恥：一、日本如無中國與美國合作，而相予為敵，則無自由生存之理，而且必須有一獨立自由之中國相予合作為友，則日本方能有富強康樂，而可免除其立國之危機。至於中國則不能無獨立自由之日本相予為友，亦不能無美國精誠之協助我獨立自由，以保證東方之和平，開發今後千年內無盡之寶藏，以增進人類之幸福。故中國不可無日、美共同合作，而美國如為今後十世紀人類之福利，與確保太平洋之和平，以永恆領導世界，則亦不可無中、日予之共同合作也。

朝課後為經兒補書「寓理帥氣」匾額之跋。十時到研究院十七期開學典禮後，商討講課方法，聚餐。午課後記事，召見高級班學員廿人後，往浴。晚課，餐後閱夫人復活節證道文，可說為其第一篇之大文章也。

1　于右任，原名伯循，字誘人，爾後以諧音「右任」為名，陝西三原人。時任監察院院長。

四月十五日　星期二　氣候：晴

雪恥：一、多派華僑學校教師之計畫。二、約見楊宣誠[1]。三、用呂渭祥[2]。三[3]、胡世寶、陳榮昌[4]何在。四、臺北衛戍司令部之設立。

朝課後記事，十時入府辦公，召見大法官王雄風〔風雄〕[5]等八人畢，召集宣傳會談。對美參議員毛斯[6]誣說中國遊說案，及其記者雜誌所載各種問題，皆為捕風捉影與含沙射影之謠諑，不值一顧，只有一笑置之。此為美共圖陷我惡作劇最後之一幕乎。是亦為其國務院無法可想中之一法，希售其毀蔣賣華最後之一試乎。又對日和約成立時宣傳之準備，加以指示。午課後批閱假退役等要件多種。晡與妻往陽明山視察研究院後，入浴。晚課，餐畢散步。

四月十六日　星期三　氣候：晴

雪恥：一、整編實施之日期減短，應於十月以前編併充實。二、美械重武器，上周始到七五山砲一百三十門，此為兩年來美國對我軍援第一批之重武器，彼政府終以為補充我重武器，必被共匪收繳也，可知共產國際反宣傳影響之深刻與重大也。三、雷福德〔德福〕[7]之上將何級。

昨夜失眠最甚，今晨三時前後，約昏沉二小時後，再難睡着，但仍不願服西藥。今晨七時半起床，朝課，記事，十時入府辦公。召見桂永清，彼今日就

---

1 楊宣誠，字樸園，湖南長沙人。1949 年任臺灣省政府顧問。未久，任臺灣省農林公司董事長。1956 年農林公司開放民營，改組為臺灣省工礦企業公司，被推任為常務董事。
2 呂渭祥，時任江浙反共救國軍第一〇一路指揮官。
3 原文如此。
4 陳榮昌，字希周，四川華陽人。曾任財政部綿陽稅務分所所長、川康區稅務局綿陽分局長。
5 王風雄，1948 年 8 月起，任司法院大法官。
6 摩斯（Wayne L. Morse），又譯茅廝、毛斯，美國共和黨人，1945 年 1 月至 1969 年 1 月為參議員（奧勒岡州選出）。
7 雷德福（Arthur W. Radford），美國海軍太平洋艦隊司令。

參軍長職也。十一時見藍欽，其來意乃要我督促整編提早也，余告以實情後，並准予縮短編期也。召見八人，與曉峯、彥棻商討黨務與人事回，服中藥。觀魚，散步消遣。午課後審閱卅五年三月日記。晡往浴，巡視研究院。晚課，餐後觀影劇，十一時寢。

四月十七日　星期四　氣候：晴

雪恥：一、閔孝吉[1]在社會處服務。二、張茲闓、黃季陸[2]為經濟與內政部長。三、陳雪屏[3]暫不調動。四、袁守謙[4]與史尚寬為銓敘與考選部長。五、海軍參謀長應即發表。

昨晚已能安眠入常，此乃中藥之效也。朝課後到反共婦聯會二周年成立紀念會致詞後，即入中央與曉峯商談黨務後，開常會。彥棻報告其視察泰、越黨務情形後，決定今後對僑務與僑校之發展及政策，另作專案討論，作為今後黨務中心工作之一也。辭修對日和約經過情形之報告後，討論立法院任期延長一年案通過。午課後召見高級班學員二十人後，視察研究院。入浴，晚課。夜觀中國影劇後，廿三時半寢，未能安眠也。

1　閔孝吉，江西九江人。1947 年 10 月任臺灣省社會處秘書，後任教於政治大學、東吳大學。

2　黃季陸，名陸，又名學典，四川敘永人。1950 年 3 月，任行政院政務委員。1952 年 4 月，兼內政部部長，1954 年 5 月免兼。

3　陳雪屏，江蘇宜興人。1950 年 8 月至 1952 年 10 月出任中國國民黨中央改造委員會委員兼第一組主任。1953 年起任教臺灣大學心理學系。

4　袁守謙，字企止，湖南長沙人。1950 年至 1954 年任國防部政務次長、代理部長，兼中國國民黨中央改造委員會委員、第五組主任。

四月十八日　星期五　氣候：晴

雪恥：一、李彌運械經費與油料之撥發。二、馬紀壯之升中將令。三、命令延期之原因查究，以後應限定時間。四、臺北衛戍司令宣布之時期。

昨夜失眠又劇，至今晨五時方睡着，至六時半醒後，不能安睡，乃起床。朝課如常，惟覺精神仍充沛未減也。記事後十時入府辦公，召見至柔與賈院長等及電影業演員等畢，批閱要公。正午宴評議委員，報告對日和約要點及經過情形，與最近日政府又翻案之要點所在，以偽滿在日財產不肯移交中國之故，為其主要原因也。午課後召見學員二十人時，心神頗覺疲乏不適，是失眠之故也。晡與妻參觀蘭花，臺蘭二千餘種，甚足賞覽，在美展覽會中獲特獎也。往浴，視察研究院回。晚課後觀影劇，未終而止。十一時寢。

四月十九日　星期六　氣候：晴

雪恥：一、美武官包瑞德[1]將任滿回美，參謀部擬給勳章，余以其人卑劣，不允授勳也。

昨夜睡眠較佳，今晨七時後起床朝課，記事，十時前入府辦公。召見空軍出國人員十餘人，與公超談和約事。召集軍事會談，決定本年兵棋演習日期與整編部隊分期原則，務提早完成也。因季節軍事關係，恐於春、夏季改編時被匪來攻，則甚冒險，故須於秋季以後方能放手整編也，又改編後營房欠缺，亦應事先構築完成也。午課後召見高級班學員二十人回，往浴。回寓後晚課，餐畢，觀中國影劇（三國誌），甚有進步也。十一時後寢。

1　巴大衛（David D. Barrett），又譯巴大維、包瑞德，曾任美軍延安觀察團團長，時任駐華武官。

上星期反省錄

一、俄史在莫斯科召開經濟會議，與韓國停戰會談相配合，其和平攻勢已達最高潮，然而英、美皆不之理，是其宣傳已不如往昔之有效矣。

二、日本工會為反對其政府「反破壞法」之故，十八日總罷工人數竟達至百萬以上，今後必將變本加厲。如其不將共黨為非法組織，澈底消滅，則日本赤化之加速，或有意想不到之變化。其最大原因為美日安全協定與美軍駐日之特權，最易使日人為共黨所煽動也。

三、中日和約吉田又為不肯移交偽滿在日財產之故，不恤翻案爽約，此等日人之背義失信，甚於其戰前軍閥之橫狡，其果能獨立自由乎。

四、本周失眠最烈，而批核要案如假退役令等要公亦最多，每日且召見高級班學員廿人，與督導研究院十七期教育亦最認真，故至周末體力漸弱為慮，奈何。

本星期預定工作課目

1. 上角畈山休養。

2. 準備招待美國議員。

3. 校對總理與總裁重要函電彙集。

4. 侍衛守則與課程之擬定。

5. 本黨代表大會計畫之擬議。

6. 核心幹部之確立。

7. 限田制度與戶警制度之督促實施。

8. 李友邦匪諜案之判決。

四月二十日　星期日　氣候：陰晴

雪恥：昨夜睡眠漸安，但今晨醒後，腦筋瞑眩異常，大有天翻地覆、顛倒輪旋之象，向右傾眠瞑眩更甚。如此者半小時後漸平復。起床挺身時亦有此象，但強勉自持後漸復，故朝課未敢體操，其餘如常課。課畢，約中醫鄭曼青來診，詢其昨服之藥與今晨瞑眩之關係如何，彼稱似有關係，以肝陽之藥太重之故，乃另開方。早餐如常，亦未減少食量，惟理髮頭部略昂時，瞑眩又起也。朝課除未舉行體操外，其餘如常。上午在寓休息，記錄學員優劣人名，未能到蔣林堂禮拜。午課後續錄學員人名，與妻巡視淡水回。晚課，餐畢，觀影劇（出海蛟龍）。十一時寢，未能安眠。

四月二十一日　星期一　氣候：陰

雪恥：昨夜又失眠，雖服西藥，亦只沉睡三小時而已，故今晨起床後精神頓差。朝課後曼青中醫師來診，余決謝絕，不敢再服中藥，以今晨腦昏頭暈尚未息也。朝餐如常，胃口尚佳。十時前到軍訓團紀念周，並主持軍隊特別黨部委員就職典禮與監誓後，訓話約三刻時畢，回寓。批准。李友邦早於十八年加入共黨青年團，並未自首，而且在臺與其妻[1]共同通匪，作惡多端，此人為辭修重用之人，彼不知自檢，猶以為李究否為共黨，尚難證實，猶想為之庇護也，可知其不肯負責，並推諉於人也。午課如常，十五時由蔣林出發，妻陪至山洞而別，乃獨登角畈山休養。十八時半到達，略息後，晚餐畢，晚課。廿二時寢。

1　嚴秀峰，浙江杭州人。1941 年 5 月與李友邦結婚。1950 年，遭一中共間諜牽連，被以「知匪不報」罪名判刑十五年。

四月二十二日　星期二　氣候：晴陰　夜雨

雪恥：昨夜來山後甚能安睡，前後睡足八小時，並未服藥。自覺脫離臺北政治環境入山休養，已奏效矣。

今晨朝課後出外散步，約半小時回寓，審閱總理與總裁重要函電彙集附錄總理墨跡四十帙，詳加校正，至午餐方畢。甚覺此集重要，且樂意勝常，故不感疲乏，惟恐興奮太過，今晚又將失眠為念。午課後記事，續訂彙集。讀稚老跋，其字跡多草率難解，但八十八叟尚能寫成千之小字，實難多得，聞其近病膀胱較劇，甚願天增其壽，能早康復也。晡觀影劇後，巡遊小學校及鄉公所，並指示植樹，增築校舍與禮堂，量度基地面積回，晚餐。廿一時晚課，入浴，廿二時後寢。不甚能睡，但心神較安，不如在蔣林失眠時之慌矣。

四月二十三日　星期三　氣候：雨

雪恥：一、經國應邀赴美之準備事項：甲、俄國歷史之背景與世界革命之策略。乙、中國革命史與大陸失敗之內容與經過。二、本黨代表大會之議題與中心問題之提案。三、美海軍雷福德〔德福〕談話要點之準備。四、包瑞德案解決。

朝課後記事與記上周反省錄後，重校總理與總裁重要函電彙集與編排完成，此亦重要歷史之一部，為近年來屢欲完成之事也。午課後審閱宋元學案類鈔政治之部。十八時經兒來山侍陪，談其上午與蔡斯開會情形，對政部職掌仍多異議，乃知其全受美武官包瑞德之影響，而包乃受共匪之操縱，共匪一面宣布包為在北平謀刺毛匪之主犯，令人不疑包為匪諜，而一面則令其女諜包圍，使之專事破壞我反共主要之政治部也。

四月二十四日　星期四　氣候：雨

雪恥：昨晡觀影劇中製（一代妖姬）後，與經兒談話。晚課畢，廿二時半寢。本日休養，心神漸復矣，夜睡亦漸入常態，頭暈已痊矣。

朝課後與經兒共同禱告畢。聚餐後，與經兒談其應請訪美方針與計畫，特別對於俄國歷史只有由東方成吉思汗進攻俄國統治二百八十年之久，決無被西方征服之往例一段，應對美國研究俄史時加以強調也。此外對於水利、鍊鋼、鍊油工業及工農組織，以及其中央情報局之組織皆應考察也。又研討代表大會召開之計畫，與省黨部主任委員必須改派，以李友邦、張立夫[1] 案，皆應由倪文亞負責也。記事後修正五一告工人書稿。午餐後經兒回去。午課後觀影劇。晚課畢，餐後再觀影劇中製（阿里山風雲），此片雖有數處尚須修改，但在中國製片中，當推第一矣。廿二時半寢。

四月二十五日　星期五　氣候：雨　晡晴

雪恥：一、代表大會之準備事項：甲、更改黨名。乙、確定黨的性質，革命乎或平時政黨乎。丙、組織之方式，秘密乎，公開乎。丁、紀律之精神，嚴格統制乎，互保聯坐乎，自動自治乎。戊、改造風氣，革除自私，澈底取締小組織。己、選舉方式。

昨夜睡眠已能入常態為快。今晨朝課後記事，召見本山黨務人員與警政主管，加以勉勵，再捐助增添校舍經費壹萬圓後即起程。雨中路滑，轎伕甚疲勞也，約行三時半到蔣林。午課如常，午後仍不敢辦公，只閱報及檢閱卅八年日記，以分記三冊，思有以訂正之。晡巡視研究院後，入浴。晚宴美眾議員撥款委

1　張立夫，浙江嵊縣人。1951 年 8 月入軍官團高級班第二期深造。1952 年 10 月任總統府高級參謀。1954 年 1 月調任第五十一師師長。

員五人，因其大使館為民主黨員多排在上位，故共和黨員威爾生[1]甚不快也。晚課。

四月二十六日　星期六　氣候：陰晴

雪恥：一、吉田對偽滿與汪[2]偽組織在日產業歸還我政府之爭執，只肯改為得字，而不肯照原議仍用應歸還我國之應字，藉此再事延宕。推其用意，似要等其舊金山和約廿八日生效以後，再圖拖移。今後中日關係將為此等官僚又多增一不良惡因矣，未知其至最後之明日，果能懸崖勒馬否。

朝課後記事，十時入府辦公。約見經援處長史幹克[3]，聽取其回美工作與經過之報告，並呈其共同安全總處長哈利曼[4]來信，表示念舊之意，是其對余在臺之地位已不如去年以前之無視矣。召見五人後，召開軍事會談，決定兵棋演習之日期不變，與招待雷德福程序。督促其新砲裝配與卡車拖砲之計畫，以新砲只有砲身而無砲車也。午課後召見高班學員廿人畢，與妻巡視淡水回，約宴胡伯玉、江新〔星〕初[5]等後閱報。晚課，廿二時半寢。

1　威爾生（Earl Wilson），美國共和黨人，1941 年 1 月至 1959 年 1 月為眾議員（印地安納州選出）。
2　汪兆銘（1883-1944），字季新，筆名精衛，曾任廣東國民政府主席、南京國民政府行政院長。1938 年 12 月間出走，1940 年 3 月 3 日在南京建立政權，出任代理國民政府主席兼行政院長、中央政治委員會國防會議主席。
3　即 Hubert G. Schenck。
4　哈里曼（W. Averell Harriman），又譯哈利曼、哈利夢、哈爾曼、哈立門、哈列門，美國政治家、外交官，曾任駐蘇聯大使、駐英大使、商務部部長、總統特別助理，時任共同安全總署署長。
5　江杓，字星初，上海人。1950 年 12 月，任國防部常務次長。1951 年任行政院駐美採購服務團主任。1954 年 7 月，回任國防部常務次長。

上星期反省錄

一、本周失眠與誤服中藥而瞑眩已極，以後不可再服中藥矣。

二、中日和約，日內閣仍用拷詐延宕辦法，總想多得便宜，至周末形勢已至
決裂關頭，余上角畈山以前，屬岳軍以嚴重警告河田代表，對於偽滿等
在日財產必須歸還中國，此非為小數財產，而乃為法律與公理所在，決
不能再容退讓。今後中日關係之成敗禍福，皆應由日本決擇也。

三、手編總理與總裁重要函電彙編完，此亦平生之願望得償也。

四、核定李友邦槍決，此實對黨整肅之開始重要關鍵也。

五、上山休養甚見效果，失眠症幾乎痊可復元矣。

四月二十七日　星期日　氣候：晴

雪恥：今晡余在圓山軍訓團召見高班學員時，辭修與公超來訪，報告其日方
代表已接獲其政府訓示，遵照我方所爭執之意見簽訂和約，余但覺惶愧而已。
惟和約可得於明日美國舊金山多邊和約生效以前簽訂，則於我政府在國際地
位不僅得以挽回若干，而且數年來一落千丈之墜勢或可由此轉捩而伸長乎。
在這樣慘敗悲劇之中，而仍能以戰勝國地位簽訂對日和約，無異對共偽組織
加以致命之打擊，此實為最大之意義，然並未能消除我革命失敗之責任也。
朝課後到軍訓團召見學員廿人，回蔣林禮拜，吃聖餐，記事。午課後續到軍
訓團，召見學員完畢，此乃本月份重要工作之一也。晡與妻往草廬，入浴，
巡視研究院後回寓，晚餐，晚課。廿二時半寢。

四月二十八日　星期一　氣候：晴

雪恥：一、戶口歸警令應限期實施。二、對包瑞德之斥退交涉。三、政治部職權不令蔡斯再談。四、考試院各部長人選之決定。

朝課後記事，十時到研究院主持紀念周，讀南昌黨政委會調查設計組之成立講詞畢，見閻伯川[1]，其欲要求欲出國參加道德重整會，又聞彼私約日本媾和代表河田宴會被拒絕，此種官僚軍閥之劣性根，永不知有所悔悟滌除，所謂本性難移乎，此人不能再加禮遇矣。對留日青年華僑訓話後在院會餐。午課後審閱學員自傳，召見廿四人畢已十九時，乃即入浴，晚課。餐後觀影劇中製（孽緣），頗有進步。本日十五時，中日和約在臺北賓館簽訂矣。

四月二十九日　星期二　氣候：晴

雪恥：一、立法院任期延長一年案，立法委員尚多異議，必欲由大法官解釋為法律定案，而非政治措施之爭。若輩不知其本身法律地位與政治環境，及人民之心理，所以立法院為一紛亂無紀之集團，乃決定仍用政治命令行之，而俟明年之監察院等任期問題同時解決也。二、國民大會召開問題，立法院長不能無期拖延，否則將為違憲，乃決於本年十二月廿五日為期，先用通訊書面報到方式，一俟人數足額再行召開，只可如此假定也。

朝課後記事，上午入府辦公，召見留美考察空軍官員後，另召見六人。召集一般會談，商討立法院與國大問題。午課後修正五一文稿。往研究院召見廿四人，入浴回。餐後散步畢，晚課。廿二時半寢。本日清晨起，右目濛霧，如亂髮垂漂於目前，並現多數黑點，入晚則如電光閃散，何耶。

1　閻錫山，字伯川、百川，山西五臺人。1949 年 6 月 13 日任行政院院長兼國防部部長，1950 年 3 月 10 日任總統府資政。

四月三十日　星期三　氣候：晴

雪恥：朝課後記事，十時入府辦公，召見鹽工代表後，召見學員六人。正午往陸軍醫院診驗目疾。午課後手錄優劣學員名冊。十六時見日本訂約代表河田，約談三刻時，慰勉之。往研究院召見學員二十人後，入浴回，晚餐，散步，晚課。廿二時後寢。近日目病，故決暫停閱讀，日記亦改寫大字以免加深目疾也。

上月反省錄

一、杜魯門聲明不再競選總統，而哈理曼為民主黨總統候選人。

二、艾生豪決為共和黨總統候選人辭去歐洲總司令之職，而其遺缺由李奇威提補，至遠東總司令則派克拉克[1]接替，此或比李奇威為佳也。

三、月初第一星期之處境最逆：甲、美國駐華海軍武官致函，先來干涉我調換海軍總司令事，繼又由艾奸正式電其代辦藍欽，要求我調換高級將領必欲先得其美顧問團長同意，卒皆據理拒絕不加理會，彼等自覺無理，亦只有不了了之。乙、美陸軍武官包瑞德對我政治部肆意破壞，在其顧問團挑撥誣蔑，無所不至，此乃完全受共匪之操縱，而美國總不自悟，最使人傷腦。現未有妥善之對策，余決要求美使撤換包瑞德，以全邦交也。

四、中日和約本月時陷停頓與決裂之勢，而以月初為甚，最後至廿八日卒告完成，然已橫遭侮辱，實已忍盡人所不堪忍受之苦痛矣。然而此約果能訂立完成，亦為我革命歷史奮鬥中大事之一也。

五、莫斯科經濟會議，俄共用盡各種卑劣手段，以誘惑英、日之通商與韓國之停戰。此實為本月世界局勢最動盪之因素，幸而最後皆無效果，此乃俄史在外交上第一次宣傳攻勢最大之失敗乎。

六、韓境停戰會議至本月幾乎已成可能實現之勢，故最為我國共俘矢誓效忠我政府者之被遣回匪區、任匪宰割之慘事而切憂也。乃發動海內外輿論，呼籲美國為人道計，為其自身反共之信用計，皆無強迫遣俘出賣反共軍人之理由，最後竟得收獲重大效果。美國公佈其志願遣俘之條件決不犧牲之聲明，因之韓國停戰之陰謀亦粉碎無遺，此乃為本月工作中惟一欣慰之一事也。

---

1 克拉克（Mark W. Clark），美國陸軍將領，曾任第十五集團軍司令官、駐奧地利佔領軍司令官，1952 年 5 月起任韓戰聯合國軍總司令。

七、本月被辱受侮乃為近月最大之一次，故憂患亦甚，因之失眠最劇，體力亦覺減損，幸賴上帝護佑，諸患卒能消除於無形。此決非人力智慧所能挽回也，感謝上帝之至。

八、海軍總司令如期調換，不為美之干涉所阻，此乃建軍之基礎，亦為奮鬥之成果也。

九、經濟漸趨穩定，美國軍援之重武器砲類亦於本月始到一批，此亦二年來忍辱奮鬥之效果乎。

十、考試院長本月始得提補，五院乃充實矣。

蔣中正日記
Chiang Kai-shek Diaries

五月

蔣中正日記
Chiang Kai-shek Diaries

民國四十一年五月

本月大事預定表

1. 戶警統一之限期。
2. 兵棋預行演習。
3. 強制游民勞動與不正當職業分子轉入生產建設之設計。
4. 都市土地改革與都市房屋之使用管制。
5. 美國參校派生交涉。

五月一日　星期四　氣候：晴

雪恥：朝課後記事，召經兒來談今晚宴會與總統府後側建築臨時防空休息室。九時半到中央，據報昨立法院黨部舊組織系派為其任期延長一年事大施咆哮，必欲將一年字樣取消，改為至下屆立法委員選出時為止，余堅不允，以此為政治問題，不能擅改法律也。召集總動員會報，最後指示其發動社會與青年，方能使動員能名實相符也。午課後往浴。五時半為美軍援團一年紀念，邀其全體軍官茶會後，與妻車遊東郊，晚課如常。晚約蔡斯等宴會，廿三時寢。

五月二日　星期五　氣候：晴

雪恥：昨日日本與西德共黨皆大舉示威暴動，其範圍之大，為從來各國所未有，此一形勢實予美國以莫大之刺激，馬、艾[1]貽害世界與自害其美國有如此也，韓戰如美不投降於共匪，則此後停戰希望更渺茫矣。

朝課後記事，九時半入府辦公，主持月會後召見十人，與岳軍談招待緒方[2]之準備，送河田[3]以親題之照片，清理土地問題與對共匪民兵村幹問題之積案。午課後，召見學員廿四人，對優劣學員之自述，仍親閱其提要。晚課如常，廿二時後寢。

五月三日　星期六　氣候：晴　溫度：九十

雪恥：朝課後記事，聽取石劍生[4]讀報以節省目力。九時入府辦公，約岳軍談接待緒方與河田昨日話別情形，及對日互派大使問題。召見十人。召集軍事會報，嚴令黃振〔鎮〕球追究高雄倉庫爆炸真因，澈底懲處。與公超談美陸軍武官包瑞得之卑劣罪惡，轉告藍欽切勿再派其來中國助共反華也。午課後召見學員廿四人，入浴，晚課後廿二時寢。本日查驗目病，為小血管破裂也。

1　馬、艾即馬歇爾 (George C. Marshall)、艾奇遜 (Dean G. Acheson)。
2　緒方竹虎。
3　河田烈。
4　石劍生，時任中國國民黨中央委員會秘書處專門委員，9 月創刊《集粹》，任發行人。

上星期反省錄

一、召見軍訓團高級班學員完畢。

二、立法院延長任期問題，前組織部系之邵華[1]等力圖反抗以政治措施用命令解決之程序，必欲用大法官解釋，准其無限期延長，可痛。

三、對河田加以禮遇，蓋彼本人在和談期間乃頗表誠懇也。

四、東京日共大暴動實予美國又一重大教訓，不知其以後對東方政策，將提攜何國為其有力與國矣。

本星期預定工作課目

1. 小、中學訓詞類編。

2. 技術人員與公營事業必須加強黨性。

3. 特辦憲警研究班。

4. 糧食浪費與節約之辦法。

5. 研究室各機構應速設立。

6. 訓練要旨：甲、信仰。乙、黨性。丙、冒險。丁、組織。戊、實踐。己、為親屬復仇。庚、積極。

7. 甲、統一購料與機構之實施。乙、職位分類。

8. 講目：甲、變化氣質改造風氣。乙、黨政人員鬥爭性太弱。丙、發動群眾與社會力量。

9. 科學辦事方法之重要與譬方。

10. 黨加強人事業務。

1　邵華，1948 年任中央訓練團教育長，同年當選立法委員。

五月四日　星期日　氣候：晴

雪恥：克拉克未到東方就職，而已先聲述其來接替李其威任者，是求得光榮停戰也，幾何不為共俄笑煞乎。

朝課後聽報。到研究院召見二十四人回，禮拜後記事。午課後審閱學員自述，十六時到研究院，再召見學員二十四人。本星期日雖目疾在身，仍不敢放棄考選之責，且抵二日工作效用。入浴後與妻視察亦樂山莊回，晚餐後車遊頂北投。晚課，二十二時半寢。

五月五日　星期一　氣候：晴

雪恥：午課後約見法國農民黨秘書長[1]後，召見學員廿四人畢，入浴，晚餐後晚課。

朝課後記事，聽報。十時前到指揮參謀學校舉行開學典後，召見美國顧問攝影後，再作紀念周，宣讀三民主義體系及其實施程序，不勝感慨係之。與曉峯、道藩談立法院咨文事，屬轉警告該院黨員，余決不作違憲之總統，亦不容任何院部有違憲之行動，利害得失任其自擇也，如再不接受我一年延期之覆文，則只有交大法官會議解決，宣布其立法院違憲之一法，該院以後開會為無效也。

1　凱墨拉利亞（Claude de Kemoularia），喬治亞裔法國公民，在銀行和外交領域工作，時任法國農民黨秘書長。

五月六日　星期二　氣候：晴

雪恥：一、傘兵陳總隊長[1]問題及其繼任人選。二、上將退役問題。三、軍校砲兵與校閱。四、留美參校交涉。

朝課後記事，入府辦公，約見紐約時報記者李普曼[2]等畢，召集一般會談。據報立法院已照總統覆諮（延期一年）全體贊成，一無異議，此不能謂非德威之所感也。討論接待緒方來訪程序，與不准伯川出國赴美之請求，此等軍閥本性如此難移乎。午課後仍閱學員自述，接見雷德福海軍上將後，到研究院召見學員十四人，入浴。

五月七日　星期三　氣候：晴

雪恥：昨晚餐後觀月納涼後，晚課，廿二時後寢。今日以左腳股節作痛，近覺上樓梯時已不甚自如，故暫停朝夕跪禱也。

六時起床朝課，記事，聽報。九時入府辦公，對國防會議組織規章與整編之各師師長人選已核定。召見孟緝與羅列[3]及唐君鉑[4]等，聽取其對日本美軍工事機構考察之報告，頗覺欣慰。召集經濟會談，財政經濟已趨穩定矣。午課後接見緒方竹虎後，到研究院召見學員廿一人。入浴，晚課，廿二時後寢。

1　陳麓華，1949 年 8 月任陸軍訓練司令部參謀長，1950 年 11 月任國防部作戰署署長，1951 年 4 月調任陸軍傘兵總隊總隊長。
2　李普曼（Walter Lippmann），美國記者、政論家，任職《紐約時報》。
3　羅列，原名先發，號冷梅，福建長汀人。1951 年抵臺，奉派國防部參議。1952 年任國防部第三廳廳長，1953 年 1 月，任國防部第一廳廳長。
4　唐君鉑，字貽清，廣東香山人。1949 年 8 月，任總裁辦公室第三組副組長。1953 年任聯合勤務總司令部兵工署署長。

五月八日　星期四　氣候：陰晴

雪恥：一、辦事方法一元化、重點化、中心化。二、軍政與訓政之分。三、官僚與浪費糧食為例。四、基層演習與大陸失敗之原因，對基層工作方法最複雜煩瑣者，委之於最無教育知識，更無科學分工合作訓練之役吏，焉得而不敗。五、中間路線與中庸之道之別。

六時半起床朝課，記事。入府召見出國人員訓示，十時到中央開會，解決省黨部主委派上官業佑代理問題，及青年救國團主持機構之決定。午課後到研究院召見學員卅七人後，入浴，晚課。晡訪稚老先生，見其精神尚佳，但其言語不甚順矣。

五月九日　星期五　氣候：陰晴

雪恥：一、官僚習風不僅是封建制度之遺物，而且農業社會所養成之習性：甲、不澈底。乙、不向上、不競爭。丙、無志節。丁、無目的。戊、脫離現實。己、空洞虛偽。庚、反組織。辛、反制度。壬、反科學。癸、反合作、反改造、反紀律，即自私自利之所由來也。二、暑期講習會民意代表與各級學校校長、教授。

朝課後記事，入府約見緒方談一小時，以第二次大戰後英國必欲提攜已滅亡而無國格之法國為五強之一，而必欲將亞洲已勝利之中國使之滅亡一段之感想告之，使其知中、日兩國存則同存，亡則同亡之言為不誣也。召集情報會談。午課後召見學員廿二人，入浴。晚宴雷德福談話，廿三時辭去，晚課後寢。

五月十日　星期六　氣候：晴

雪恥：李奇威在日本卸職以前，乃問何世禮中國尚有其他領袖可以領導中國否，其次為問中國有何指揮野戰卓越之將領。可知美國陸軍馬[1]系對中國與對余之成見如故，時時準備倒蔣以快其意也，能不警惕。

朝課後記事，入府辦公，召見公超，屬其對包瑞德事必欲澈底與藍欽說明，應令其調回，以加強國交也。召見杭立武[2]等，彼報歐美經濟甚足顧慮為念。召集軍事會談，解決游擊隊之食衣問題，與派美考察之官長人選。午課後到研究院視察，入浴。與妻車遊淡水，餐後晚課，廿二時後寢。

上星期反省錄

一、美杜德[3]准將被共匪俘虜，所扣押及其釋放之條件，實開千古未有之奇譚，美國軍人與國民性由此可以表現無遺。

二、法國世界報（保守性）登載費區特拉[4]在其美國安全會所提之報告，竟洩露於普通報章，實亦希有之奇聞，吾信其為真也，可知美國毫無秘密可言，安得不為俄國所玩弄耶。

1　馬即馬歇爾（George C. Marshall）。
2　杭立武，浙江杭州人。1949 年 4 月就任教育部部長，8 月籌組並出長故宮中央博物院聯合管理處（國立故宮博物院前身）。1950 年 3 月，卸教育部長職。1951 年任總統府顧問。
3　杜德（Francis T. Dodd），美國陸軍准將，韓戰期間擔任聯合國部隊巨濟島戰俘集中營指揮官時，1952 年 5 月 7 日巡視戰俘營遭北韓戰俘綁架。
4　費區特拉（William M. Fechteler），又譯費區得拉、費區特拉、費克特勒，美國海軍將領，曾任海軍軍令部副部長、大西洋艦隊司令，1951 年 8 月至 1953 年 8 月任海軍軍令部部長。

本星期預定工作課目

1. 研究菲特列二世著作與亞力山大戰史。

2. 軍官名冊應分三種。

3. 第一次全島反登陸總演習第一段。

4. 海軍總部遷移。

5. 上、下大陳增防計畫。

6. 政治部名稱與職責問題。

7. 裝甲旅長人選。

8. 傘兵總隊人選。

9. 第二段演習之日期。

10. 端節金嫂家之送贈。

五月十一日　星期日　氣候：晴

雪恥：目疾漸減，但尚未大癒也。

朝課後記事，召見宗南，聽取其上、下大陳整頓遊〔游〕擊部隊之經過，以及美員合作之情形。彼言所謂鐵幕嚴密之言，今方知其並非事實云，聞之為慰。禮拜如常，正午約國楨主席家人聚餐，以其夫人將出國嫁女也。午課後遷後草廬住宿，往草廬入浴，晚課，廿二時寢。

五月十二日　星期一　氣候：晴

雪恥：朝課後手擬講詞要目。十時前到研究院，舉行十七期學員結業典禮，講演足二小時之久，尚不甚倦。聚餐後，即回後草廬，宴緒方與嘉

治[1]，暢談中、日反共與兩國前途，切勸其日本速即發布共產黨為非法組織，方能建軍安國也，彼以警察實力不足，故其政府不敢宣布也。午課後記事，往草廬入浴。與妻出遊回，晚課，廿一時半寢，近日睡眠甚佳也。

五月十三日　星期二　氣候：陰

雪恥：余昨對緒方稱中、日兩國關係「存則共存，亡則共亡」。彼答曰「共存共榮」。此乃其不知中國之哲學與人格，如只能共安樂而不能共患難者，非君子人焉之意義，難怪其不明余亡則共亡之言也。

朝課後九時到軍訓團，聽取兵棋總演習之計畫報告後，巡視高級班畢回。午課後記事，剪報，入浴。與妻巡視淡水，晚課，廿二時寢。

五月十四日　星期三　氣候：晴

雪恥：朝課後八時到總統府兵棋室，聽取參謀部演習總長徐培根[2]報告此次演習一般計畫畢。十一時半到國防醫院診查目疾，據稱已癒十之八矣，即在蔣林休息。午課後十四時到蟾蜍山防空部，巡閱空軍演習作業，十七時回寓。記事，入浴，散步，晚課，廿二時前寢。今日閱杜勒斯由法國見艾生豪後回美所發表之第一篇演說，對余表示同情與精神援助之意，乃其預為明年當政後外交政策之趨向乎。

1　嘉治隆一，日本政治評論家。1945 年 9 月至 1946 年 4 月任《朝日新聞》「天聲人語」專欄主筆。1947 年任出版局局長。之後歷任獨協大學講師、文部省大學設定審議會委員等職務。

2　徐培根，字石城，浙江象山人。1951 年 4 月任國防部作戰參謀次長，1954 年 7 月升副參謀總長。

五月十五日　星期四　氣候：晴

雪恥：朝課後八時到聯勤總部，聽取聯總作戰準備一般之報告及兵棋演習之情況。十一時到憲兵總部巡視演習之情況，正午回蔣林。午課後與經兒談編印總理與總裁重要函電彙集，及緯兒留美學習事。十四時到陸總部統裁兵棋演習，至十七時畢回，休息，往浴。晚課，膳後研究八仙山遊覽旅程，廿二時寢。

五月十六日　星期五　氣候：晴

雪恥：朝課後記事，九時到保安司令部，巡視臺北市對降落傘兵演習（掃盪），與該部對於全臺保安計畫之準備工作，蔡斯乃知臺灣真為亞洲第一安全之區域也。十一時到陸總部，巡閱最後階段演習，以該總部有犯統裁部之規定，故停止演習，靜待講評之裁定。午課後到軍醫院檢查身體，據云內部各部分比去年更增健全為慰。往浴，晚課後宴周、胡[1]等畢，廿二時半寢。

五月十七日　星期六　氣候：晴

雪恥：朝課後記事，十時前入府辦公，會客三人，召集軍事會談，令宗南報告上、下大陳整編游擊隊經過及應補充事項。正午宴評議委員，詢問雙十節召開黨代表大會意見。午課後審查銓敘與考選二部長、次長人選後，往浴，車遊山下一匝回，與孟緝談日本教官留用業務與組訓問題。晚餐後晚課，廿二時半寢。

1　周、胡即周錦朝、胡宗南。周錦朝，旅美舊金山華僑領袖。

上星期反省錄

一、十六日十四時空襲警報，因由雷達發現閩海敵機群也。

二、十七日為美國武裝部隊節日，美國軍隊在美國、德國均大事校閱，其陸、
海、空軍首長皆對俄共有露骨之表示，顯示大戰之期不遠矣。

三、夏季兵棋總演習實施完結。

四、緒方離臺，經港赴泰，其表示反共頗誠也。

本星期預定工作課目

1. 曹翼遠[1]、楊君勱[2]可任次長。

2. 馮世範[3]留院。

3. 楊希震[4]臺大教授召見。

4. 海軍參校畢業典禮。

5. 英、美、法對德和平簽約？

6. 約見范魁書[5]研究院、梁興義[6]臺黨部。

7. 講詞編輯分上、中、小三種程度教材分類。

8. 黨員下鄉總動員，幹部制度之督導。

9. 人事審核會之加強升降賞罰人數考核。

1　曹翼遠，字子羽、劍萍，浙江蕭山人。1952 年 7 月任銓敘部政務次長。

2　楊君勱，山東肥城人。曾任內政部民政司司長、考試院參事。1952 年 7 月任考選部政
務次長。

3　馮世範，字先之，1928 年獲浙江省政府首屆縣長考試第一名，試署淳安縣長。1930 年
調任餘杭縣縣長。

4　楊希震，字葆初，湖北棗陽人。1949 年至 1954 年任政治大學代理校長。

5　范魁書，字占元，河北寧晉人。1950 年調國防部總政治部第七組組長，1954 年奉調國
防部軍法局副局長。

6　梁興義，號仁甫，山東嘉祥人。國民大會代表，時任中國國民黨中央改造委員會訓練
委員會總幹事。

10. 理論與政策特重，中央幹部派海外工作。

11. 考校黨員之獎核。

12. 黨義教師與教材之特別準備。

五月十八日　星期日　氣候：晴

雪恥：朝課後記事，整書。與經兒談緯兒留美，及裝甲兵旅長是否留任問題，余主另任優秀人才，不宜代理名義，以為示範作用。與賈院長[1]商談考選與銓敘二部長，決定以史、雷[2]二人補任也。禮拜後即乘火車，往遊竹南獅頭山佛教名地，經兒與文孫陪行也，其道路森林全是內地名山方式，惟各寺院規模太小，其中以開化與海會二寺為最大，然不足與內地比較矣。晡回竹南車站，經兒、孫等回臺北，余乘車至新浦〔埔〕海邊休息，晚餐，夜宿車中，午課、晚課如常。

十五時在途中空襲警報。

五月十九日　星期一　氣候：晴　溫度：八十九

雪恥：在車上朝課，九時在左營站下車，進駐澄清樓。朝餐，記事，記上周反省錄，聽報。考慮全國代表大會黨的改造問題，對於腐劣之中央委員淘汰除名，應分別行之：甲、背叛黨國、投降附匪。乙、背離主義、違反黨紀。丙、擅離組織、潛逃國外者皆除名。午課後聽判公文，接哈雷[3]致其國防部戰史編

1　賈院長即考試院院長賈景德。

2　史、雷即史尚寬、雷法章。雷法章，湖北漢川人。1948 年 7 月，出任考試院秘書長，1952 年 6 月，調任銓敘部部長。

3　即赫爾利（Patrick J. Hurley）。

纂〔纂〕主任長函，歷述余與史迪威[1]糾葛經過事實，不勝欣慰。當此失勢之極時，尚有人能為余仗義執言，可知美國民族性之公義尚俠，不同於其他自私之民族也。晚課，廿二時半寢。

五月二十日　星期二　氣候：晴　溫度：八十九

雪恥：朝課後記事，聽報。英國對大陸匪區已決定放棄其三億金磅之財產與五千萬磅之商業債權，停止通商，撤退英僑，此一行動實比絕交與撤消其承認共匪政權之意義與作用更為實際與嚴重也，自於我為有重大影響。英國此種自食其果之惡報，更證明吾人之奮鬥與堅忍為不虛，豈非革命精神戰勝橫暴自私之帝國主義之效果乎。曉峯來談本黨代表大會之準備計畫，約二小時。午課後聽判公文，指正講稿。晚課後約樵峯[2]等聚餐，廿二時半寢。

五月二十一日　星期三　氣候：晴　溫度：八十九

雪恥：朝課後九時到海軍軍官學校，舉行指揮參謀學校第一期生畢業典禮，致訓，點名，召見日本教官慰勉之，召見美顧問貝樂理，促其對參謀學校教材完全供給，以美對海、空軍學術對我尚不願貢獻也。十一時後回寓，研究全國大會準備要旨與計畫，與曉峯商談開會方針。午課後聽報，聽判公文。晚課後約曉峯與海、陸將領聚餐，曉峯提出收復大陸後建國要點，注重軍事學術與科學集合研究也。

1　史迪威（Joseph W. Stilwell），美國陸軍將領，曾任駐華美軍司令、盟軍中國戰區參謀長，1944 年蔣與史迪威發生衝突，史稱「史迪威事件」。
2　俞飛鵬，字樵峯，浙江奉化人。1947 年 7 月任行政院政務委員兼糧食部部長，1949 年6 月任招商局董事長，1954 年任中央銀行副總裁。

五月二十二日　星期四　氣候：晴　溫度：八十四

雪恥：一、國防大學組織與課程之研究。

朝課後由澄清樓出發，九時半到岡山乘機起飛，十一時後到陽明山後草廬寓所，涼爽異常，乃知高雄之熱為苦也，妻以余體瘐〔瘦〕為憐，目疾更烈矣。午課後入浴，聽報，讀杜勒斯對國際共產之政策，頗為欣慰，彼等昔皆主張臺灣由國聯托管，為建立臺灣國，而以余不問政治，為其救時之良策，而今則一反其所想，且以中國前途不能歸之宿命，而其意以協助我恢復獨立為其基本政策矣。

五月二十三日　星期五　氣候：雨

差記一日。[1]

雪恥：據醫生云，目中血管破裂已無痕跡，則目疾似癒，但閃電與黑點仍覺存在耳。

朝課後記事，十時入府辦公，約見華美協進會長克拉克[2]將軍後，召集情報會談，第二廳情報工作較前進步矣，與侯騰談國防大學組織與課目精神。午課後校正第十七期（研究院）結業訓詞未完，目疾雖未痊癒，但工作繁重，迫不及待矣。晚課後廿二時寢。

函吊馬歇爾夫人[3]前子之喪，不以其夫殘冷而棄絕，以馬妻頗知禮尚義也，但函尾仍附問馬也。

1　5 月 23 日、24 日日記記於顛倒位置，此處依序順排。
2　克拉克（Edwin H. Clark），美國少將，華美協進社理事長。
3　凱薩琳‧馬歇爾（Katherine T. Marshall），馬歇爾夫人，美國女演員、作家。

五月二十四日　星期六　氣候：陰

雪恥：昨晡獨遊草山公園，在其上池之畔靜觀半小時，引「為有源頭活水來」句自娛回。晚課，餐後在廊前納涼，廿二時寢。

廿四日朝課後，校正訓詞未完。十時後入府辦公，召見六人畢，召集軍事會談，美軍援團通告其軍援範圍及於臺、澎以外，金門與大陳等島矣。蔚文[1]報告其越南被繳械之部隊，全部集中富國島，官兵生活與精神皆較前大增為慰。臺能自立，則該部遲早必可調回也。午課後校正訓詞未緩。晚宴克拉克後，晚課，入浴。

上星期反省錄

一、近觀杜威[2]以尊重亞洲人之人格與杜勒斯對共政策論文，以及其他主要人士不僅對臺灣重視，為東方反共惟一之堡壘，而且因之引起尊重之地位與黃種之人格，此乃兩年前世人之所夢想不及也。燕雀安知鴻鵠之志，此實予馬歇爾、艾其生等共匪功狗最大之教訓也。

二、韓國停戰會談，卓伊[3]稱共匪謊言復謊言，與巨濟島共俘營之暴動等等，對美國層出不窮之誣蔑詆毀情勢，或已超過其在卅五年時三人會議與北平調解會議各種對國府之污辱，而當時馬歇爾一意庇共侮我之卑劣言行，孰料其未至五年乃竟由其美國自食其果。論理馬之對美，乃為一不智不忠、頑固自私，不僅貽害美國，實乃為禍世界人類之首魁也。

1　林蔚，字蔚文，浙江黃巖人，1950 年 2 月，任東南軍政長官公署副長官；3 月，改任總統府戰略顧問。1953 年，改任總統府國策顧問。

2　杜威（Thomas E. Dewey），美國共和黨人，1943 1 月至 1954 年 12 月任紐約州州長。

3　卓伊（Charles Turnes Joy），美國遠東海軍部隊指揮官、韓戰停戰會議聯合國資深代表。

五月二十五日　星期日　氣候：晴　溫度：八十二

雪恥：朝課後繼續整理講詞。十一時到蒔林禮拜回，再整講詞，對農業社會與工業社會之習性研究頗費心力，但自信其所得為不誤也。午課後記事，續整講詞。召緯兒，談其留美入參校方針，聽取其在裝甲兵旅三年來苦心努力之經過，頗覺欣慰，擬准其續任旅長一年，再出國留學也。晡車遊山下一匝，入浴，晚課，廿二時寢。

五月二十六日　星期一　氣候：晴　溫度：八十三

雪恥：一、約見陳長桐[1]。二、職位分類之研究。三、國防大學地址應即指定。朝課後整理研究院十七期結業訓詞稿完。十時到參校（即舊軍訓團址）主紀念周訓話畢，與孟緝談兵學研究會組織與地址，召見黃校長[2]詢校務，巡視高級班後回。午課後記上月反省錄及記昨日記，與至柔商對克拉克所問各題方針。晡與妻巡視淡水，入浴。膳後晚課，廿二時寢。

五月二十七日　星期二　氣候：晴

雪恥：本日三國與西德和平契約訂立完成，俄國及其傀儡東德咆哮不已，且以內戰相恫嚇，西歐形勢自加險惡，然而最近不致因此暴發大戰也。

1　陳長桐，字庸孫，長期擔任中華民國駐世界銀行常任代表；後升任中國銀行副總經理、總經理。

2　黃占魁，字纘軒，曾任聯合勤務總司令部運輸署陸運司副司長、司長。1951 年至 1955 年間任陸軍指揮參謀學校校長。

朝課後整理關於誓詞意義之講稿，記事。入府辦公，召見孟緝、孟堅[1]，談日本教官聘約與運用計畫後，接見菲國僑胞藝宣隊等數十人畢，會客六人，召開宣傳會談。午課後續整講稿，與妻車遊山下一匝，入浴。晚課如常，聽報後，廿二時寢。

五月二十八日　星期三　氣候：陰雨

雪恥：英、美、法宣言駐軍西歐，如西德退出西歐聯防，三國採取一致行動云。

朝課後續整講詞稿。入府辦公，召見十餘員，簽核任免令。與至柔談登陸反攻非先擇一灘頭據點固守不落不可，但戰事應在據點以外機動主攻，發展據點防禦，不過預防匪軍滲透與奇襲而已，故福州亦可選為據點，蓋只要有土地、有軍隊，決無不可守之事也。正午召宴經、緯二家，惟經兒往南區視察，故未能參加也。

五月二十九日　星期四　氣候：雨

雪恥：昨午課後續整講稿（關於讀經問題之意見）。十七時約留菲華僑茶點畢，與克拉克談話一小時，屬其為余與艾生豪之間任聯絡之職也，晚課如常。今日以整稿太久，字跡太小，故目疾加重。

本日朝課後記事，十時後中央常會通過雙十節舉行第七屆全國代表大會案，研討對青年黨兩派調解方針。午課後續整講稿，聽報約半小時，往浴，晚課，廿二時後寢。

1　蔡孟堅，字侔天，江西萍鄉人。1949 年政府遷臺後，擔任過蔣中正駐日本私人代表、時為國民大會代表、經濟部顧問。

法國共黨為反對李奇威到法而大示威，共黨與法警互有損傷，其共首被捕受審也。

五月三十日　星期五　氣候：雨

雪恥：日共與德共本日各在其東京與西柏林示威暴動，柏林死傷更多。韓國共俘又在永川與巨濟島暴動肇事，共匪攻擊美國衛兵，美兵開槍，死傷匪俘七、八人。俄國之到處威脅挑釁，已毫無顧忌，試看美、英如何對付，大戰之期其果能延緩到幾年乎。

朝課後續整講稿。十時入府辦公，見賈鈺〔煜〕如、林春光[1]等。林報板門店談和經過，美國代表開始即樹白旗向板門店，會談形同降伏，而共匪乃以戰勝姿態對美，其他美國幼稚天真之笑談太多。說及共俘中竭誠效忠於我，而死不回共區之內情，又使余悲愧感歎，不克自制矣。

五月三十一日　星期六　氣候：陰

雪恥：昨午財經會談，財經情形日漸穩定，財經各主管亦較能和衷相處，此心倍覺欣慰，銀行存戶准由財政機關抄報，使富者無法逃其所得稅也，此又為我國財政之創舉。臺省財政之進步，吳、任[2]實有大功，年初調換臺灣銀行人事之政策，至今方見其效矣，甚覺自慰。午課後記事畢，續整講稿（當前幾個問題的答案）完，此篇將佔重要地位乎。入浴，車遊一匝，晚課。

1　林春光，1950 年時任海軍總部通訊處處長，1950 年 3 月 4 日至 4 月 2 日在革命實踐研究院第四期研究。
2　吳、任即吳國楨、任顯羣。

朝課後補整講稿，以保羅比孟子，以四福音比四子書，頗覺自得。召見二員後，召集軍事會談。午課後記事，往浴，與妻車遊山下。經兒由南部回來，報告軍隊改編情形，官兵一致遵行並無異辭，此為從來所未有之進步，其歸功於圓山訓練之奏效宜矣，士兵進步求智心切比官長更速，尤覺欣慰。晚餐後晚課，廿二時寢。

上月反省錄

一、端午節金之分送,最後發給之親友與數目,皆能近情安心,得以自慰,惟王氏兩舅父未能事先邀其來臺,或已被共匪所陷,時用懷念,對於先慈有虧子職也。

二、三個軍之縮編,全軍官兵遵令實施,毫無異議,尤其粵軍師長張其中[1]等更為誠精,此乃圓山教育奏功之效也。

三、財政、經濟至本月而益臻穩定,內部人事亦漸協調,最足自慰。

四、立法院任期案仍用政治方法明令解決,最後卒無異議,黨威漸立矣。

五、日本構和代表回日,緒方來臺訪問,皆以誠心相予,或於今後中日邦交有益。

六、研究院第十七期學員如期結業。

七、上官業佑調任臺省黨部主委,黨內糾紛之一乃告解決,但派系仍在,可慮。

八、上、下大陳防務因宗南來臺會議,大體已得解決增強為慰。

九、總兵棋演習第一段已如期實施。

十、中央會議通過雙十節召開第六〔七〕屆全國代表大會。

十一、海軍參校第一期畢業,順遊獅頭山,但未能如計遊覽八仙山也。

十二、目疾尚未痊癒為慮。

十三、華美協政〔進〕會會長克拉克君來訪,屬其作余與艾生豪間任聯繫工作。

十四、李奇威捨東京盟軍之職,赴歐繼艾生豪之任,彼對遠東問題一年來仍甚天真,一如馬歇爾充任俄共之演員,為共匪玩弄於掌上也。

1　張其中,字持正,廣東蕉嶺人。1950 年 1 月,擢升第六十四軍軍長,駐守海南,親率所部迎擊來犯共軍,奮戰兩月。嗣後奉命轉進來臺,旋任第六十四師師長、七十五軍副軍長兼臺南師管區司令。

十五、共匪至今尚未敢向越南參戰，是其兵力已為韓戰牽制不能再進乎。

十六、國際局勢至本月底對於東西冷戰自第二次世界大戰結束以後告一段落，今後當為第二段之開始最大之變態：甲、西德波昂條約之訂立與西歐六國聯防協定成立。乙、日本、德國、法國共黨之大暴動。丙、韓國俘虜營之暴動與交涉，以及板門店談和之現狀，實乃演成千古未有之奇觀矣。

六月

蔣中正日記
Chiang Kai-shek Diaries

民國四十一年六月

本月預定工作課目

1. 周、郭[1] 意見應速消除。李樹正[2]、王丕承[3]、戴高翔[4] 調職。

2. 新編三軍改編完成。

3. 日本教官運用計畫。

4. 越南部隊遣歸交涉與計畫。

5. 派員赴美考察之指示。

6. 上月兵棋演習總講評。

7. 軍事動員機構之促成與督導。

8. 院、團優生派員經常聯絡考察。

9. 保荐人才之督導。

10. 軍校廿八年校慶典禮。

11. 卅二師總校閱與衛戍部隊成立。

1　周、郭即周至柔、郭寄嶠。郭寄嶠，原名光霱，安徽合肥人。1950 年 4 月，特任副參謀總長。1951 年 2 月，出任國防部部長，兼美援運用委員會委員。

2　李樹正，字清源，甘肅皋蘭人。1951 年 8 月，任國防部部長辦公室主任，1952 年 9 月，任國防部戰略計劃研究委員會委員。

3　王丕承，1951 年 12 月出任國防部參事室陸軍高級參謀。1952 年至 1963 年任國防部物資司司長，負責軍隊武器裝備的採購與分配，軍事設施的建設。

4　戴高翔，時任國防部人員司司長。

12. 全國代表大會之使命與要務（創造性）：釐訂政策，集中人才，創造風氣（行動實踐）。

13. 各省區黨政主官之遴選。

14. 核心幹部問題。

15. 派騮先[1]赴德聯絡與視察。

16. 國防會議之組織。

17. 財經設計小組之組織。

18. 軍公教人員待遇提高之實施。

19. 戶藉〔籍〕歸警察主持。

20. 傘兵總隊改組之督導。

21. 指派專員經常聯絡優等人員。

22. 日本海軍少將級人才之網羅，富岡。

23. 匪幹對鄉鎮組織之統制及鬥爭技術，與壯丁、與槍械統編方法之研究。

24. 剿匪戰術觀測目標:專對敵陣官長，專探敵軍各級指揮部所在地之技術訓練。

六月一日　星期日　氣候：雨

雪恥：一、嚴懲顧與張走私欺財。二、不令顧參加會報。三、校閱海空演習。四、召見學員。

朝課後記事，聽報，記本月工作預定表，禮拜。正午召宴根本博[2]與白鴻亮，以根本博將回國也。午課後檢閱一周來工商等報社論，其對國際問題有研究也。往浴，晚課後召宴國楨及沂芳[3]二家屬，與國楨談臺灣政治與建設，本年

1　朱家驊，字騮先，浙江吳興人。1950 年 3 月，任總統府資政，7 月，創辦《大陸雜誌》。同時是中國國民黨中央評議委員。

2　根本博，為最後一任侵華日軍北支那方面軍司令官。1949 年 5 月至 1952 年 6 月，化名「林保源」赴臺灣協助訓練軍官對中共作戰。

3　孫沂芳，宋美齡之英文秘書。1959 年 6 月任西北航空公司臺北分公司副總經理。

實有長足進步，財政尤然，此乃二年休養生息努力整頓之效也。

六月二日　星期一　氣候：雨

雪恥：一、約牟宗三[1]談話。二、黨部應加強人事業務。三、幹部制度之督導。四、約見范魁書。五、人事審核會之加強考核，人數與成績如何。六、馮世範地址查報。七、召見楊希震。八、網羅人才之方法及組織專務。

朝課後手擬講稿要旨。十時到研究院十八期開學典禮講演（最近國際局勢之發展與中國反共之地位），約講二小時之久。午課後記上月反省錄。往浴，晚課。續整土地國有要義講詞，廿三時前寢。

六月三日　星期二　氣候：陰晴

雪恥：一、召見徐世騏[2]、張立夫、胡炘[3]、郝柏村[4]、吳嘉葉[5]、郭永[6]。二、人才網羅組之組織。

1　牟宗三，字離中，山東棲霞人。1949 年後到臺灣省立師範學院與東海大學任教。1954 年受聘為教育部學術審議委員。獨力翻譯康德的《三大批判》，融合康德哲學與孔孟陸王的心學，互相詮釋，是新儒家代表人物。

2　徐世騏，1948 年 2 月漢口市保安旅旅長，來臺後任第六軍官戰鬥團副團長，1955 年 11 月任國防部參謀總長辦公室副主任。

3　胡炘，字炘之，浙江永嘉人。1951 年 2 月，任第六十七軍參謀長。1952 年 9 月，調任總統府高級參謀。

4　郝柏村，字伯春，江蘇鹽城人。1950 年 6 月至 1953 年 10 月，任總統府戰略顧問委員會辦公室參謀。

5　吳嘉葉，號其蓁，浙江浦江人。1950 年 7 月，改任第七十五軍第十六師參謀長。1952 年 3 月，調任第四十一師副師長。1952 年至 1955 年 7 月，任總統府第二局參謀。

6　郭永，號頤卿，又名濟中，湖南醴陵人。1950 年 3 月，任第五十二軍副軍長兼第二師師長，9 月任第五十二軍副軍長。1953 年 3 月，升任第五十二軍軍長。

朝課後續整講稿（土地國有之要義篇）完。十時前入府辦公，主持本府之國父月會，指示考試工作與方針後，召開一般會談，商議國民大會之法定人數及召開之準備，余主張最快明年召開為妥，最好能不開也。午課後，記事，重審講稿。往浴，與妻車遊淡水回。晚膳後晚課，廿二時寢。

六月四日　星期三　氣候：晴

雪恥：共匪發表與日本在北平代表簽訂易貨之契約，以引誘其通商，而阻礙我中日和約之通過也。

五時半起床朝課，記事。七時半出發，九時前到基隆，乘德安艦出港。途中聽沈錡[1]讀報，艦上聽馬[2]總司令說明今日海、空軍聯合演習計畫後，即在艦上參觀演習。以代表艦團之登陸艇，因其拖標在途中為風浪折斷脫落，該艇乃即回程尋拖標，不能隨輔航艦前進。其幼稚至此殊所不料，竟成笑話。其他課目演習尚佳，直至十四時半回港午餐，蔡斯、貝樂利皆參加也。回寓後往浴，途中晚課。晡與妻徒步遊覽陽明公園。膳後車遊一匝回後，因重校土地國有講稿，又失眠矣。

六月五日　星期四　氣候：雨

雪恥：朝課後續校講稿，闡明總理所說「民生主義就是共產主義」的旨意一段，頗費心力而自得也。十時半到中央開總動員運動本月會報，經濟、政治、

1　沈錡，號春丞，浙江吳興人。1951 年 3 月，任政府發言人辦公室第一組組長。1952 年 4 月，正式奉派為總統英文秘書，11 月兼機要秘書。1954 年 8 月，兼任中國國民黨中央委員會第四組副主任。
2　馬即馬紀壯。

社會各組，上月皆有成績，工作漸入正軌，注重重點為快，指示要領亦不遺餘力也。午課後記昨日事，審閱日本教官聘用計畫方案，批示後決定，自信此一工作必能發生功效也。接見美遠東海軍司令克拉克[1]後，往浴，晚課。膳後讀詩，廿二時寢。

六月六日　星期五　氣候：陰晴

雪恥：一、平均地權的方法，不僅可以解決土地問題，而且可以達到耕者有其田的目的。

朝課後重校講稿。十時入府辦公，召見馬坤[2]等六人畢，召集情報會談。午課後記事，聽報。到軍訓團高級班第三期訓話，說明政工制度與反共抗俄戰爭成敗之關係畢，聚餐後回。往浴，晚課，讀詩，廿二時後寢。

六月七日　星期六　氣候：晴

雪恥：一、共產主義是要澈底消滅私有財產制，民生主義是保護合理的私有財產制，而且獎勵合理的私人企業，共匪則不僅沒收私人資本，而且要徹底消滅私人資本。我們將來亦認合作農場為耕者有其地與平均地權的方法之一，但必由人民自己管理與經營，在互助合作之下，養成民有、民享與民治的制度，決非如共匪集中在其偽政府之手，以合作名義，而實為沒收充公，置民於死地也。

1　柯拉克（Josef J. Clark），又譯克拉克，美國海軍將領，曾任第七艦隊第七十七特遣隊司令，1952 年 5 月至 1953 年 12 月任第七艦隊司令。
2　馬坤（Morris Cohen），生於波蘭的猶太人，為孫中山護衛，有「雙槍馬坤」的稱號。

朝課後審閱財政會議講稿。十時到省財政會議訓話,回府辦公。召集軍事會談,據至柔報告,克拉克海軍第七艦隊司令稱,照其政府現有政策,在臺灣還是中、美兩國要自定各別作戰計畫,而不能定聯合計畫。可知杜、艾對我臺灣,仍待共匪來攻佔也,可痛極矣。

上星期反省錄

一、臺省財政會議,整頓稅收當有進步。

二、軍訓高級班海、空聯合演習亦有進步。

三、中央總動員會報,上月業務已有效果。

四、十日來雨水調暢,年豐可卜為慰。

五、美艦隊克拉克司令來臺訪問,乃知其政府對臺政策仍與二年前一樣,並無變更。

六、艾生豪回美後言論,對遠東問題及麥帥出處等似於我無礙,於其政府對華政策認為悲慘的失敗,現政府應負其責云。

七、日、德、法三國共黨之暴動示威尚在進行。

八、日本眾議院已通過中日和約。

九、紀念周講演國際現狀與將來變化之判斷,以及審核土地國有及總理所說民生主義就是共產主義旨意之闡明,實為重要著作也。

本星期預定工作課目

1. 陸戰隊旅長人選。

2. 兵學研究所址。

3. 催運李彌武器。

4. 兵棋演習之講評。

5. 規定經國家用補助費。

6. 軍校校慶。

7. 網羅人才，各別聯絡之計畫。

8. 研究院十八期點名。

9. 召見傍聽人員。

10. 指示郭寄嶠用人方針。

11. 收復區之糧食、壯丁、保甲、槍械、警衛之單行法。

12. 訓練要注重使受訓者解決當前問題為第一。

13. 黨員必須兼任中小學教員與社會教育。

六月八日　星期日　氣候：晴　夜雨

雪恥：昨午課後重修土地國有講稿，引述總理土地國有而不必收歸國有之語，以闡明國有之政策一段，頗費心力也。往浴，記事，晚課，宴克拉克司令，廿二時寢。

朝課後記昨日事，記上周反省錄，禮拜如常。午課後補校講稿，增加土地國有與土地收歸國有，及不收歸國有之政策大有區別一段，又增加民生主義就是共產的總理旨意之闡明，自覺皆甚有力也。往浴，晚課，背誦唐詩，廿二時寢。

六月九日　星期一　氣候：雨晴

雪恥：一、發叔銘川費。二、第十八期研究員點名。三、兵學研究會址。四、發經國家用。

朝課後審閱行政院設計委會所擬，收復大陸後政治措施各方案大綱十種，惟土地問題尚洽我意之外，其他皆為閉門造輻〔車〕之談。人才缺乏如此，奈何。十時軍訓團參謀學校紀念周，宣讀目前幾個重要問題之答案，說明總理創造三民主義，期待建立現代化國家與政府不成之原因，就是未有現代化公務人員之故，今後必先養成現代化之公務員，然後方能建立現代化之政府和國家也。對參校教職學員點名後，與孟緝視察兵學研究會地址，北投三處皆不相宜也，乃決利用石碑〔牌〕情報訓練班原址為研究會所也。

六月十日　星期二　氣候：晴

雪恥：昨午課後記事，重校土地國有要義講稿完。與叔銘談話，屬其赴美切勿與邦初有關之人相晤，免被其利用造謠也。往浴，與妻車遊一匝。膳後晚課，廿二時後寢。

朝課後記事，聽報。十時入府辦公，召見徐康良等十餘人。召集宣傳會談，研討美國大選形勢，與美、日人士來臺訪問者日增，此乃對我形勢好轉之象，然而應接不遑為苦。審定對美國新聞雜誌之問答稿，午課後校閱卅五年四月間日記，不知當時對共匪與馬歇爾之忍耐程度如何竟能至此也。到研究院對第十期學員點名，與妻車遊。膳後晚課，廿二時後寢。申刻經兒來談。

六月十一日　星期三　氣候：晴

雪恥：久想在「雲海雲山雲面寺，道天道地道中人」之下續句，近得「千秋氣節久彌著，萬古精神又日新」二句，成為一首七絕矣。

朝課後審閱卅五年五月初日記，忍受馬歇爾壓迫之程度，至今回想，不知當時如何能忍耐至此，自亦不知其所以然矣。十時入府辦公，召見美國務院中

國事務科科長[1]，再召見六員。正午宴評議委員。午課後記事，續閱日記後往浴。與妻車遊大屯山鞍部，以霧重中途折回。膳後晚課，廿二時後寢。

六月十二日　星期四　氣候：雨

雪恥：十四日為先慈忌辰，每念臨終之語，更悔罪孽深重矣。

朝課後續閱卅五年日記。十時到中央開常會，討論全代會選舉代表法及總章修改要旨，再研究發表關於經書問題答案之方式。午課後記事，續審日記及審核崔書琴同志對土地國有之意見書，書生對於學術之成見往往如此，可歎。往浴，與妻車遊蔣林。晚膳後廿二時晚課後寢。

預定：一、每一國民納入其組織與指定其工作。二、行動與戰鬥應求合一為要。三、發給經國家用補助費。

六月十三日　星期五　氣候：陰雨

雪恥：明日為先慈忌辰，近更愧悔當日忤逆罪惡之重大，誠為一生惟一之遺憾也，追悔何及。

朝課後續審卅五年五月日記。十時入府辦公，約見許士恪〔恪士〕[2]等十餘人，審核派美參謀學校留學生二員後，召集財經會談，商討文武待遇之平等與提高待遇時，應保留一部之預備臨時費，以期周轉也。據國楨報告，此次全省財政會議，整頓地方稅收，防制遺漏後，可增每月收入二千五百元，殊為難

1　詹金斯（Alfred Jenkins），前美國駐華使館二等秘書，時任國務院中國事務科科長。

2　許恪士，1947 年 5 月，出任臺灣省政府教育廳廳長。直至 1949 年 5 月間，以健康為由請辭。身體康復後即到臺灣大學擔任哲學系教授。

得，則軍公教人員待遇之提高已無問題為慰。午課後審閱上紀念周中之國際局勢講稿後，往浴，與妻車遊一匝。膳後晚課，廿二時後寢。

六月十四日　星期六　氣候：晴雨

雪恥：曹叔彥[1]曰：「人子於親喪之初，悲哀痛疾，天良發不可遏……屬續聽息之時，猶冀有一線之生機，而親竟長往不返，呼號攀援，直欲舍生而從之也。」今日為先慈忌辰，朝課後敬讀哭母文，至「自此兒雖連聲直呼，不復聞吾母之咳唾。猶憶當時，兒全身倚扶母背，因覺吾母呼吸異常迫促，乃不忍離背回身而正視，然竟因是不獲睹最後慈容之悲戚，嗚呼恫矣！」一節，更覺曹文之能表達其悲戚之忱，自愧不如也，並增補「乃不忍離背回身而正視」句，以達當時之情景也。禁食，朝餐如常。十時入府辦公，召見汪奉曾[2]等十人。召集軍事會談，乃知美對我軍援，卅一年度僅來百分之四十，而本年度則一物未到也，可痛。午課後審閱卅五年六月日記，適亦至先慈忌辰也。審閱校慶講稿，往浴，晚課。八時召集經、緯二家來山作忌辰，禱告，聚餐，廿二時寢。

上星期反省錄

一、寄僑〔嶠〕與至柔不洽，為國防部分業關係，應予解決。人鳳對經國有戒懼之心，亦應設法消除之。

1　曹元弼（1867-1953），號叔彥，江蘇吳縣人。著有《大學通義》、《中庸通義》等。
2　汪奉曾，湖南長沙人。1950 年 5 月，任臺灣省警備總司令部警備旅第二團團長，後任國防部警衛團團長。1952 年 7 月至 1953 年 6 月，奉派赴美陸軍指揮參謀大學留學。

二、臺省財政會議結束，從此財政整頓又一進步。國楨對任務已趨積極為慰。

三、英國防部長來日、韓視察，此於美、英宣傳或能有所作用，但實際並無改變現狀也。

四、日本北海道共黨又起暴動，德、法共黨擾亂並未止息也。巨濟島共俘分散，已就範。

五、兵學研究會址已由石牌情報班讓給矣。

六、美國先邀我高級將領五人前往考察，最後則拒絕石覺，是乃美國之習性，但對我高級將領之惡感，恐又增一次隔閡矣。

七、全代會之代表人數及分配額已通過矣。

八、對於經書研究問題與農業社會產物之習性問題，改題為「整理文化遺產與改正民族習性」，已決定發表，此於改造運動工作上，當有重大影響也。

本星期預定工作課目

1. 整理經書與改正習性之實踐辦法限期設計。
2. 軍校校慶成效之檢討與總部遷出令。
3. 郭、周[1]問題與保密局工作之注意。
4. 約會時報主人與招待。
5. 召見十八期學員開始，與高級班傍聽員。
6. 陸戰隊旅長與海軍辦公廳主任人選。
7. 國防部（分業）之組織法研究。

1　郭、周即郭寄嶠、周至柔。

六月十五日　星期日　氣候：晴

雪恥：昨日向川北松理懋區空投武器，電機及通訊員五人皆已如計投到，此實為發展西北游擊之關鍵也。

朝課後修整校慶講稿後，十一時禮拜如常。正午回寓，增補「改正民族習性」稿中說明鄉愿之行徑一段。午課後續校講稿。十七時起飛，十九時後到高雄，住澄清樓。風濤狂吼，氣候惡劣，不適靜養。與經兒雜談，彼視察全省空軍基地，並訪問遺族，甚有益也。在陽臺晚餐，吃飯三碗，胃口較佳。晚課後入浴，廿三時寢，未克安眠，直至二時方昏沉睡去。

六月十六日　星期一　氣候：晴

雪恥：昨夜只睡着三小時，今晨六時後起床，朝課畢，續修校慶講稿。九時到鳳山陸軍軍官學校，舉行第二十八周年校慶。正當閱兵時，大雨如注，不願獨着雨衣，於是全身淋漓。及閱兵畢，天又放晴，乃舉行分列式，此次特重騎兵訓練之成績如何，步、騎、砲、工、戰車分列行進，皆勉強可觀，惟皆不甚整齊耳。及表演馬術，則大失所望，不料羅又倫之準備如此不周也。參觀先烈紀念堂及圖上表演戰史，聊足自慰。聚餐畢，對來賓有各大專學校代表及華僑代表等八百餘人講解校史後，即到屏東起飛，十五時前到臺北。回寓午課，入浴，記事。晡與妻乘車登大屯山通淡水之鞍部，再由竹子湖向東轉至金山鎮，其路程雖只十八公里，但崎嶇難行，復由金山轉淡水而回。晚課。

六月十七日　星期二　氣候：晴

雪恥：昨晡由大屯山鞍部折回竹子湖後，東向轉金山鎮，沿海濱至淡水回陽明，足行三小時半，體力不覺太疲，臺北全區地勢乃瞭如指掌，大屯山之竹子湖實為基隆、淡水與臺北三角地區之扼要也，故陽明山實握三角地區之鎖鑰耳。途中晚課，靜默如常，廿二時半就寢。

朝課後審閱卅五年日記及記昨日事。十時入府辦公，召見黎鐵漢[1]等及空軍赴美留學生共廿餘人。召集一般會談，商討立、監兩院與行政附〔院〕糾紛，及其職權之規定問題，又教育方針與指示。午課後，審閱第十八期研究員成績及自傳，及重編總理與總裁重要函電初集。召見學員卅人畢，與妻車到蔣林巡視，妻對余身體康健之扶持與研究，可謂無時不在其懷念之中也，晚課後寢。

六月十八日　星期三　氣候：晴

雪恥：一、下月月會講旨：甲、反攻大陸應建立如何方式與實質之政府（三民、五權、中國傳統文化之政府）。乙、不可囿於舊日思想與習慣，僅以恢復國土與原有之中央政府為目的，更不可以接收日佔之想像來擬訂方案。丙、詳究敵情與資料。丁、研究固有歷史之各項業務組織與內容。戊、大綱必須先有基本政策與內容與精神，而後擬訂。

朝課後審閱卅五年六月日記完。十時入府辦公，召見電力公司高級職員，皆有用之才。與昌煥[2]談香港美員對偽人民銀行之策反工作。午課後審閱第十八

1　黎鐵漢，號瀛橋，廣東定安人。1950 年 7 月，任中國國民黨西南執行部第四組組長。1952 年 6 月，任總統府參軍。
2　沈昌煥，字揆一，江蘇吳縣人。1950 年 3 月任中國國民黨中央宣傳部副部長，7 月起任中國國民黨改造委員會委員。1953 年 12 月，出任外交部政務次長。

期研究員成績，召見卅人，以目疾未痊，甚費力也。往浴，車遊北投。膳後晚課，廿二時寢。

六月十九日　星期四　氣候：晴

雪恥：一、照明彈與探照燈之土製法及演習。二、高級班結業時訓詞之準備。朝課後審閱卅五年日記後，記事，聽報，乃悉吉田政府各要員在其上院答問時，對我國表示精誠，是其緒方訪問東南亞回國後，決定新政策所致也。十時到中央，約見美聯與合眾二社記者畢，會議商討選舉代表與分配名額等案。午課後，審訂總理與總裁函電初集完成。晡召見學員卅人畢，經兒來見，談其訪美之方針與對美之答覆辭令。往浴，與妻車遊回。晚膳，晚課，二十二時寢。

六月二十日　星期五　氣候：晴

雪恥：一、面的戰術。二、機動輕裝戰術。三、沿交通線之防諜保密，應注重遷離（交換）易地與集中併村等辦法。四、軍校騎兵繼續訓練。
朝課後續閱卅五年七月日記。經兒來談保密局職權，與編印總理與總裁函電初集等事。十時入府，約見紐約時報沙[1]社長，一見如故，彼毫無猶太面貌與習性，一種親親可愛之態度，無任欣快，相談卅分時。召見四人後，召集情報會談。午課後，續閱舊日記，召見學員卅人。往浴，車遊南郊。膳後晚課，廿二時寢。

1　沙茲伯格（Arthur H. Sulzberger），又譯沙慈伯克、沙茲勃克，1935 年至 1961 年為美國《紐約時報》發行人。

十五時三級地震，甚烈也。

六月二十一日　星期六　氣候：晴

雪恥：一、地下設備：防空洞與飛機庫。二、運用華僑往大陸之工作計畫。
三、臺女之情報工作。

朝課後乘火車往湖口，對第卅二師一年訓練期滿之總校閱。先閱兵行分列式，
再訓話。該師已成精練之標準師，日藉〔籍〕教官實為努力，此一方針與計
畫可說完全生效矣，惟一般將領與幹部程度尚差，而士兵之訓練則已達成
百分之百功效，其體力尤為難得。正午在其師部與沙資柏克及蔡斯等聚餐。
十五時回後草廬，入浴，午課。審閱舊日記，召見學員卅人畢，審核兵棋演
習講評稿。膳後晚課，廿二時前寢。

上星期反省錄

一、俄寇已於三周前接收中長路，名為俄、共合辦，而實則經此手續而完成
　　其卅年來侵佔我東北之陰謀矣。瑞典飛機被俄擊落。

二、俄調駐美大使潘友新[1]任北平偽大使，其原有羅申[2]為何調換，應可注意。

三、日本對華政策自緒方回國後，似已完全變更，再不以共毛為憧憬矣。

四、校慶（軍校）準備不周，惟號召各學校生參觀陸、海、空各校之影響，
　　已發生效果。

1　潘友新（Alexander Panyushkin），1939 年至 1944 年擔任蘇聯駐中國大使，1947 年至
　　1952 年 6 月擔任駐美國大使，7 月轉任駐中華人民共和國大使。

2　羅申（Nikolai V. Roshchin），蘇聯將領，曾任駐華大使館助理武官、武官、大使，
　　1949 年 10 月任駐中華人民共和國大使。

五、第卅二師一年訓練計畫已達成目的矣。

六、陸戰隊旅長與周、郭[1]問題尚未解決。

七、川北空投計畫設計一年，而本周方成。大陳胡[2]部突擊計畫未能完全
　達成。

本星期預定工作課目

1. 私人秘書與專家會討之組織。

2. 不良師、團長之撤職名單。

3. 兵棋演習講評。

4. 軍訓團高級班第三期結業。

5. 召見傍聽學員。

6. 召見第十八期研究員完。

7. 約會臺克[3]經合總署（美）之幫辦。

8. 催戶警合一制之實現。

9. 傘兵總隊問題。

10. 研究院副主任之人選。

11. 華僑組訓之加強。

12. 陸戰隊旅長人選蘇揚志[4]。

1　周、郭即周至柔、郭寄嶠。
2　胡即胡宗南。
3　臺克、戴克（Clarence R. Decker），美國堪薩斯市大學校長、共同安全總署助理署長。
4　蘇揚志，號仰三，山西平遙人。時任海軍陸戰隊參謀長。

六月二十二日　星期日　氣候：雨

雪恥：八時經兒來談保密局及與沙慈伯克談話經過，沙對政治部與保密局工作仍多誤解也。

朝課後審閱兵棋演習講評稿完，自覺得意。記事，審閱舊日記，禮拜如常。十二時往軍訓團高級班，召見傍聽員四十人，回寓已十三時半矣。午課後審閱舊日記後，整理兵棋演習補充講稿畢，晚課。二十時宴沙慈伯克。宴畢，與彼商談對英國遠東政策，問其能有所轉移與影響也，以其對英國朝野頗能影響也。談後彼甚慎重將事，但甚同意我之政策，允相機進行也，余告其此事實為民主陣線反共抗俄成敗最大關鍵之一也。廿三時後寢，以失眠，乃服藥再寢，仍不甚安眠也。

六月二十三日　星期一　氣候：雨

雪恥：一、約舊金山總領事談話，張紫常[1]聚餐。二、兵學研究所學員之標準。三、落伍將領之訓練計畫。四、設計研究會工作方針之指導。

朝課後審閱傍聽員成績。十時到參謀學校，舉行軍訓團高級班結業典禮（第三期），至此軍訓團教育結束。余認為此乃革命軍事教育最大之成績，至於其效果如何，當視將來事實之表現。彭教育長孟緝之將才必由此而造就，乃可自信也。訓話後聚餐，即在團中午睡。午課後聽取夏季兵棋演習各主官之報告，孫[2]之報告與建議最為不行，奈何。十八時後沙慈伯克來團照相參觀。回寓晚課，廿一時後寢。

1　張紫常，廣東香山人。曾任駐洛杉磯總領事，時任駐舊金山總領事。1958 年 8 月，調任外交部參事兼美洲司司長。
2　孫即孫立人。

六月二十四日　星期二　氣候：雨

雪恥：一、令軍、政各單位檢討半年來之工作與屬員之功過，限期呈報。二、月會報告要旨：甲、新縣制。乙、土地。丙、糧食。丁、民眾救濟與組訓。戊、教育。己、經濟與金融。庚、合作事業。辛、警衛。壬、自衛與自治之組訓，防奸與賞罰。三、幹部政策與制度之檢討。四、召見蔣廉儒[1]、吳俊才[2]。

朝課後講評稿之整理。九時到參校，主持兵棋演習之講評，統裁部參謀長與顧問團蔡斯之講評皆甚精到，可慰，最後由余先口頭指示重要缺點與對各位講評之總評，此舉實為本年軍事工作最重要部門之一也，約講一小時半。午課後記事，召見學員卅人畢，往浴，晚課，廿二時寢。

六月二十五日　星期三　氣候：雨

雪恥：一、滑鐵路之戰史研究。二、心理作戰之設置。三、單純、果敢、敏捷、決心，為將才之本。四、召見蔣廉儒、吳俊才。

朝課後手令調換不良之部隊長官，及手抄劉蕺山[3]格言一則。十時入府辦公，召見孟緝，商討軍訓團結束問題後，約見美安全總署臺克君，召見蘇揚志、景雲增[4]等七員畢，回寓記事。午課後審閱學員自述，召見卅人。往浴，晚課，約宴臺克夫婦，廿二時後辭去乃寢。

政治部改變名稱事，應與防衛總部歸併陸總，及陸大改為國防大學，又新設衛戍總部同時發表為宜。

1　蔣廉儒，字廉予，1950 年 8 月任中國國民黨中央改造委員會設計委員會專門委員。
2　吳俊才，字叔心，湖南沅江人。1951 年受命督辦《中央日報》香港航空版，任香港出版社社長、主筆。1952 年起任臺灣省立師範學院、臺灣大學教授、國防研究院講座，政治大學教授。1953 年加入總統府資料組政策研究室為兼任研究員。
3　劉宗周（1578-1645），號念台，因講學於蕺山書院，後人稱其為蕺山先生。浙江山陰人。明末著名哲學家、文學家，「浙東學派」的重要代表人物之一。
4　景雲增，字沛霖，河北易縣人。1949 年任國防部第二廳第二處處長，後任國防部第二廳專員。1952 年 7 月任第九十六軍參謀長，11 月任第四十五軍參謀長。

六月二十六日　星期四　氣候：晴

雪恥：一、國防部警衛營長人選。二、提高待遇之經費總數中，須提出三百五十萬元作為士兵福利之用，但士兵最低餉額不得低於十五元。三、憲法研究會之要旨提示。

朝課後審閱舊日記。十時到中央常會，決定大會組織法，原有中央委員皆得列席之問題，又檢討國際宣傳與最近形勢，美國輿論對我自由中國已臻上乘，自莎士白克（紐約時報主人）與臺克等來臺訪問後，益形好轉。彼等批評，以為政治跟不上軍事與經濟，而以軍事進步為最大也。聞此頗足憂慮，以聲聞過譽耳。午課，記事，召見學員卅人。往浴，晚課，廿二時寢。目藥本日起每二小時加點一次。

六月二十七日　星期五　氣候：晴

雪恥：一、以福州為目標，軍隊訓練與作戰準備事項：甲、訓練事項：1. 扒〔爬〕山。2. 渡河。3. 攻擊。4. 防守。5. 奇襲與機動及腰擊五項。每項指定一軍專業訓練。乙、福州通三都澳與定海灣各道路地形之航測與照相。丙、閩江南北兩岸及福州之專業情報加強。丁、漳州與泉州二城向北、向西通永春、德化、沙縣、龍岩，以及福州通浦城、溫州，各交通道路地形之航偵。戊、傘兵使用地點之研究。

朝課後審閱舊日記，與經兒談研究院主持人選及政治部改變名稱等事。十時入府會客，召集財經會談，商討軍公教增加薪餉之標準問題。金融基礎漸穩為慰。午課後記事，召見學員卅人畢，往浴，與妻巡視蔣林。膳後晚課，廿二時半寢。

六月二十八日　星期六　氣候：晴

雪恥：一、反攻計畫，每個必須擬定三段落及其每個預定之目的。二、獎勵財政增益人員。

朝課後審閱舊日記。十時入府辦公，召見六人畢，召集軍事會談，聽取日本恢復軍備計畫。美國預定於一九五四年，琉球交還於日本，惟美國軍事基地保留不撤，但琉球對臺灣關係太大，不能不特別注重也。隨後聽取陸總對福州攻取計畫之報告，一般幕僚太差，而其主官亦無識無能，基本軍事常識亦甚貧乏也，奈何。應重加訓練，積極糾正之。午課後記事。召見學員卅人，第十八期生召見完畢矣。往浴，巡視蔣林，膳後晚課。近日每晚誦唐詩，頗能養神也，廿二時半寢。

上星期反省錄

一、廿四日美軍大炸北韓鴨綠江邊各水電廠，此乃美強制共匪就範，實現停戰之另一態勢，然而決無效果也。

二、韓戰已屆二年，停戰會議亦近一年，而演成今日不死不活之狀態者，皆為卅五年馬歇爾調停國共戰事，強逼我下停戰令時之舊劇重演也。此皆為馬氏所造成，亦可謂韓戰至此，實為卅五年國共戰事之延續而已。

三、美、英、法三國外長會議，據報為對歐亞共俄之政策，而以德國統一案答覆俄國為重心云。

四、英國工黨反美聯俄以及攻訐邱吉爾之形勢日加激烈，此乃俄國駐英新大使（葛羅米柯[1]）對英、美與對英兩黨分化政策之惟一目的，不料其不待俄使之策動，而其內部糾紛重重，無可收拾，此乃民主陣線之制〔致〕

1　葛羅米柯（Andrei A. Gromyko），又譯葛羅米哭，蘇聯駐英國大使。

命傷也。美不掙氣，世無重心，英亦無重心，此其共俄之鼻張所以無已，而人類之浩劫將伊於無底。

五、艾其生為美軍轟炸北韓電廠事乃親自向英道歉。此何等事，艾奸不僅無人格，而且美之國格亦被其喪失殆盡。世有艾奸與英國之比，凡其人者，安得不使俄史坐大？人類將無焦〔噍〕類矣。

六、臺省財政會議結果，本年增加收入一億四千萬元，軍公教人員提高待遇之經費無慮矣，此不能謂非吳、任[1]之功能，乃人事政策調整之效也。

七、軍訓團高級班第三期結業，此為最重要之工作也。

八、本年第一期兵棋演習講評會議完成，與福州計畫呈報（雖尚未完成）是亦皆重要工作也。

九、日藉〔籍〕教官一部之辭聘，與研究院人事之調整，並兵學研究所之籌備，皆為本周之要務也。

六月二十九日　星期日　氣候：晴　晚雷雨

雪恥：一、擬答兩社問題。二、衛戍司令部問題。三、設計委會之講稿。四、宣傳會議之講稿。五、發于望德[2]旅費。六、約宴馬來僑團。七、第九十六軍提前整編。八、第十九期女研究員之指定。九、福州計畫之督導。

朝課後審閱舊日記卅五年十月完。以當時軍事進剿之形勢與奮鬥精神而言，對國內共匪之解決已獲迎刃之勢，若非馬歇爾從中阻擾制肘，為共匪間接援助撐腰，則不僅中國早已統一建設，而世界形勢亦決無如今日之亂，而演成不可收拾之局。此馬之罪孽所以不勝其誅也，豈其天乎。禮拜如常，國楨來

1　吳、任即吳國楨、任顯羣。
2　于望德，于右任之子。1947 年 5 月，任駐哥倫比亞全權公使；6 月兼駐委內瑞拉全權公使；7 月兼駐厄瓜多爾全權公使。1947 年當選為行憲國民大會代表。1954 年 11 月，任駐巴拿馬大使。

聚餐。午課後記事，記上周反省錄，往浴，巡遊山下。膳後晚課，廿二時前寢。

六月三十日　星期一　氣候：晴　晚雨

雪恥：設計委員之指示：一、改正觀念：甲、本位主義即本身利害。乙、地域主義。丙、舊有觀念：子、邊疆地位與設施。丑、國代之憲法與國大之尊嚴。寅、強調理論。卯、強調法律。辰、強調事實。二、設計機構之有效運用。三、設計委員之本職，在光復大陸時，如何使軍政提高效率，造福人民。四、應加強綜合小組，真能專心負責，限期程〔成〕功，就是要了解現局，貫通各組，策畫光復，提早建設，每小組不能超過三人。五、統一觀念之確立：甲、所謂民主政制，尊重憲法與法制。乙、注重事實，配合軍事要求，以（乙）項為根據也。

朝課後審閱舊日記。十時到研究院第十八期結業典禮後，聚餐。午課後記事，往浴，晚課，廿二時後寢。晚讀唐詩。

上月反省錄

一、瑞典飛機被俄擊落之形勢，其影響如何。

二、美軍對北韓電廠之大轟炸，演成英、美之糾紛。英國內部工黨言行幾為俄國之傀儡，有過之而無不及，其地方選舉又為工黨勝利，邱吉爾之聲望日墜，英國政治已無中心，甚為國際危也。

三、俄國駐英、美與北平傀儡之使節皆有調動，是其外交陣容與政策又一轉變，而長春鐵路已公然為其接管矣。

四、日、德共黨之暴動層出無已，柏林與東、西德之糾紛更無已時。英、美、法三國外長會議，其對俄步調與政策已漸堅定，惜乎艾奸太不中用，時時為英、俄之傀儡而毫不自重，美國不能領導世界，徒使人類遭劫而已。

五、中國、西班牙之復交，已於月底換文實施。

六、韓戰已滿兩年，美國乃被俄共玩弄於掌上，自和談以來亦已一年，至今仍無止境，此馬歇爾在華調解國共，害人害己之報因〔應〕也。美國對我之輿論日佳一日，聲聞過響，不勝戒懼。

七、本月軍事之進步與成就：甲、軍訓團高級班第三期結業，陸軍第卅二師第三期訓練完成，此為三年來在臺最大之成就也。乙、兵棋演習第一段講評完畢，三個軍整編完成矣，大陳島之防務亦已加強矣。

八、臺灣財政會議成就最大，軍公教待遇提高計畫乃得實行矣。

九、黨務，決定雙十節召開第七屆全國代表大會，準備皆將完成。

蔣中正日記
Chiang Kai-shek Diaries

七月

蔣中正日記
Chiang Kai-shek Diaries

蔣中正日記
Chiang Kai-shek Diaries

民國四十一年七月

本月大事預定表

1. 設計工作應注重事實與實踐，而不在過重理論與條規法理。

2. 改造社會、重建教育、建設經濟、實現土地政策、平均地權，及合作事業與青年服務，每一國民納入於工作組職之內。

3. 匪對鄉鎮組織之統制，及其幹部之鬥爭清算技術與我新縣制之利害。其壯丁、民槍、民糧編管方法之研究。

4. 宣傳會議之指示。

5. 兵學研究會組織之督導。

6. 臺北衛戍〔戍〕司令部之設置。

7. 公、教、軍人增加待遇問題之指導。

8. 黨第七屆全國代表大會之召集期宣布。

9. 兵棋演習第二階段之開始。

10. 美國兩黨競選人之注意。

11. 預備兵籌備及營房之督導。

12. 戶警合一之試辦成績如何。

13. 夏令營與青年反共團之督導。

14. 明年度預算建設橫斷公路之策劃。

15. 對大陸反攻地點之決定與訓練課目之決定。

16. 軍政機構與軍隊人事之調整。

17. 卅五年日記之審閱完畢。

18. 各省區黨政主官人選之準備。
19. 國防會議之組織與財經設計小組之組織。

七月一日　星期二　氣候：晴

雪恥：一、英國工黨對韓戰責美之形態，無異助長俄國之聲勢，更使俄共安心侵略，毫無顧忌，不僅韓戰無和平之望，而赤禍蔓延，人類更無焦〔噍〕類矣。二、太虎塔競選總統，以美國內政人心與俄國之期望，美國對歐減少軍事之壓力，或有當選之可能也。

朝課後準備講稿。十時到宣傳會議講演，以時間匆促，未能盡詞為歉。召見于望德、張紫常後，召集一般會談。對立法院與國民大會代表等之討錢無屬，令人悲歎，決定召開僑領會議。午課後記事，審閱舊日記。往浴。背誦宋詩數首。晚，妻病之新藥始由美國寄到，注射後發冷、發燒甚劇為慮。晚課後廿二時寢。

七月二日　星期三　氣候：晴

雪恥：一、第卅二師之人事調整。二、研究院第十七期以前之成績統計催報。三、兵學研究會學員人選之呈核。四、公教人員加薪展期一月。五、第四師副師長與陸戰隊旅長人選之決定。

朝課後審閱舊日記。十時入府，到國父月會講演，指示設計委員會設計工作之要旨。正午在研究院約宴日藉〔籍〕教官辭聘者廿餘人，並約全體教官作陪，講解辭別之意。午課後記事，記上月反省錄，往浴。順訪吳稚老，其體瘦弱可慮，惟精神尚佳。晚課後宴美國青年歸主團員畢，廿二時寢。

七月三日　星期四　氣候：晴　溫度：九十

雪恥：一、韓國內政糾紛，美實啟之，彼美搗〔倒〕李[1]扶張（勉）[2]最為不道，李之堅強如此，令人感佩不置。

朝課後審閱舊日記。九時訪丁鼎丞先生，彼精神頗佳，余屬其赴日就醫，外匯經費如不夠，可再匯寄，不必以此為慮也。十時到中央開會，通過大會代表選舉法及準備大會要項，決不允黨員請願增加名額之惡習，直告其此為大陸亡國敗黨之所為，今後革命決不允再有變更決議案之可能也。正午宴馬來僑團王振湘[3]、蘇木有[4]等。午課後記事，再閱舊日記，往浴。晡與妻車遊大屯山鞍部。晚召見孟緝後晚課。廿二時寢，以終夜腹瀉，不得安眠。

七月四日　星期五　氣候：晴

雪恥：經兒由大陳島巡視，回報前方軍情士氣優於臺灣本島為慰。

昨夜腹瀉至七次之多，二時後方得昏眠，亦逐醒逐眠，未能酣睡至一小時以上也。七時前起床，朝課、體操、靜坐、默禱如常。審閱舊日記卅五年完，甚覺當年軍事政治之情勢，如無外交與經濟之危機，則滅共統一之基礎實已確立，最後失敗之最大關鍵，實由馬歇爾與宋子文（經濟）二人致之也。十時入府，召見十餘人，辦公如常。午課後審閱卅六年日記開始，記事。往浴，晚課如常。

1　李即李承晚。
2　張勉，號雲石，字志兌，韓國漢城人。1950 年至 1952 年和 1960 年至 1961 年曾兩次出任韓國總理。
3　王振湘，馬來亞華僑、橡膠實業家。1940 年 4 月在重慶投資創建中南橡膠廠股份有限公司。
4　蘇木有，馬來亞柔佛州華僑。1949 年加入以華仁中學為首的五校董事會，初擔任文書、總務；1953 年當選董事長。

七月五日　星期六　氣候：晴

雪恥：一、日本教官工作在兵學研究所工作與調集卅名之優秀官長從學，恐將引起美軍團之探悉，引起責難。故擬調換方式，以軍事雜誌社為名，聘其編輯雜誌研究學術之工作出之，予以公開，但從學官長之調集名義與方法如何，勿使美員懷疑無言，應加研究也。

朝課後審閱舊日記（卅六年）開始。十時入府辦公，召見六人。有美國教授[1]來訪，彼為研究宗教與共產主義鬥爭之情形者也，余特明示其經驗而別。召集軍事會談，聽取本年取消各軍私有倉庫，整頓軍品之歸公者以半價論，總值在七千萬臺幣以上。由此以度過去在大陸所損失者，誠不可以數字計矣，痛心盍極。最後指示對閩作戰要領甚詳。午課後記事。晚課，宴蔡斯夫人[2]。

上星期反省錄

一、韓國政潮卒能如李承晚總統之主張貫澈通過，美杜高壓李氏無效，此乃予美國帝國主義者干涉弱國內政失敗之一重大教訓也。

二、日本參議院今日以大多數票通過中日和約，此為我國對日終止狀態，亦兩國今後歷史發展一大轉捩點也。

三、美國猛炸北韓各電廠之外，本周續炸各交通與兵略要點，至少予俄共重大之損害，至其效果如何，則不必重視。觀共匪對此猛炸之宣傳微弱已極，惟歎無可奈何耳，但其應戰之噴氣式機數量大增，不能不特加注意。

四、對設計委會之指示自信正確，惟得宣傳委會之講詞，甚覺未盡其詞耳。

五、對軍事會談福州作戰之指導頗詳也。

1　布萊登（Charles S. Braden），美國西北大學歷史學系教授。
2　桃樂絲‧威勒比（Dorothea Marie Wetherbee），蔡斯夫人，1921 年與蔡斯結婚，1957年過世。

本星期預定工作課目

1. 海軍艦隊整編與人事之決定。

2. 陸戰隊人事之決定。

3. 召集本黨代表大會日期之宣布。

4. 立法院臨時會議之召集通過中日和約。

5. 兵學研究會會員人選與名稱方法之決定。

6. 閱兵式士兵皮鞋之定製。

7. 軍公教人員提高待遇令之宣布。

8. 各省區黨、政、軍主要人選之研究。

9. 國防會議之成立。

10. 假退役人員之督導。

11. 上半年黨、政、軍各部門工作檢討報告。

12. 經國與永清參加軍事會談。

七月六日　星期日　氣候：晴　風

雪恥：一、駐日大使人選之決定。二、對美軍部約請經國訪美之主要工作之商討。三、三民主義與共產主義基本文化之對照講詞，特別注重倫理方面。其次說明科學與民主二名詞之解釋與定義之確立。最後說明本黨當政廿四年，不能實現三民主義之原因所在。

朝課後修正兵棋演習之講評稿，直至十三時半方完。午課後繼續校畢，記事，審閱舊日記。晡召蕭勃[1]參軍報告其在高級班之心得與意見，彼經驗與理性皆相當豐足，可望有成也。往浴，與妻車遊北投，回寓。晚課，廿二時半就寢。本日颱風不大，本年上屆收成可卜矣。

1　蕭勃，字信如，湖南湘鄉人。時任駐美大使館武官。

七月七日　星期一　氣候：晴

雪恥：一、兵學研究會員之名義：甲、副侍衛長三人。乙、武官三人。丙、參謀三人－六人。丁、參軍六人。戊、戰略研究會六人－十人。己、戰略顧問會六人。二、研究會以反攻大陸各登陸地點之作戰計畫，與全部作戰計畫為主要研究之課題，其次為作戰之準備事項。

朝課後手擬講稿要目，十時到研究院，對青年夏令營致詞，約一小時二十分畢。召見越南與高棉華僑代表團，獻禮致敬，攝影，有李協和[1]之女李梅[2]，亦參加僑團同來也。午課後記事，記反省錄（上周）畢，召見趙家驤[3]，對孫[4]之忠而不誠實為至論乎。往浴，與妻車遊，其皮膚病用新藥後更為加劇，憂甚，但其頗能安睡也。晚課後廿二時寢。

七月八日　星期二　氣候：晴

雪恥：一、各機關雜兵訓練之情形如何。二、第十三師與傘兵總隊合編為空軍陸戰師之研究。三、補充兵營房建築經費之確定。四、上半年各部門工作之檢討報告令。五、假退役工作之督促。六、研究本軍戰史令。

朝課後審閱舊日記卅六年一月完。十時入府辦公，敬之[5]攜其北伐與討逆各戰

1　李烈鈞（1882-1946），字協和，號俠黃，江西武寧人。早年加入同盟會，1912 年，被任命為江西都督。1913 年 7 月在江西湖口宣佈獨立，率先發動反對袁世凱的二次革命。1915 年 12 月與唐繼堯、蔡鍔等人，發動護國運動。1927 年，任江西省政府主席，後又歷任國民政府常務委員、中央政治會議委員、中國國民黨中央執行委員、國民政府委員兼軍事委員會委員等職。

2　李梅為李烈鈞長女，夫翁業宏曾任駐法武官、駐越南武官。

3　趙家驤，字大偉，河南汲縣人。1948 年任東北剿匪總司令部參謀長，後至上海，隨即渡臺，1951 年擔任陸軍總司令部參謀長。

4　孫即孫立人。

5　何應欽，字敬之，貴州興義人。1949 年 3 月任行政院院長，同年來臺，擔任總統府戰略顧問委員會主任委員。1950 年 10 月兼任中國國民黨中央評議委員。

史來見，對抗戰報告材料亦甚豐富為慰。會客六人，召集宣傳會談，檢討土地國有要義之講稿，僉以土地國有為駭異，而不究其講稿之內容，余實解釋土地國有之意義，而非如共產匪黨之所謂國有之義也。學者與年老幹部之畏共與固執，殊足憂慮。午課後記事，核發春季兵棋演稿完，往浴。晚課，廿二時寢。

七月九日　星期三　氣候：陰　夜雨

雪恥：一、吳文芝[1]任第五廳長。二、洪[2]任國防部辦公廳主任或戰略研究會委員。三、戰略研究會委員之調遷。四、財經會談之要務：甲、提高待遇案。乙、營房建築案。五、第一期反攻戰略：甲、單獨反攻者：子、先佔福州、廈門。丑、向浙贛路與粵北、浙南分組挺進。寅、閩北之浙閩公路與沿閩江之截擊決戰。乙、中美共同反共者：子、主力佔廣州、韶關。丑、一部佔廈門，再向閩北、贛南挺進。丙、主力由韓國入東北佔平津。

朝課後審閱舊日記，記事，檢閱警衛大隊。十時入府辦公，會客，召集評議委員聚餐。午課後續閱舊日記，聽吳文芝報告其留學美國參謀大學之經過，頗有所得也。晚課後廿二時寢。

1　吳文芝，四川宜漢人。1951 年於美國陸軍參謀學校特別班受訓。1952 年 7 月，任陸軍指揮參謀學校教育長。1953 年 4 月，任第三軍第三十二師師長。
2　洪士奇，號壯吾。時任高雄要塞司令兼高雄港口司令。

七月十日　星期四　氣候：大雨

雪恥：一、半年工作檢討令。二、召見黨、政、軍機關之副職人員。三、李士英[1]之提拔。四、教育工具與計畫：甲、電影。乙、幻燈。五、兒童與國民教育之準備與教材。

朝課後審閱舊日記，十時到中央常會，解決代表大會各項未決問題。審核公告文字後，商討對美國教會要求來臺辦大學事之政策，以保有原則而不堅拒為宜。午課後記事，批閱公文，清理積案後往浴。甚思美共和黨內競選總統之激烈，其結果能否如馬丁之預期，提名麥帥之可能成分如何為慮。晚課後讀詩。妻病今日較輕也。廿二時寢。

七月十一日　星期五　氣候：大雨

雪恥：一、英、印對韓戰調停之陰謀，以共俘不願遣回匪區者，送往印度為解決之方法，此一陰謀應澈底揭穿與反對。二、越南回歸之官兵編組辦法之決定。三、軍公教提高薪餉數目之決定。

朝課後審閱舊日記（卅六年三月完）。十時入府，召見龔愚[2]等六員。召集財經會談，商討軍政人員平等待遇比例及士兵加餉數目問題，談至十三時半，方決定二等兵以七元半月餉加一倍為十五圓，其他逐級提減增加之成數，縣級以下之公務人員照原定辦法，不能減少為標準，併自九月份發起。至於七、八月所籌得款項作為修艦與建築營房之用，此一大事已作最後決定矣。午課後記事，手記人才數十人。經兒全家今日遷來陽明山避暑，武、勇嬉戲，蒙

1　李士英，號了人，河南尉氏人。1951 年 8 月，任中國國民黨中央改造委員會第四組副主任。1952 年 8 月，任《中央日報》副總主筆。1954 年 10 月，任監察院秘書長。
2　龔愚，字樂愚，貴州婺川人。1950 年 8 月任陸軍總司令部副參謀長，1953 年 6 月任步兵學校校長。

〔懵〕懂天真可愛。今日甚以共和黨美國總統候選人以誰提名為念也。晚課後廿二時寢，服安眠藥。

七月十二日　星期六　氣候：晴雨

雪恥：一、催詢對各軍、師專技訓練之計畫。二、外交陣容。三、鄧家彥[1]職務（國策顧問）。

時事：美共和黨已提艾生豪為其總統候選人矣，太虎塔落選，則魏德邁[2]之失望可知矣。二、昨日美空軍大炸平壤，近日美軍對北韓都市與交通要地，仍不斷繼續轟炸，匪共損害必大。然而對美戰事不致有何影響，以此於俄帝與東北毫無關係也。

朝課後審閱舊日記，十時前入府辦公，召見十員，有許世鉅[3]、蔣士彥〔彥士〕[4]，皆優秀可用之才也。召集軍事會談，美顧問仍以國防部集權為詬病，而其對海、空軍援助已稍加積極矣。明示官兵待遇提高方針，不得再爭文武待遇平等，過分也。午課後記事，經兒來談，孫立人對第四軍訓班學員另成派系，應切戒之。諸孫來見，勇孫對冰淇淋與蛋糕精精〔津津〕有味之情態，可喜也。往浴，晚課。

1　鄧家彥，字孟碩，廣西桂林人。同盟會員，參與辛亥革命、討袁、護法諸役。1949年赴美國。1952年到臺灣，任中國國民黨中央評議委員、總統府國策顧問等職。

2　魏德邁（Albert C. Wedemeyer），1944年底任盟軍中國戰區參謀長，及駐華美軍指揮官，1946年3月間卸任，1947年7月再奉命為特使來華調查，任美國陸軍部戰略作戰處處長，並提出「魏德邁報告」，主張援助中華民國政府抗共，杜魯門總統並未採納，後擔任改制後之國防部計劃及行動處總長，1951年退役。

3　許世鉅，浙江奉化人。時任農村復興委員會鄉村衛生組組長。

4　蔣彥士，浙江杭州人。1948年至1961年任中國農村復興聯合委員會技正、秘書、副執行長、執行長、秘書長、委員。

上星期反省錄

一、美共和黨已推選艾生豪為其總統候選人,則其本年大選,共和黨勝利似無問題。果爾,則其對華政策必比民主黨進步固無疑問,無論如何,其對華之美奸杜、馬[1]、艾其生等不能不去職下野,此當為四年來忍辱奮鬥之效果也。

二、美軍對北韓繼續大轟炸,且大炸平壤矣。

三、對英、印以反共之共俘移送印度為談和條件之陰謀,應力加制止。

四、軍公教人員提高待遇之原則已決定矣。

五、本周重要工作:甲、反攻第一期計畫之要旨。乙、兵學研究會之人選名義及基本課目要領。丙、第十三師與傘兵總隊編併之方針已決定。

本星期預定工作課目

1. 軍事以寡擊眾,為反攻一般之口號,提出勇敢、堅決、慄悍、戰術之倡導。

2. 動員機構之督促組織。

3. 國防會議之成立,約寄嶠來談。

4. 越南部隊編組之腹案。

5. 各軍師專技訓練之計畫與實施日期。

6. 伏兵襲擊、奇襲指揮機構、封鎖消息與偵察戰、便衣化裝戰、步哨搜索等戰之實習。

7. 吳文芝等工作之決定。

8. 各省區黨、政主官人選之督導。

9. 通訊研究幹事之決定。

---

1   杜、馬即杜魯門(Harry S. Truman)、馬歇爾(George C. Marshall)。

10. 兵學研究會課目與人選。

11. 岳軍訪日之計畫與方式。

七月十三日　星期日　氣候：陰晴

雪恥：一、各機關雜役兵訓練如何。二、警衛大隊營房地址。三、剿匪戰史之督編與戰術之研究。四、南京軍訓團講詞之研討（卅六年）。

朝課後審閱舊日記，十一時禮拜。午課後記事，記本周工作表及上周反省錄畢。與岳軍商討駐日大使人選及對日政策，彼主大刀闊斧與日合作，不加保留，似乎太近理想，乃屬其以余私人代表名義訪日，以答緒方訪臺之聘，另派大使與日政府交涉普通公事，以待將來如有軍事與政治重要合作交涉，再派其出馬為宜。晡與妻遊北投回，沐浴。膳後晚課畢，廿二時後寢。

對德派騮先先往調查，對日派岳軍聯絡。

七月十四日　星期一　氣候：晴

雪恥：一、外交官調回述職與研究院受訓。二、組織與領導方法之研究。三、石覺、袁樸[1] 調第五廳，誰最適宜。四、劉軍長[2] 升司令官？

朝課後審閱舊日記。召見公超與少谷[3]，商討對日政策與駐日大使人選，擬派顯光擔任也，記事。午課後續審舊日記。與孟緝商討兵學研究會之課程與組

1　袁樸，字茂松，湖南新化人。時任臺灣東部防守區副司令。

2　劉雲瀚，江西大庾人。1949 年 8 月任第十九軍軍長。1952 年 1 月任聯合勤務總司令部兵工署署長。1954 年 7 月陸軍大學工兵學校校長。

3　黃少谷，湖南南縣人。1950 年 3 月，任行政院秘書長。1954 年 5 月，任行政院副院長。

織，令其特別注重剿匪戰術也。往浴，晚宴游擊顧問西方企業公司皮也司[1]，以其調回美國，故餞行也。與妻車遊臺北，晚課，廿三時後寢。

七月十五日　星期二　氣候：晴

雪恥：一、共匪對我川北（黑水區）游擊部隊傅秉勳[2]進攻之準備，我再派飛機接濟武器。二、美政府召回「皮也司」與「包瑞德」二人，似其對我政府轉佳矣。三、後備兵計畫實施之督導。四、動員機構之組織，與師團管區（任務）之促成。五、高級幹部兵器技術之研究令及工作時間與看書，不妨礙任務為主。

朝課後審閱舊日記（卅六年六月份完）。十時入府，與至柔商討第五廳長人選及其與寄嶠隔膜事之規戒，應信任寄嶠也。召見中央各組副組長三人，召集一般會談。以本日立法院開臨時會議，討論中日和約問題，故陳、黃、張[3]等皆未參加也。午課後記事，與寄嶠談人事及動員機構事。晡與妻車遊，彼病已較昨日漸減輕矣。往浴，膳後晚課，廿二時半寢。

1　貝也司（William Ray Peers），美國陸軍軍官，曾任職於在中緬印戰區，時任西方公司在臺負責人。

2　傅秉勳（1908-1953），原名天傑，四川仁壽人，曾任整編第二十一師副師長、第一○四師師長。1950 年間在川西建立游擊基地時，任川康青邊區人民反共突擊軍司令。1953 年 5 月間為共軍在阿壩查理寺包圍俘虜，押解途中自殺身亡。

3　陳、黃、張即陳誠、黃少谷、張羣。

七月十六日　星期三　氣候：陰晴

雪恥：一、閱兵部隊應選體力較強者為宜。二、杜鼎[1]與宋邦○[2]之查報。三、動員工作與機構之督促。四、使領人員召回受訓。

朝課後審閱舊日記卅六年七月份完。十時入府，約見民社黨徐傅林〔霖〕[3]，談及張君勱[4]行動與言論，其卑劣與愚拙極矣。召見鄧傳楷[5]、徐晴嵐[6]等，多可用之才也。至柔來告，蔡斯又來催詢日本教官人數與工作，要得一確答也，以彼對日教官與政治部非清除不能甘心也。午課後記事，續校設計會講稿，記錄不良，心又煩悶矣。往浴，晚課，廿二時寢。

七月十七日　星期四　氣候：大雨

雪恥：一、韓戰近日盛傳有停火之可能，而印度尼赫魯[7]從中斡旋，妄想其能在中間路線投機取利也。以美空軍對北韓繼續轟炸，共匪自有無力招架之意，但此時停火，俄國果有利可圖乎，以此而知其停火仍為妄想也。

朝課後審閱舊日記卅六年八月份開始。十時到中央召開動員會報，各組工作

1　杜鼎，字卓九，湖北棗陽人。1952 年 1 月 16 日，奉命入國防研究院高級班受訓，11 月 28 日，派任國防部參議。
2　原文如此。應指宋邦緯，1953 年 7 月被任命為聯合作戰中心陸軍組組長。
3　徐傅霖，字夢巖，廣東和平人。1950 年 3 月，組織中國大陸災胞救濟總會；9 月創《民主中國》半月刊發行人。同年任中國民主社會黨代理主席。
4　張君勱，名嘉森，字君勱，以字行，江蘇寶山人。1949 年後赴香港，決定民社黨繼續與國民黨合作，自己赴印度講學。1951 年 12 月離開印度赴美。
5　鄧傳楷，江蘇江陰人。1950 年 8 月起先後出任中央改造委員會第一組副主任、第二組副主任，1952 年 10 月兼任中國青年反共救國團副主任。1953 年 4 月出任臺灣省教育廳廳長。
6　徐晴嵐，四川萬縣人。1950 年 8 月，任中國國民黨中央改造委員會第六組副主任。1952 年 11 月，任中國國民黨中央委員會第六組副主任。
7　尼赫魯（Jawaharlal Nehru），日記中有時記為尼黑魯、印黑，1947 年 8 月至 1964 年 5 月任印度總理。

尚在推動，而未見大效也，但信其繼續督導必有效果也。十三時半回，午課後記事，續審舊日記，往浴。妻在寓召集防癆會，討論本省防癆計畫也。晚課後讀詩，廿一時半寢。

七月十八日　星期五　氣候：大雨

雪恥：一、美國務院又發動調查中國遊說問題，以其內政競選關係，必欲將此無稽之談來消弭其政府之罪惡，彌縫其失敗，杜、艾[1]之不德無恥至此情勢，如今而尚希貫澈其賣華滅蔣之拙計，徒見其心勞日拙而已。彼指使其司法部之調查，於我實有益而無損也。二、步兵學校校長問題之研究。三、召見黃錫麟[2]、黃宗石[3]。

朝課後手擬答美聯社與合眾社問各三項。十時入府會客，召集情報會談，共匪三反五反運動宣告停止後，乃又發動對工人清算運動矣，今後且以建立工作階級為其目標矣。午課後審閱舊日記卅六年八月份完，記事。晚課，讀詩，以大雨未能往浴也。廿二時前寢。

1　杜、艾即杜魯門（Harry S. Truman）、艾奇遜（Dean G. Acheson）。
2　黃錫麟，1952 年 3 月任國防部總聯絡官辦公室海軍總聯絡官、總統府武官，1953 年 10 月任海軍艦隊指揮部參謀長。
3　黃宗石，浙江瑞安人。1952 年 3 月，任陸軍總司令部第五署副署長，9 月調任國防部軍官外語訓練班副主任。

七月十九日　星期六　氣候：上雨　下陰

雪恥：一、澎湖部隊提前整編。二、情報與偵察戰第一。三、核心領導之方法。四、約見王雲五[1]。

朝課後審閱舊日記卅六年八月完。十時入府會客，及召見赴美留學者十餘員畢，召集軍事會談，討論動員機構與工作之專題，督促其實踐，直至十三時後方畢，今後軍事工作，應以此為第一要務也。午課後記事，續閱舊日記卅六年九月起。晡往浴，途遇武、勇二孫，帶至前草廬作陪，彼等喜食葡萄也。晚課後廿二時寢。

上星期反省錄

一、匪區水旱、蝗蟲災情嚴重，湖南尤甚。其對商人五反以後，乃又對工人清算鬥爭矣，其所謂建立工人階級之工作加強，乃製造工奴與農奴而已。余不信一般工農如有我軍反攻時，仍能順服共匪，而不來響應與起義也，但問題則在如何組織與救濟耳。

二、美軍對北韓繼續大轟炸。

三、杜威與莎士白克新出之書刊與論調，對我竭誠擁護，則其國務院雖仍欲以中國遊說問題毀蔣，亦不可能乎。

四、物價漸降，經濟穩定為慰。

五、答美聯與合眾二社記者問。

1　王雲五，號岫廬。1948 年 5 月至 11 月出任財政部部長，推出金圓券，引起金融失調。1949 年後到臺灣，主持臺灣商務印書館。

本星期預定工作課目

1. 江肇基[1] 第四師副師長或陳桂華[2]（16D 團長）。

2. 各省區黨、政主管人選之研究。

3. 研究院通訊幹事組織之督促。

4. 各艦隊司令之發表。

5. 十三師與傘兵總隊合編計畫。

6. 國防會議之成立。

7. 財經設計小組之任務與工作之研究。

8. 兵學研究會繼續督導。

9. 越南部隊收編之計畫。

10. 補充兵營房之速建。

11. 招來香港人士投資臺灣之方針。

12. 動員工作與組訓為第一基本要務。

七月二十日　星期日　氣候：陰雨

雪恥：一、對費區特拉明告其國軍決不願負進攻海南島任務，切望其不作此建議或計畫也。

朝課後審閱舊日記。十一時禮拜，回寓後續閱日記，對魏德邁來華，受馬歇爾指使其毀蔣亡華之侮辱言行，思之猶有餘痛也。午課後記事，記上周反省錄與本周工作課目預定表，修正設計講稿未完，往浴。經兒來報，稚老小便不通者已有三日，彼不肯入醫院，乃囑經兒設計騙入醫院再說也。晚宴美海

1　江肇基，廣東番禺人。時任第五軍第二〇〇師副師長。
2　陳桂華，廣東東莞人。1951 年 2 月任第七十五軍第十六師第四十六團團長，1952 年 10 月任總統府侍從參謀。

軍軍令部長費區特拉，彼請教對韓戰不能停戰時最妥善之辦法，余直告其由中國國軍進攻大陸也。晚課。

七月二十一日　星期一　氣候：陰雨

雪恥：一、謀略與組織之督導。二、動員幹部訓練，應限下月開始。三、查報兵棋演習講評，補充之各項問題有否實施，及其準備程度如何，是否着手。今晨熟睡至七時後方醒，此為近來最難得之之 [1] 安眠也。朝課後審閱舊日記卅六年九月完。十時到研究院，舉行第十九期學員開學典禮畢，召見日本、韓國、港、澳各華僑青年卅餘人，訓示後回寓，續閱舊日記。午課後記事，續閱舊日記後往浴，晚課。本日目疾較前漸癒，妻病全用新藥後，亦並未再發舊病，惟其精神疲乏而已，此乃最足自慰者也。廿二時寢。

七月二十二日　星期二　氣候：雨

雪恥：一、反共必勝條件之研究：甲、民眾望我益切。乙、民眾恨匪，反共益烈。丙、匪將驕淫無度。丁、匪幹貪污自保。戊、匪黨清算鬥爭，必自相矛盾，離心離德。己、有志青年必覺悟歸誠。庚、經濟破產，搜括無遺。辛、政治黑暗，控制無效。二、共匪長處：甲、社會組織（村幹民兵）。乙、軍隊監視（政工黨員）。丙、情報靈明。丁、通信嚴密。戊、宣傳巧妙。
朝課後審閱舊日記。十時入府會客後，召集一般會談，商討對日經濟文化各項方針，總使日本澈底合作反共為第一，再謀軍事合作反共為目的也。對日

1　原文如此。

明言我最顧慮日共借通商之名，來臺組織宣傳也。其次，銀行、學校與報館，此時不僅嚴禁外國人之組織，而且對我內地來者，亦在禁止之列也。午課後審閱史稿與校正設計講稿，往浴。晚課，廿二時寢。

七月二十三日　星期三　氣候：陰

雪恥：一、對每一兵民之管訓如何澈底。二、軍訓學生之教育計畫迅速呈核，特別注重史地與政治反共教育、愛國思想。三、青年運動禁絕個人主義與派系關係。四、領導與命令之別：甲、啟發。乙、創造。丙、自動。丁、服務與勞動。戊、感化與勸戒。五、政治戰鬥體制，求戰、求兵、求食之三求口號。六、模範作用與核心作用之發展。

朝課後審閱舊日記。十時入府辦公，召見錢葉桐[1] 等十餘人。聽取至柔與雪艇報告，此次費區特拉來臺參觀我陸、海軍之感想，其優良程度出乎其預想之外，而與陸軍參謀長去年之報告殊大不同，可知其陸軍對華事事皆有成見也。對於我軍公教人員待遇提高之決議，美員又提出異議，但其用意並不惡也。

七月二十四日　星期四　氣候：陰晴

雪恥：昨午課後記事，研究反共必勝之條件八項，而對於其民族文化之毀壞與匪幹、匪兵之覺悟，是為其最大之制〔致〕命傷，猶未計及在內也。審閱舊日記至卅六年十月廿八日止，往浴，晚課，廿二時寢。

近日睡眠甚佳，四時初醒後，及至五時能再熟睡至七時左右，每夜可增睡二

1　錢葉桐，字野桐，安徽桐城人。曾任中學副校長、青年團分團主任、國防部學生總隊長。1949 年 8 月，任臺灣省立師範學院國文系講師。

小時，前後睡足七小時之久也。朝課後審閱舊日記卅六年十月完。十時入中央黨部，召開保障自耕農與限田政策會議，討論三小時，決議限於明年元旦實施限田開始，並以此為明年施政之中心也。午課後記事，審閱舊日記卅六年十一月起，正戰事步入困難之時期也，往浴。巡視研究院回，與妻車遊蒔林，彼病仍未見效也。晚課後廿二時寢。

七月二十五日　星期五　氣候：陰晴

雪恥：一、訓練、宣傳與情報三種業務之督導人員之指定。二、敵愾心與廉恥心之激發。三、官兵貸款規則。四、每縣市優秀鄉鎮長及臺北鄰里長參加閱兵。五、高級將領離防不告假者之查報。六、宴「斯浦路恩使」[1]。

朝課後審閱舊日記。十時入府，召見澳洲議員阿姆斯脫郎[2]與余伯泉[3]、吳燦禎[4]等，聽取余在美參謀大學及其考察陸大等報告，約一小時。美國軍事教育之優點，重在工作之協同，每一計畫與業務以及戰術（步、騎、砲、工、輜、通（信）、空軍）之協同也。而其作戰計畫除敵情地形任務以外，更注重兵員與補給情況之判斷也。午課後記事，審閱舊日記，往浴。晚課後與孟緝商討日本資料研究部之設立，及其海軍少將之聘請問題。與斯浦路恩斯談話，宴會。廿二時半寢。

1　斯浦路恩使（Raymond A. Spruance），美國海軍將領，曾任太平洋艦隊司令，1952 年至 1955 年任駐菲律賓大使。
2　阿姆斯脫郎（John Armstrong），澳洲工黨成員，1938 年至 1962 年為參議員。
3　余伯泉，字子龍，廣東台山人。1951 年 5 月，任國防部總聯絡處總聯絡官、美軍顧問團聯絡處處長，9 月調任國防部參議。1952 年 5 月，任三軍大學教育長。1954 年 8 月，任國防部副參謀總長。
4　吳燦禎，字叔敏，湖南平江人。1950 年 8 月任陸軍總司令部通信指揮部代理指揮官。

七月二十六日　星期六　氣候：陰雨

雪恥：一、每一業務必須記錄，留有工作記錄卡，以備前、後任聯接之查考。
二、各艦隊艦長之藉〔籍〕貫編配，應特加研究。

朝課後審閱舊日記卅六年十一月完。十時入府辦公，召見海軍各艦隊司令預備新編各艦隊長人選也。召集軍事會談，商討下半年增加臨時經費為難及召訓補充兵役經費為主題。決先召訓半數六萬人，以美顧問團不願召訓臺藉〔籍〕士兵，多增明年度預算也。又該團要求派遣顧問組至保安司令部，周[1]總長以此為內政機構，不屬於軍援範圍之內，彼乃以聘約換文中有保衛臺灣與治安為其任務，此「治安」二字，未知當時外交部何不駁覆刪除。可知外交人員之不重字，對外公文以加重此國恥也。午課後記事，審閱舊日記。妻自注射新藥後，神經有時失常，且其自言悲觀，自殺之心甚重，晡時更加失常，不勝憂慮。晚課後廿二時寢。

上星期反省錄

一、第十八軍與五十四軍整編開始。

二、臺省限田制度已決議於明年元旦實施。

三、動員工作及其基層組訓已積極進行。

四、美顧問團要求派員在保安司令部工作，應予拒絕。

五、美艦隊在臺灣海峽演習，對匪示威。

六、美軍對北韓仍繼續轟炸。

七、板門店秘密會議十餘次，無結果而終止。

1　周即周至柔。

八、美民主黨總統候選人已提名史蒂文生[1]，其副總統為史巴克門[2]。

九、美軍令部長費區特拉來臺視察後，對我軍贊譽倍至，此一言行對其陸軍
　　白來得雷[3]、柯林士[4]等排華之言行，將予以重大之打擊也。

十、伊朗與埃及皆有重大政變，埃王[5]且已遜位矣。此一風波，對於英、美發
　　生重大之不利影響。

本星期預定工作課目

1. 軍、師長有否擅來臺北而不告假者。

2. 海軍各艦隊司令之決定。

3. 財經設計小組之方針與人選之研究。

4. 各省區黨、政幹部人選。

5. 岳軍訪日之注意事項：對其政黨不作左右袒，並避免參予其事。

6. 兵學研究會學員名單之催報。

7. 財政會談：甲、待遇提高日期。乙、明年預算方針。

8. 對日和約立法院之通過。

9. 西班牙大使[6]呈遞國書。

10. 越南部隊收編方針與計畫。

11. 十三師調臺編併。

1　史蒂文生（Adlai E. Stevenson II），又譯史丁文生、斯丁文生、史塔生，美國民主黨人，
　　1946 年 1 月至 1953 年 1 月任伊利諾州州長。

2　史巴克門（John J. Sparkman），又譯斯巴克門，美國共和黨人，1946 年 11 月至 1979
　　年 1 月為參議員（阿拉巴馬州選出）。

3　布萊得雷（Omar N. Bradley），又譯白來得雷、布來德雷，美國陸軍將領，曾任第
　　十二集團軍司令、陸軍參謀長，1949 年 8 月至 1953 年 8 月任在參謀首長聯席會議主席。

4　柯林斯（J. Lawton Collins），美國陸軍將領，1949 年 8 月至 1953 年 8 月任陸軍參謀長。

5　法魯克一世（Muhammad Fārūq, 1920-1965），1936 年至 1952 年在位。

6　古榮（Antonio Gullon Gomez），1952 年 8 月至 1954 年 8 月任西班牙駐華大使。

七月二十七日　星期日　氣候：晴

雪恥：一、令胡璉來臺。二、研究院通信幹事之督導。三、各省區黨、政幹部之人選。四、步校校長之決定。五、不准派顧問到保安司令部。六、海軍教官與日本資料組工作之研究。

朝課後審閱舊日記，甚歎卅六年終軍事之危急，而不能消滅共匪之原因，其一，為匪之間諜情報厲害，其在我各級司令部與軍隊中可說已無孔不入，故高級將領之被俘，與精神受其脅制，皆由於此也。其二，為各級將領受匪諜宣傳之影響，故勇氣全消，事事被動，無論我增援部隊，雖近在咫尺，彼此始終不能聯繫打通，以及匪部盤旋牽制如入無人之境，肆無忌憚，而我被圍部隊不僅不敢出擊，而且不敢稍有行動，是精神喪失，士氣消沉，故只有被動、停頓、挫折，毫無銳鋒矣。用間與士氣，實為剿匪作戰之要務也。

七月二十八日　星期一　氣候：晴

雪恥：昨日上午禮拜後往臺大醫防〔院〕，訪吳稚老先生之病，視其精神與面色，皆較其在寓時為佳，不勝欣慰，據醫言頗有希望也。午課後記事，記上周反省錄與本周工作預定表畢，續閱舊日記。妻之精神萎頓，決令其往檀香山休養也。往浴，餐後在陽臺觀月讀詩，晚課。

本日朝課後審閱卅六年十二月日記完。十時到研究院紀念周照相、點名畢，回寓，記事。午課後審閱卅七年一月日記開始。校閱三民主義之實質講講〔稿〕後，往浴。與妻巡視北投後回寓，晚課。颱風初起，月色隱現，忽晴忽雨，在妻書房中讀詩自娛。廿二時寢。

七月二十九日　星期二　氣候：大風　雨

雪恥：一、黨名是否更改，如更改時，改為革命國民黨乎。抑改為國民革命黨乎，或改造國民黨乎。二、總裁名稱應否變更，如變更時，改為領袖乎。抑首領乎，或為主席乎，黨魁乎，幹事長乎，總理事乎。三、執行委員會名稱是否變更，或改為幹事會，抑理事會乎。四、選舉手續：甲、提雙倍名數交選。乙、選雙倍名數候圈。以甲項為宜。

朝課後審閱舊日記。十時入府，召見顧問團美國回國士兵二十餘人，點名、訓話後，召見我海軍赴關島見學之官長十餘人畢。召集財經會談，商討明年度預算與提高待遇經費，明年度預算為難，擬暫不提高，准在年終多發一個月薪俸，但未能決定。

七月三十日　星期三　氣候：晴

雪恥：昨午課後記事，續閱舊日記卅七年一月完。修正講稿（三民主義的本質）頗費心力，記錄太差也。召見西方企業公司即游擊隊美顧問班長杜乃南[1]後，往浴。晚課，廿二時寢。

本晨朝課後續閱舊日記。十時入府辦公，召見十五人，與經兒及雪艇、公超談美顧問必欲派其顧問組至保安司令部工作，余以該司令部屬內政機關，不在軍事國防範圍之內，應堅決拒絕，免啟其干涉內政之漸也。彼並欲設法取消政治部，此無異瓦解我反共鬥爭中心之組織，烏乎可，應不之理。然彼美似有非達到取消目的決不甘心之勢，此種幼稚行動，誠令人又笑又憤也。午課後記事，續閱舊日記，修正講稿，往浴，與妻車遊關渡。餐後晚課。

1　杜蘭義（Robert J. Dulaney），又譯杜乃南、杜南耐。曾任美國中央情報局日本站站長，時任該局政治協調處轄下西方企業公司在臺負責人，主管訓練游擊隊，策畫並執行突擊中國大陸與蒐集情資工作。

七月三十一日　星期四　氣候：晴　夜雨

雪恥：一、業科與兵科軍官之訓練計畫。二、教官提高待遇限期實施。三、召見金銅礦局魏華鯤[1]與王蓬[2]。四、令孟緝勿接受美顧問在保安部工作。五、段澐、段復[3]之處置。六、黨報社論方針與組織。

昨夜為美顧問承其國務院指使，處心積慮必欲取消政治部而後快心之行動，無任憂憤，故又失眠，乃服藥一小時後始睡去。晨起，朝課如常，審閱舊日記卅七年二月完。十時入中央黨部，聽取上半年對幹部政策實施工作之報告畢，予以指示。正午評議聚餐。午課後記事修稿，與岳軍談其赴日注意各點，切勿使其各政黨認為有袒護某黨之感也。召見嚴[4]財長，報告美經援分署廿三年度，獨重工業二千萬美金補助之計畫也。立法院已通過對日和約矣，往浴。與妻車遊蔣林，膳後聽取叔銘由美回來報告，一小時餘畢。晚課，廿二時半寢。

1　魏華鯤，1948 年 9 月時任撫順礦務局局長。
2　王蓬，字一峰，上海人。曾任行政院善後救濟總署駐英國代表，時任行政院美援運用委員會秘書長。
3　段復，號琴僧，湖南衡陽人。段澐之兄，1952 年 5 月任交通部設計委員會專門委員。
4　嚴即嚴家淦。

上月反省錄

一、本月之國恥：甲、芬蘭世界運動會。乙、加拿大國際紅十字會，皆約我國與朱、毛雙方參加，我決反對不出席，作消極之抗議。

二、美國兩黨總統候選人皆已提名，如共和黨勝利，艾生豪當選，於我國之協助仍為有限，但比民主黨斯蒂文生當勝一籌。惟無論如何，杜魯門實為（出賣）中國之罪魁，最後終不敢參予競選，所有艾其生、馬歇爾之流，其一心賣華毀蔣之大奸，十年來一貫之陰謀，至此或可粉碎，告一段落乎。而余則尚在臺灣屹立奮鬥，未被其全毀也，此實上帝恩德之所賜也，否則如此重大之陰謀，何能屹立至此耶。

三、美軍對北韓大轟炸繼續不斷進行，美人以為可以獲得停戰，余總以為無效也。

四、美海軍在臺灣海峽用一艘航空母艦之飛機，對大陸海岸示威，大事宣傳，其幼稚可笑，但對我人民自可發生心理之作用耳。

五、伊朗與埃及皆有政變，此實與英、美在中東之重大打擊，土耳其之勢更孤，又予俄帝一重大可乘之間隙也。

六、本月審閱卅六年舊日記，實加我無上之效益。總反省之餘，甚覺為共匪所敗者，不外二點：甲、共匪之間諜與謠諑兇惡，我全部文武之心理為其所脅制，而毫無自動鬥爭之精神。乙、軍政社會之組織空虛，而且幹部腐化，志節喪失，最後一年幾乎無一幹部能效命奮鬥堅持到底者，而獨賴余一人誓死奮鬥，自必失敗，此不能不歸於組織失敗也。

七、審閱卅六、七年日記，自覺最大之弱點，對於大奸巨敵，並無深切認識其險詐，故無堤〔提〕防戒備之警覺，終望其能有悔悟合作之一日，不惟對於馬歇爾如此，即對於共毛亦復如此。所謂不念舊惡與饒恕敵人之哲學，果如此乎。以君子待小人，以信義交猛獸，如不澈底改過，焉得而不敗亡耶。

八、對反攻大陸之方略及整訓部隊之計畫，本月皆能深切研究，嚴格督導。
　　而審閱舊日記對於外交、內政與剿匪軍事教訓，所得更多也。

九、本黨全國大會雙十節召開之決議已如期公布，第十八與五四軍整編亦如
　　期開始，經濟日趨穩定，惟軍公教待遇之提高，尚未能決定耳。

十、對日和約已經雙方國會通過，美國對我輿論與信譽亦日漸增高，西班牙
　　雙方使節亦已交換，此外交之發展也。

八月

蔣中正日記
Chiang Kai-shek Diaries

民國四十一年八月

本月大事預定表

1. 兒童教育及國民教育之教材與師資。

2. 教育工具：甲、電影。乙、幻燈。丙、組織。

3. 上月預定表之（2）、（3）兩項內容。

4. 反攻大陸以建立三民主義國家和五權憲法之政府為基本設計工作。

5. 地下設備防空洞與飛機庫。

6. 都市經濟管制與復興農村方案。

7. 思想領導與學術領導之方法。

8. 財經設計小組之籌備。

9. 軍學研究會之督導成立。

10. 海軍各艦隊司令之派定。

11. 第十八與五十四軍整編之完成。

12. 全代大會之準備。

八月一日　星期五　氣候：晴

雪恥：一、召見第六七、八七、七五各軍長。二、詹抑強與段澐之查辦。三、步校政治處長與校長之人選。四、第六軍與五十二軍副軍長之調換。五、軍中傳教師之注意。六、令自新共犯重組共產黨勾引中共與日共計畫。

朝課後審閱卅七年三月日記開始。十時入府，主持國父紀念月會後，召集情報
會談，共匪潛伏軍中者仍所在不少也，川北黑水區傅秉勳部被匪圍攻已四日不
通電報矣，幸事先已有指示，當不為匪所害也。午課後審閱舊日記及記事與記
上月反省錄，召見毛[1]局長後，指示孟緝對共匪之技術與組織要領。往浴後與
妻巡視圓山大旅館，其地勢在臺北最為雄峻，此館辭修本建為余之住宅，余嫌
其太華麗高大，故卻之，乃改為旅館，今始至此巡視也。晚課後廿二時半寢。

八月二日　星期六　氣候：晴

雪恥：一、召見第六與五十二軍各副軍長。二、兵學研究會員應以師長與軍
參長、副軍長為基準。三、東京資料組准自十月份開始。四、各省區學員人
數之統計及其優秀人員之表冊調整。五、研究院教育方式及方針之改變計畫。
六、召見徐笙[2]、王化興[3]、賈貴英[4]（戰略計畫會）。七、訓練動作與精神行
態之標準統一化。

四時半初醒不能成眠，六時起床，朝課後記事，審閱舊日記卅七年四月開始。
十時入府辦公，簽署中日和約批准書，召見七員畢，召集軍事會談，對美顧
問團處心積慮，其陰謀取消政治部之言行與公函又起憤慨，乃指示處置與答
覆方針。最近美陸軍方面又專派五十人來臺，對政治部作取消之不法言行，
應加防制。午課後審閱舊日記，審核兵學研究會學員人選後，往浴，與妻車
遊北投。膳後觀月，晚課，廿二時後寢。

1　毛即毛人鳳。
2　徐笙，字雨笙，江蘇阜寧人。時任陸軍總部作戰計劃委員會主任委員。12 月調任國防
　　部戰略計劃研究委員會委員。
3　王化興，號洽南，山東招遠人。1951 年 2 月至革命實踐研究院軍官訓練團第五期受訓，
　　3 月調任軍訓團副教育長。時任國防部聯合作戰委員會委員。
4　賈貴英，字子傑，河北豐潤人。1950 年 3 月任國防部戰略計畫研究委員會委員、情報
　　小組負責人。原任國防部戰略計畫研究委員會委員，時任國防部聯合作戰委員會委員。

上星期反省錄

一、澳門守軍與香山共匪互擊，持續數日尚未了結。

二、簽署中日和約批准書。

三、黑水傅秉勳部被匪圍攻，電報已數日不通，但預料其不致被匪消滅也。

四、自新共匪另組臺共，使與華共、日共聯繫之計畫應作具體之步驟，此為對中共之創意或有收獲也。

五、軍公教人員提高待遇問題尚未解決，應先籌得補充兵三萬人之經費有着後，再定提高之數目也。

六、海軍艦隊各司令人選應速決定。

本星期預定工作課目

1. 精神第一與火力關係。

2. 瞄準與射擊應特別注重。

3. 步兵單獨作戰之警覺與訓練。

4. 軍官團組織規章與方法之研究。

5. 以寡擊眾為戰術第一之口號。

6. 訓練動作與行態儀容之標準統一化。

7. 人事分類測驗業務之設計。

8. 人事管理業務之注重。

9. 西班牙大使呈遞國書。

10. 美、澳、紐在檀香山召開其太平洋會議。

11. 夫人赴檀香山養病之改期。

12. 軍學研究會人選及訓練計畫之決定。

八月三日　星期日　氣候：晴

雪恥：一、令美顧問團提送其每一顧問之履歷於國防部。二、查究墨西哥馮大使[1]與毛邦初關係。三、最近增加之美顧問多為其中央情報局之人員，其用意何在。四、應知美國政府及其陸軍馬派對毀蔣滅華之心理仍繼續進行，能不為之戒懼乎。

朝課後記事，審核兵研會學員人選後，經兒來見，商討對蔡斯拆散政治部計畫之覆函大意，與軍隊傳教師中有共匪諜探混入之可能後，聞為有教會中之小群派所為，應暫為禁止。禮拜如常。午課後續審學員人選，甚費心力也。見陳維屏[2]牧師後，赴浴，途遇勇孫，帶領其同到前草廬作伴也。晚與孟緝談兵研會等事，觀月，晚課，廿二時半寢。

八月四日　星期一　氣候：晴

雪恥：一、准史〔施〕季言[3]仍住原屋並月津五百元。二、重印「十五年以前之蔣介石」。三、約顯光商傳記補正事。四、設立海軍艦隊司令計畫之研究。五、軍學研究會組織之準備完成。六、保安司令部拒派顧問事之解決。

朝課後審閱舊日記。十時到參謀學校紀念周，宣講土地國有要義小冊及解釋田賦與其他稅性不同之關係，不能視田賦為普通之稅務也。在府召見海軍組顧問貝樂理以其為女性案調回美國，但其對華工作甚熱情也。午課後記事，審核軍學研究會計畫與章則課程修正之，召見研究院第十九期員開始。赴浴，武、勇二孫在前草廬等駕，要償冰其淋之諾言，乃領其入廬賞給之。與妻往

1　馮執正，號子正，廣州市人。時任駐墨西哥大使，1945 年 8 月 29 日受任，11 月 29 日到任，12 月 29 日呈遞到任國書，1956 年 4 月 11 日離任。

2　陳維屏，南京凱歌堂牧師、臺北士林凱歌堂牧師、中華民國基督教協會理事長。

3　施季言，江蘇海門人。1948 年起擔任武嶺學校校務長，1949 年 8 月出任草山（陽明山）管理局局長，1952 年 8 月任東吳大學校長。

蔣林覓定客房地址回，晚課，廿二時寢。

八月五日　星期二　氣候：晴

雪恥：近日黎明即起，時見曉月漸沉，朝霞初現，屢起幼年夏晨赴塾誦讀早書時之情景，喜從中來，惟一想及當時師傅嚴厲殘酷之教育，則至今猶有餘悸，不堪回首矣。

朝課後審閱舊日記卅七年五月開始。十時入府辦公，巡視禮堂，毫無準備，秘書長與參軍長既無見識，對府事又不能負責，令人憤悶異甚。十時半接見西班牙大使呈遞國書，舉行儀式後，召集一般會談，商討立法院與國大代表等問題。午課後審閱舊日記後，修正講稿。十七時半召見學員卅人，核定軍學研究會員人選。往浴，晚課畢，宴西班牙大使畢，與妻車遊蔣林回，寢。

八月六日　星期三　氣候：晴

雪恥：一、約李世鏡[1]，陸總高參（黃伯韜[2]之參長），又楊廷宴[3]約見。二、約見顯光商傳記事。

朝課後審閱舊日記卅七年四、五月之往事，桂系之險惡與黨內之鬥爭實甚於

1　李世鏡，遼寧遼陽人。1949年9月任以第一〇八師為基礎重建的第二十五軍副軍長。時任陸軍總司令部高級參謀。1957年3月調任陸軍總司令部陸軍作戰計劃委員會委員。
2　黃百韜（1900-1948），一名伯韜，字煥然，號寒玉，祖籍廣東梅縣，生於河北天津。1948年8月任第七兵團司令官，11月22日在徐蚌會戰中於碾莊地區兵敗殉國，1949年1月被追贈為上將。
3　楊廷宴，河南項城人。1948年11月時任第二十五軍副軍長，徐蚌會戰碾莊戰役失利，第七兵團司令黃百韜自殺殉國，親葬之後逃出。1950年11月任第八十七軍軍官戰鬥團團長。

共匪之圍攻，其實當時桂系與黨團皆已有共匪之滲透作祟，所以桂系聲勢浩大能壓倒一切。國家至此，李、白[1]之肉不足食矣，回憶猶有餘痛也。十時入府，約見美地政家雷正奇[2]君，面告今年農村社會之安定與農民生活之進步，無論在政治與經濟各方面皆有長足之進步，彼並主張農民購田當令出五分之一現款，使中、小地主不致困窮，而農民最近生活足有此力量也。召見胡璉、顯光等二十人，見吳清源[3]棋國手，儀容行態皆極正明，無任欣快。

八月七日　星期四　氣候：晴

雪恥：昨午課後修正「民國十五年前之蔣介石」傳記，自十八歲至二十四歲之事蹟皆記錯一年，故補正之。十七時半到研究院，召見學員卅人畢，赴浴，晚課後與妻車遊中山橋回，廿二時後寢。

朝課後審閱舊日記卅七年五月完。十時前入中央黨部，寫稚老勸其信任醫者勿予抗拒函後，開會討論中央組織大綱畢，研討中央日報改革情形，希聖[4]總主筆與馬星野[5]社長皆應調職，方得澈底整頓也。午課後記事，審閱舊日記後，召見顯光商討傳記增補重要之處，以余不贊成總理放棄黃埔對北伐作孤注一擲，而堅留黃埔為本黨保全惟一根據，以及反對革命委員會成立，勿使

1　李、白即李宗仁、白崇禧。白崇禧，字健生，廣西桂林人。1949 年底來臺後，任總統府戰略顧問委員會副主任委員。

2　雷正奇（Wolf I. Ladejinsky），又譯雷正琪，美國農業經濟學者，曾任職於農業部，戰後任職駐日盟軍總部。

3　吳清源，出生於中國福建，曾是日本職業棋士。1940 年開始稱雄日本棋壇二十年，獲棋壇譽為「現代圍棋第一人」，日本稱其為「昭和棋聖」，中華民國政府授予「大國手」稱號。

4　陶希聖，名匯曾，字希聖，以字行，湖北黃岡人。1950 年 10 月，任中國國民黨中央改造委員會第四組主任，1951 年 7 月，改任《中央日報》總主筆、革命實踐研究院總講座。

5　馬星野，原名允偉，筆名星野，浙江平陽人。時任《中央日報》社長，8 月轉任中國國民黨中央設計委員會副主任委員。

鮑爾廷[1] 操縱本黨，並為鞏固本黨與完成北伐最大之關鍵也，召見學員卅人。
赴浴，晚課，廿三時前寢。

八月八日　星期五　氣候：雨陰

雪恥：一、徐彭〔蚌〕會戰史參編人：李延年[2]、艾靉[3]、劉漢鼎〔鼎漢〕[4]、
鄒鵬奇[5]、程鵬[6]、張家寶[7]、孫元良[8]、周之道[9]（大陳）。二、軍校青年候補軍
官訓練之計畫呈報。三、軍學研究會員調集之方式：甲、先由革命研究院名
義召訓後再轉職。乙、由總統直接下令調任侍從與參軍實職。
朝課後審閱舊日記卅七年六月開始。十時入府辦公，召見徐汝誠[10]、葉成[11]、
鄒鵬奇各軍長，以徐為有望之才，鄒非將才也。另召見六人畢，召集財經會談，
指示明年六個月預算方針，以補充兵三萬名之經費為第一優先也，其次為提
高待遇之經費。午課後記事，記上周反省錄後，審核海軍各艦隊司令人選與

1　鮑羅廷（Michael M. Borodin），又譯鮑爾廷，蘇聯政治家，1923 年至 1927 年為共產
　　國際駐中國代表及蘇聯駐廣州政府代表，國民黨聘為「政治教練員」、「政治顧問」。
2　李延年，字吉甫，山東樂安人。1949 年 5 月，退兵福州，任福州綏靖公署副主任兼第
　　六兵團司令。8 月退兵平潭島，為共軍攻克，逃往臺灣。後以「擅自撤退罪」判刑。
3　艾靉，號業榮，湖北武昌人。1951 年 8 月，調任第六軍軍長。1953 年 9 月，調任國防
　　部戰略計劃研究委員會委員。
4　劉鼎漢，字若我，湖南酃縣人。1951 年 4 月調任第五軍副軍長。1952 年 12 月奉調總
　　統府高級參謀，1954 年調升第十八軍軍長。
5　鄒鵬奇，號東寶，1951 年 3 月出任第八十七軍軍長，1953 年 9 月轉任國防部戰略計劃
　　研究委員會委員。
6　程鵬，字鴻鯤，貴州水城人。1949 年任第三十九軍軍長。
7　張家寶，河北寧河人。1950 年任第一四七師師長，1954 年 5 月任第五十軍增設副軍長。
8　孫元良，四川成都人。1949 年任第十六兵團司令駐守四川，因下屬軍官通電投共，遂
　　經香港來臺後，即辦退役，自謀生活。
9　周之道，1947 年 10 月時任第八十三師師長。
10　徐汝誠，字午生，浙江餘姚人。1950 年 3 月任國防部第三廳廳長；1951 年 4 月任第
　　六十七軍軍長；1953 年 9 月任第六軍軍長。
11　葉成，字力戈，浙江青田人。1952 年 8 月，任第七十五軍軍長。1953 年 3 月。調任
　　第八十軍軍長。

軍學研究會員增補之人選。十七時後與妻視察大溪檔案室，廿時回寓。晚課，以妻明日將往檀香山養病，夫妻依依不捨也，廿二時後寢。

八月九日　星期六　氣候：晴

雪恥：一、電催俞大維[1]轉問已允運臺之美械為何屆期不到。二、胡健中[2]加入社論委員會。三、徵集經史有道之專家主講革命研究院。四、發李君佩[3]、沈錡津貼。五、征調研究會學員辦法：甲、先調至金門部隊後再調來學。乙、絡續調為侍從武參。

朝課，體操畢，與妻跪禱同祝妻平安到檀香山養病速痊也，靜默半小時後，審閱舊日記卅七年六月完。十時前入府辦公，召集軍事會談，對第二期兵棋演習與兵學研究會及軍事動員方針等要案皆未能解決也。十一時半妻來府，余送其上機後，回寓途中及終日禱其平安飛抵目的地也，寂寞非常。午課後記事，審閱卅七年七月日記開始，召見學員卅人後赴浴，與武、勇二孫車遊蔣林回，二孫必欲來寓晚餐，乃允之同餐畢，辭去，晚課，廿二時寢。

1　俞大維，浙江紹興人。1950 年 1 月赴美養病，4 月 1 日至 1951 年 3 月 1 日出任國防部部長，兼任行政院美援運用委員會副主任委員及駐美大使特別助理。1954 年 9 月 20日再度出任國防部部長。
2　胡健中，原名經亞，原籍安徽和縣，寄籍浙江餘杭。1950 年 8 月，為中國國民黨中央改造委員會委員。1952 年 11 月轉任中央常務委員會黨政關係委員。
3　李文範，字君佩，廣東南海人。1950 年 8 月任中國國民黨中央改造委員會紀律委員會主任委員，1952 年 11 月任中國國民黨中央委員會紀律委員會主任委員。

上星期反省錄

一、美、紐、澳三國在檀香山開其太平洋理事會議，美奸艾其生為首，是其顯欲白人澳洲擴大為白人太平洋也，此乃英國之陰謀，而美奸艾其生不過為其傀儡，奉英旨以代其推行而已。

二、英國且欲以美、法、英、澳、紐、加、土七國組織中東防衛協定，更可知其白人太平洋之陰謀矣。

三、美國警告北韓七十二縣市人民遷移，以避免其轟炸時之死傷，然而並不見有人民之動作也。

四、共匪新華社之態度似有希望停戰協定成立之表示，此又一對美之欺詐也。

五、共匪在閩北沿海島嶼自西洋島被其侵佔後，其他小島亦積極爭奪，是其防我進攻福州甚急也。

六、明年預算最優先為補充兵訓練之經費已定。

七、兵學研究會計畫與學員已審定，但為避免美員誤會起見，故實施日期尚難確定耳，但函授部與軍事動員訓練計畫可先實施也。

八、西班牙大使已呈遞國書，中日和約已交換生效矣。

九、美員雷正奇報告其採訪臺灣農村生活之結果，政治與經濟今年皆有顯著之進步，是最足自慰之一點，此乃二年半奮鬥之成效乎。

十、自感信心最近甚少進步，或有退步之象，戒之。

本星期預定工作課目

1. 獎復蔡斯評論我軍上半年成績之函件。

2. 召參謀與國防二校長，指示軍制教育方針。

3. 決定兵學研究會學員召集計畫。

4. 催促訓練各部隊之專技計畫及鑿飛機庫事。

5. 中央黨部組織及其分工與系統表之研究。

八月十日　星期日　氣候：晴　下午雨　涼

雪恥：一、詹抑強之調動。二、袁思孝之調換。三、海軍太字號艦長履歷之審閱。

朝課前後，甚以妻之行途中安全及其可到達之地點，時時系念也，並以經兒由菲回臺途中不遇颱風為禱。上午修正三民主義本質之講稿完，蔣林禮拜如常，自覺信心與修養不如往日之篤，應切戒而自勉之。午課後記事，記上周反省錄與本周工作預定表畢，赴浴，剪甲。武、勇二孫來吃冰其淋，領其車游〔遊〕中山橋，車中躍跳嬉唱，甚見活潑，同回寓晚餐。經兒自菲回臺，來報告夫人過菲情形，菲政府外交部長[1]接待禮遇倍至，乃與其卅九年禮經菲回臺之情形，其冷熱之態度完全不同矣，人生炎涼之情境竟如此也，經在廊前奉陪閒談後，晚課畢，廿二時寢。

八月十一日　星期一　氣候：晴

雪恥：一、閩、粵攝影工作之督導。二、國防會議開始日期之預定。

近日審閱日記自反所得者：甲、一生失敗在政治上而言：其一為用人無政策、無系統、不重品德、不考言行之實際，而一以環境為轉移。尤其是抗戰勝利之後用人方針更無系統且無才學，其亂極矣，例如馮欽哉[2]之主察哈爾、王方舟[3]之主江西是矣。其二無論對敵人、對友邦毫不警惕，更無防範，一惟信義與忍耐是尚，因之疏忽大意，無論友、敵反以為可欺矣，此對毛賊種與馬下

1　伊利薩德（Joaquin Miguel Elizalde），菲律賓外交官，曾任駐美國大使，1952 年 4 月至 1953 年 12 月任外交部長。
2　馮欽哉，山西萬泉人。1948 年 8 月，任華北剿匪總司令部副總司令。1949 年 1 月以後，在北京家中養雞。1956 年夏，加入中國國民黨革命委員會。
3　王陵基，字方舟，四川樂山人。1948 年 4 月，任四川省政府主席兼保安司令、軍管區司令。後任第七綏靖區司令官。1950 年 2 月化裝出逃，在四川江安被捕。

兒[1]之失策為尤甚也。

朝課後審閱卅七年七月日記，禮拜如常，致夫人電。午課後續閱舊日記與記事，召見學員卅人，赴浴，與三孫同遊頂北投，文孫已考升成功學校高級中學矣。

八月十二日　星期二　氣候：晴

雪恥：昨晚三孫與經兒皆來陪餐，武、勇非來此吃飯不可矣，餐後獨自納涼、吟詩後，晚課，廿二時寢，為鄰宅電話躁惱不能成眠，乃服藥後漸得安眠。

本晨七時起床，朝課如常，審閱卅七年七月日記完。十時入府辦公，召見外賓梅西[2]（美之預算官）後，召見海、空優秀將領六人畢，召集宣傳會談，商討中東情勢，英、美現雖積極支持伊朗麥沙德[3]，但無法挽救，料其徒勞無功而已，土耳其與希臘之處境更為困難矣。午課後批閱公文，記事畢，召見學員卅人後，與孟緝談軍學研究會及馬乘風[4]（立法委員）通匪窩諜之事實，應即判決宣布也。赴浴，三孫陪餐，晚課。

1　毛賊種與馬下兒指毛澤東、馬歇爾（George C. Marshall）。
2　梅西（John William Macy Jr.），美國政治家，1951 年至 1953 年任陸軍部副部長特別助理。
3　麥沙德（Mohammad Mosaddegh），又譯莫沙德，伊朗政治家，1952 年 7 月任伊朗總理兼國防部長。
4　馬乘風，名鴻昌，河南宜陽人。1948 年當選立法委員。1952 年初，為保安司令部逮捕。1955 年秋，被控煽動前第八兵團司令劉汝明叛變，及包庇「匪諜」趙守志入境，判刑無期。

八月十三日　星期三　氣候：晴

雪恥：一、審閱舊日記失敗之原因，在軍事不求諸己，不能劍及履及，即決即行，一惟以空洞之國際形勢與美國覺醒為期待，更以普通之人心與一般之推測，皆以主觀為基點，而對客觀之研究不能求深求實，此乃為料事決策之最大錯誤也，應切戒之，而今日此病仍未袪除，能不愧乎。

朝課後審閱舊日記。十時入府辦公，召見優秀軍官十餘員，十三時後回寓。午課後記事，校修三民主義本質之講稿未完，召見學員卅人，頗多優秀人才也，可慰。赴浴，二孫來陪，賞其吸「蘇達冰其淋」，彼又必欲往祖寓晚餐矣，餐後晚課，廿二時寢。

八月十四日　星期四　氣候：晴　夜雨

雪恥：一、我高級將領趙家驤等訪美陸軍部長，其言軍隊成敗實係將領之優劣，而武器補給無關緊要也，其言不惟譏刺國軍往日失敗之恥辱，而且有圖賴或延緩其軍援武器之運華也，能不警覺乎哉。二、昨晨為美顧問陰謀取消政治部提議之覆文，特親加增補與修正，自覺心安也。三、查陸總保荐訪美軍官有段澐之公文，究由何人負責。

朝課後續校講稿。十時入中央黨部，召開動員委員會，聽取各組報告，除社會組外餘無進步，對廣播公司與中央日報董事長人選尚待解決。午課後記事，校修講稿完，召見學員卅人畢，武、勇二孫來陪，以其不能親近，故以冷淡對之，勇孫覺悟甚快也，聚餐後晚課，廿二時寢。

八月十五日　星期五　氣候：陰雨

雪恥：一、部隊整編之前應切戒者：甲、管理鬆懈。乙、工作停頓。二、今後整編各師之團長以上人選必先呈核為要。三、檢查戶口與逃亡人員。四、召見定中明[1]、蔡以典[2]（外交部）。

朝課後審閱舊日記（卅七年九月）。十時入府召見師團管區司令十五員，分別談話後，召集情報會談，各部門皆有進步也。黑水地區傅炳〔秉〕勳電臺尚未聯絡，皆為懷念，好在小黑水之電臺仍通也。午課後記事，補正土地國有要義篇之田賦與租稅不同之解釋，及國有即民有二節甚覺有力也，召見學員廿九人，第十九期學員已召見完畢。赴浴，令兩孫來吸蘇達冰其淋後，同回晚餐，晚課後廿二時寢。

八月十六日　星期六　氣候：晴

雪恥：一、匪區治安保衛委員會之對策研究。二、陸軍第八十四師與第九十六軍之番號應即撤消（永久），以其番號為叛逆吳化文[3]降匪時之番號也。

朝課後審閱舊日記。十時入府，召見劉瑞恆[4]，報告夫人近日病情及其在加拿大所開會之紅十字會匪偽代表鬥爭情形，有周鯁生[5]亦任匪代表團之顧問，其

1　定中明，字星吾，經名達悟，湖南常德人。著名伊斯蘭學者、大阿訇。歷任外交部亞西司科員、科長，1955年外派駐黎巴嫩大使館一等秘書。
2　蔡以典，號孟平，湖南湘潭人。1949年2月任外交部專員兼代科長。1953年4月任駐伊朗大使館一等秘書。
3　吳化文，山東掖縣人。任整編第九十六軍軍長，1948年9月，在山東濟南率部附共。同年10月所部改編為中國人民解放軍第三十五軍，任軍長。1949年4月24日凌晨率軍佔領南京總統府。
4　劉瑞恆，字月如，直隸南宮人，出生於天津市。歷任聯合國善後救濟總署中國區醫藥組負責人、行政院善後救濟總署衛生委員會主任委員。1949年隨政府撤退來臺，仍從事公共醫藥衛生工作。1950年6月，任善後事業保管委員會委員，12月任中國紅十字會總會會長，協助發展醫學教育。嗣後多次代表出席世界衛生組織大會。
5　周鯁生，原名周覽，湖南長沙人。1945年擔任武漢大學校長、教育部學術審議委員會委員。1948年當選中央研究院院士。晚年加入中國共產黨。

行動態度不敢與我劉大使[1]張眼正視情形,更覺匪偽組織之恐怖與嚴密矣。召見八人後召集軍事會談,甚覺話多而聲竭之象,應切戒之,尤其對投機分子發怒更不值得,徒傷心神何苦哉。午課後記事,補正土地國有要義講稿完。赴浴,途遇勇孫同行,巡視蒔林改修房屋後回,晚餐,晚課,廿二時寢。

上星期反省錄

一、中央日報社已改組,人事調整完畢。

二、軍事動員制度之政策已定,正在積極建設中。

三、經濟生產方針與金融政策已定。

四、妻已由檀香山赴舊金山養病。

五、毛邦初已在墨西哥逮捕歸案,交涉引渡中。

六、美、英、法對俄要求解決奧國和約問題,俄已覆文拒絕矣。

七、共匪在北韓西線發動攻勢甚猛,已被美擊退。

八、共匪傀儡組織已大加擴張其財政報告與治安保衛委員會之組織,應切實研究其內容。

九、三民主義本質講稿修正完成,土地國有要義講稿補充亦已完成矣。

本星期預定工作課目

1. 海軍各艦隊司令人選正式發表。

2. 召見著名學者、文化人。

1　劉鍇,字亦鍇,廣東香山人。時任駐加拿大大使。

3. 軍學研究會人選辦法之決定。

4. 新侍衛長人選。

5. 核覆顧問團對政治部意見函件。

6. 電俞[1] 催美速運武器。

7. 明年度預算方針及軍政人員提高待遇案。

8. 改造社會首重每一國民納入於工作組織之內。

9. 匪之鄉村組織及其治安保衛委會之統制辦法。

10. 專設對匪黨、政、軍、經、教、社現狀之調查與對策之研究部。

11. 公教人員自衛隊之組訓與勤儉報國會之籌備。

12. 軍事教官提高待遇與技工之加薪。

八月十七日　星期日　氣候：晴

雪恥：昨夜睡眠最佳，自廿二時前至今晨七時，除三時至四時之間一度醒覺約半小時以外，其他皆為熟睡，足有八小時之久，此為近年來罕有之佳眠也。今晨起床後朝課畢，審閱卅七年九月日記完，時祝妻今日由檀香山飛舊金山途中能如期平安到達也，往蔣林禮拜如常，回寓。記昨日事，令武、勇二孫來聚餐也，武孫近日晒日游泳已面黑體健，此孫平時體弱而腦敏，體力如能增強則慰矣。午課後記（上午）事，記上周反省錄與本周工作預定表後，往浴，領武、勇二孫同行。晚課，晚約宴美國共和黨眾議員四人，直告其美國領導國際無道義精神，所以陷害我大陸人民入於求死不得之浩劫也，客去，廿三時寢。

1　俞即俞大維。

八月十八日　星期一　氣候：晴　晚雨

雪恥：一、設置對匪現行政策及其行動之研究部。二、縣黨部以下組織應實行秘密。三、設置海外僑胞動員策畫專門委員會：甲、獎勵華僑青年回國升學及從軍。乙、獎勵華僑來臺投資貿易與建設。丙、華日南洋（合作）經濟合作之設計。四、擬派趙學淵[1]為駐日代表之陸軍武官。

朝課後審閱舊日記。十時到研究院舉行第十九學員結業典禮，宣讀三民主義的本質篇講稿完，與曉峯等商討調解青年黨問題，不應使其長此分裂，而且程〔陳〕啟天[2]與劉士〔泗〕英[3]二派較為純正，未有如李璜[4]派之不道德無廉恥也。與學員聚餐畢，重讀土地國有要義之訂正本後散會。午課後審閱卅七年十月日記完，認為反省得益最多也，赴浴，兩孫來陪如常，晚課後，廿一時半就寢。

八月十九日　星期二　氣候：晴

雪恥：昨夜半醒後，深慮匪首周恩德〔來〕此次赴俄之作用與任務何在，認為俄帝將作和平宣傳攻勢，以引起美國對韓戰停止之幻想，而其內容當以加強俄共同盟協定促進大戰準備，犧牲我大陸同胞而已，其實為前往接受史帝命令耳，其次朱、毛此次增加其偽組織中之部會，所謂工程部與二個機器部

1　趙學淵，湖北麻城人。1946 年任國防部人力計畫司司長。韓戰時為駐韓國武官。1951 年 12 月任參謀學校教育長。
2　陳啟天，字修平，湖北黃陂人。1950 年 1 月，任中國青年黨秘書長，旋代理主席。10 月創辦《新中國評論》。
3　劉泗英，號懷園，四川南川人。抗戰勝利後，任中國青年黨中央黨務委員及秘書長。1946 年當選為制憲國大代表。1947 年在原籍當選為第一屆國大代表。來臺後，續任國民大會代表。
4　李璜，字幼椿，號學鈍，四川成都人。1949 年避居香港，任香港中文學院教授。並往來於港、臺之間。被推舉為青年黨中國派首領，為中國青年黨的當權派。

乃為構築其深度之邊防工事，與加強製造武器之程度，對其深度工事之構築無任顧慮，將來反攻大陸決不如今日之易易矣。

朝課後續審卅七年十月份日記，對於往事誠有不堪回首之感，慚惶無地。召見八員後一般會談。正午宴文化學者二十人。午課後清理積案，核定海軍艦隊人事等要務，往浴，晚課，武、勇陪餐，廿二時寢。

八月二十日　星期三　氣候：晴　後雨

雪恥：一、各級政府機關人員必須參加自衛隊與組訓工作。二、監察工作第一。三、主計制度之履行。四、派員赴港招待人員之選定。五、取消資源委員會懲處，對國際機關津貼之各主管人員。六、令車蕃如[1]擬定學員征召辦法。

朝課後審閱卅七年十一月日記開始。十時後入府辦公，召見海、空軍優秀官長十餘人，及對出國學習人員廿餘人訓示畢，批閱公文，診斷目疾內部無恙，但閃光之病已越三月尚未痊癒也。正午宴各大學及專校優秀教授卅餘人，午課後記事，整理兵學研究會員名單頗費力也，往浴，晚餐如常，晚課後讀唐詩，廿二時寢。

八月二十一日　星期四　氣候：晴　晚雨

雪恥：一、約張曉峯、董顯光同志談話。二、約彭、車[2]談軍學會員人選計畫。三、周匪赴俄乃為俄五年計畫中加入中國之經濟工業及軍需工業在其範圍之

1　車蕃如，貴州貴陽人。1949 年 6 月調任貴州綏靖公署參謀長。西南最後陷落，轉到香港來臺，任陸軍總部參謀長。1952 年底，調任總統府第二局局長。

2　彭、車即彭孟緝、車蕃如。

內,由此整個大陸之資源與人力皆為俄帝所統治,如果此一新五年計畫真能成功,則第三次大戰發生後,在人力與物力上言,俄乃可立於不敗之地,然而在正義與精神上言,則不可知也。

朝課後審閱舊日記。十時後到中央常會先討論俄共之關係,再討論中心理論提案方式,余主張中心理論必須在全國大會時決定也。正午約宴美眾議員「斯克瑞夫納」[1],甚富情感也。午課後記事,批閱公文,審閱卅七年十一月日記完。赴浴,晚餐後晚課,廿二時寢。

八月二十二日　星期五　氣候:晴　夜雨

雪恥:一、軍醫行政腐敗及醫服務精神與道德低落,故擴增醫療設備與提高博愛救人精神教育。二、行伍軍官與士兵升遷法之改革,提高士兵升官之期望。三、戰士授田憑證限期頒發。

朝課後審閱舊日記。十時入府辦公,頒發各艦隊司令任命令,召見軍官六員,召集財經會談,核定軍隊士兵與鄉鎮職員先行提高待遇令,及取消資源委員會與追還糖業公司等對國聯同志會之私贈款項,此應作舞弊案論處。午宴評議委員。午課後記事,審閱卅七年十二月日記完,自覺四個月來審閱卅四至卅七年日記完畢,得益比任何學習為大也。往浴,兩孫來玩,打破磁馬一匹,晚課後,廿二時寢。

1　斯克瑞夫納(Errett Power Scrivner),美國共和黨人,1943 年至 1959 年為眾議員(堪薩斯州選出)。

八月二十三日　星期六　氣候：晴　晡雨

雪恥：一、詹抑強之撤職查辦。二、馬乘風案之慎重判處。三、進〔晉〕級與假退役公事之督導。

朝課後審閱卅七年日記之雜錄完，其中關於剿匪工作之設計，今日仍可應用實施也。孫宜〔沂〕芳由舊金山回來，報告夫人病狀，並接夫人寄來之夏帽等，皆甚適用，又德製之機鳥天真活潑一如天生，更為可玩，擬轉賜武、勇二孫同玩也。十時入府，召見曉峯、顯光商談傳記與派員赴香港訪問游離分子，以盡人事。召見軍官八人後召集軍事會談，軍事動員制度之思想已趨一致，訓練工作已開始着手矣。午課後記事，審閱舊日記後，與孟緝談馬案及訓練工作。領三孫往蒔林視察舊寓，入浴，晚課。

上星期反省錄

一、近日自覺心驕氣傲，急應休養自反也。

二、近夜睡眠較佳，惟目疾未痊為慮。

三、妻病到舊金山後恐亦未能速癒也，奈何。

四、士兵與鄉鎮行政人員之薪餉已決定提高，其餘須待預算有着再定也。

五、海軍各艦隊司令已頒發矣，惟艦隊總指揮一事尚須研究也。

六、侍衛長與第三局長人選已決定。

七、周匪[1]朝俄與俄國宣布其聯共代表大會與新五年計畫，乃可斷定其將中國大陸資源一併計入其五年計畫之內決不致錯誤也，周匪此行乃受命執行而已。

八、英國防大臣對新聞記者宣布，其三年建軍計畫必可如計完成者，何耶。

1　周匪即周恩來。

本星期預定工作課目

1. 各省區黨政負責者之人選。

2. 思想領導與學術領導之方法。

3. 都市經濟管制與復興農村方案。

4. 中心理論初稿之審核。

5. 戰略理論之建立。

6. 詹抑強之撤職。

7. 全國大會提案之研究。

8. 以黨統軍制度之慎重研究與檢討，如何使美國能諒解不加疑慮。

9. 第四訓練處聯誼會之取消。

10. 臺灣假共黨之設計。

11. 召見港澳僑團與日本商業考察代表。

八月二十四日　星期日　氣候：晴

雪恥：一、中文打字機之構〔購〕置。二、官兵無利借貸辦法之設計。三、優等官兵准予娶妻之設計。

朝課後審閱卅八年一月日記開始。三孫皆來朝餐伴行也，整書，朝餐，聽報後，即領文、武、勇三孫乘車出發，經大溪別墅稍憩後，仍乘車至山洞口換乘肩輿，勇孫乘轎尚為第一次也，途中停憩三次，至十三時半方到角畈山，途中勇孫僅哭一次，尚識禮也。午課後記事畢，領孫等遊覽臺上，視察學校回。晡審閱舊日記卅八年一月完，感慨無窮。晚餐畢與文孫談話，該孫幽默誠敬，不如武、勇之活潑玩疲也。晚課後廿二時半就寢。本日對黨務之考慮未能有所決定也。

八月二十五日　星期一　氣候：晴

雪恥：昨夜登山後睡眠最好，夜間僅醒一次，前後睡足七小時之久。今晨七時起床，朝課畢，與孝文禱告，以其本晨即將回陽明山也，領武、勇出外巡視街道，地方政府對佈告方式與文字仍未遵照改正也，可歎。朝餐後記事，審校反共抗俄中心理論修正稿，文與理皆甚幼稚，如何能成中心理論之文。本黨人才之衰落一至於此，能不戒懼。午課後仍校前稿。晡領武、勇遊覽大和鐵索橋，今已改名為溪口橋矣。回寓後乃審校初稿一章，反較修正稿為佳也。晚餐後在廊上讀詩自得，晚課畢，廿二時寢。

一、中央高級文職人員履歷之查閱。二、主張協助中國剿共以解除第三次世界大戰之威脅。

八月二十六日　星期二　氣候：晴

雪恥：一、中心理論之要旨：甲、人民生計已至絕境。乙、民族文化已瀕毀滅。丙、民主生活澈底破壞。丁、社會生機完全摧殘。五千年來民族所賴生存，國家所賴以建立之倫理道德，全為俄國第五縱隊之傀儡朱、毛根本鏟除盡淨，誠所謂禮義掃地，廉恥道喪之悲劇，皆已由我們這一代國民身歷其境，蒙受此空前之浩劫矣。

朝課後記事，上午審閱反共抗俄之中心理論原稿完，其內容與文字皆優於修正稿，故決着手另行編著，對於反共抗俄形勢的分析，思慮更切。午課後修正理論，重訂目錄，直至黃昏始罷。晡以思慮過度，略覺疲乏，故領兩孫外出散步。晚餐後與孝儀[1]口授俄共與中共的成敗比較論，廿二時寢。

1　秦孝儀，字心波，湖南衡山人。1949年12月，受代理秘書長鄭彥棻之託，將中華民國榮典之璽和中國國民黨之璽由海口帶往臺灣。時為革命實踐研究院研究員，後任總統府侍從秘書。

八月二十七日　星期三　氣候：晴

雪恥：一、侵略者必葬身於侵略戰爭之中，詐術者必覆亡於詐術陷阱之內，賣國者自必受誅於國法正義之前，此乃必然之定義。二、史大林已為聯合國家之敗類孟賊，民主國家之巨奸大盜，世界人類之禍首公敵，決不能逃避於正義與公理之制裁，此漢奸之所以必亡，侵略之所以必敗也。三、民族正氣之種子散布於大陸人民心靈之中，決非任何暴力與苛政所能屈服與滅絕也。

朝課後續修中心理論稿反共抗俄形勢之分析章，手編子目九項，此為本文重要之修正也。午課後記事，審核漢奸必亡侵略必滅論，對於中心理論應增補此意也。此夜失眠，僅在天明前沉睡二小時半，但今日作文精神如常未減也。晡不敢多加文思，故領二孫遊覽前衛生試驗所地址後回。晚課，餐後廿一時半就寢，安眠甚佳矣。

八月二十八日　星期四　氣候：晴　申雷雨

雪恥：一、反共抗俄戰爭必勝，所以復國建國事業必成也，中心理論應增補此一章與說明之必要。二、抗俄形勢：甲、地利與天時。乙、歷史擊敗俄國不是西方而是東方的成吉思汗。丙、俄之附庸國不能永久控置〔制〕，尤其在戰時。丁、俄國本國人民與教育。戊、國際包圍形勢。己、世界革命與共產哲學。庚、世界心臟地帶及地下礦藏，與世界脊樑之泊米爾高原。三、楚有三戶，亡秦必楚之歷史。

朝課後修正中心理論三民主義的哲學觀點等節，直至十八時方畢，午課如常。晡遊覽「觀月臺」即妙高臺（正寓），正門對面偏左五百米突處，舊日衛生試驗所原址也，此為本山第二遊覽之地也，正當明月高懸時遊覽至此，故名之。入浴，晚課，觀月，廿二時後寢。

八月二十九日　星期五　氣候：晴

雪恥：一、共黨的征服地區最後將從內部發生分裂，共產帝國業已過分擴張，人口達八億之多，那個機構可能被消極反抗而崩潰，但必須有外力的壓迫而後內應才有功效。二、俄國將為他們自己的問題所困擾，將無力向外作侵略行動，他們最後將認識已吞下過多的東西不能消化，必須要把那些東西吐出來跑回家裡去，但亦必須先要由外來的抵抗力量，而後才有覺悟其力所不及的機會。

朝課後記事，兩孫來辭，先坐板車回去，九時由角畈出發，十一時前已到洞口換乘汽車回府。十三時在臺北賓館，宴美國眾議院之軍事委員會十餘，相敘甚歡，宴畢回後草廬休息。午課後審閱反共抗俄戰爭指導篇，並令國楨與美軍委會主席說明其國防部援助之有意延誤實情。

八月三十日　星期六　氣候：晴

雪恥：昨晡往浴後與兒孫等談話，晚課後廿二時寢，目疾仍未減輕也。

朝課後審閱「反共抗俄戰爭指導原則」未完，此篇乃為希聖最近有力之作，但仍不免有書生習氣。十時入府，召見大坂訪問團團長後，召見六人，並接受香港教育訪問團全體人員頌詞畢。召開軍事會談，商討臺灣師團管區之組織與軍事動員之配合計畫，日顧問貢獻甚大也，補充兵訓練經費與士兵提高餉額問題，以美國經濟預算顧問在財經會議不同意，故未能解決也。午課後審閱戰爭指導原則稿完，記事。口授反共抗俄基本問題增補各點畢，赴浴回，晚課，晚餐，與經兒月下閒談，廿二時寢。

上星期反省錄

一、上角畈山休息，三孫同行，兩孫伴遊，甚為快樂。

二、夫人至舊金山醫療尚未能檢查完畢。

三、在山審閱中心理論正續二稿皆不如意，而正稿比初稿更劣，何以示世，
不禁感慨本黨文字亦遠不如前也。

四、審閱反共抗俄戰爭指導篇初稿，頗覺欣快，此為希聖最近第一篇有力之
文字也。

五、美國眾議院軍事委員會十一人來臺訪問，甚望其能影響國防部提前配撥
武器運臺補充也。

六、士兵餉額之提高及補充兵召訓制度，以美顧問對預算之不同意，故尚未
能解決，不勝愧憤係之。

本星期預定工作課目

1. 退役病兵應准留院養痊。

2. 與美使館交涉不可用我譯員。

3. 戰時生活與社會節約之提倡。

4. 第九十六軍與八十四師番號應撤消不復。

5. 協同一致為軍人成功之惟一要訣。

6. 互助合作為軍隊勝利之主要條件。

7. 堅忍不拔（身先士卒）、冒險犯難為指揮人格之具體表現（急公）赴難增援。

8. 赴難增援、讓功承過為主將風度之最高（模範）典型（先人後己、推己及
人）。

9. 捐軀殉國，殺敵成仁（冒險犯難），刻苦耐勞為為[1] 將士作戰之最大目的。

八月三十一日　星期日　氣候：晴

雪恥：一、本日招待日本參議院議員稻垣平太郎[2] 等四人，其態度所流露者完全是抗戰以前之本色，其驕矜與賤華之心神仍掛在鼻尖之上，殊堪慨歎。但岡崎真一[3] 年事較輕則其態不同也，日人之得意忘形，如稻垣者蓋不乏其人，誠未受足敗亡之教訓。以後對日人來臺者，不可太隨便接見，反以其認為可欺也。

朝課後審閱建黨的根本問題草案未完。十時後往訪辭修病，其面色紅塊尚未退除。十一時禮拜畢，往訪稚老於臺大醫院，其面部似已虛腫但其目光如昔，對余不斷注視表示其親愛之意，余恐其生感慨，故坐而慰之，乃回，此疾恐難痊復矣。午課後續審建黨問題初稿，約日議員茶點後，往浴，晚課。

1　原文如此。
2　稻垣平太郎，日本民主自由黨籍參議員，1949 年至 1950 年，任吉田茂內閣的通商產業大臣。
3　岡崎真一，日本昭和時期實業家、政治家。1950 年至 1965 年三任參議院議員，參與財政委員會。

上月反省錄

一、海軍各艦隊司令已任命發表。

二、黨務中央日報已改組，此亦一要務也。

三、美、英、法致俄照會要求召開五強裁軍會議，以及對德國選舉與統一問題，俄國完全拒絕，而俄照會三國之對奧問題亦完全拒絕，此乃國際上武力戰以前之宣傳戰必由之途經〔徑〕，亦為冷戰與熱戰間不冷不熱之戰，是比冷戰又進一步之階段也。

四、奸匪周恩來朝俄與俄共全代大會十月間之召集，以及其新五年計畫之宣布，是大陸人力與物力被俄加緊控制，其政治、經濟、軍事、社會與黨務皆將具體合併矣。

五、美機繼續大炸北韓，毫不見效。

六、共匪偽中央組織擴大對於工業部分特重，是其與俄帝新五年計畫之配合也。

七、共匪對四川與安徽之省府始於本月具體成立，何耶。

八、美、紐、澳三國在檀香山召開其所謂太平洋理事會，乃將以建立白人太平洋之預備乎。

九、夫人出國赴美養病。

十、卅七年全年日記審閱完成，頗覺自慰，此為對余個人之補益最大，感慨亦無窮矣。

十一、在角畈審閱反共抗俄中心理論，即基本論與反共抗俄戰爭指導之原理，此為本月之具體工作也。

九月

蔣中正日記
Chiang Kai-shek Diaries

蔣中正日記
Chiang Kai-shek Diaries

民國四十一年九月

本月大事預定表

1. 全國代表大會之準備工作及注意事項：

甲、黨與團之人數問題。

乙、桂系或香港反對之表示。

丙、新中央委員之人選及選舉方式。

丁、黨的組織與工作之改制。

戊、反動與老腐委員之澈底清除問題。

己、黨名應否改變。

庚、遴選代表之方針：

子、各島軍人黨員。丑、敵後工作黨員：（濮、張（綏遠）、鄭、毛[1]）李彌、胡宗南、黃杰[2]、胡璉。寅、老黨員中之賢者。卯、各省區。卯[3]、改造委員。辰、經、教界。

辛、宣言要旨與政治報告之準備。

2. 第四軍訓班聯誼會之解散令。

3. 國防會議預定下周三日之成立。

1　鄭、毛即鄭介民、毛人鳳。

2　黃杰，字達雲，湖南長沙人。1949 年 8 月，任湖南省政府主席兼湖南綏靖總司令和第一兵團司令官，1950 年 3 月率軍撤往越南。與部隊遭法國殖民當局羈留越南富國島。1951 年 1 月，任留越國軍管制總處總司令官。1953 年 7 月，與留越軍民抵達臺灣。

3　原文如此。

4.赴美考察人員之報告與擬訂改革方案。

5.開鑿山洞石工之人數調查與統計。

6.約會臺大教授與設計委員。

7.明年度總預算之編成。

8.臺防第二期兵棋演習。

9.海、空軍費再加核實之督導。

10.海軍艦隊總指揮制之研究。

11.假退役令與晉升令之發布。

12.各省區黨政負責人員之選定。

13.補充兵制度與召集計畫。

九月一日　星期一　氣候：風雨

雪恥：一、增加士兵餉項問題之解決。二、假退役名冊之核定。三、海、空軍浪費部分之檢查與減除。

五時起床尚未黎明。朝課後修正基本論稿，九時到忠烈祠秋祭畢，轉至革命實踐研究院第二十期舉行開學典禮畢，約見曉峯、蘭友[1]與彥棻，指示赴港，代約一般游離人士來臺，以盡人事。再與道藩談馬乘風包蔽匪諜之罪惡難恕，彼則要求寬大減刑也。召見駐土大使李迪俊[2]後回寓。午課後記事，續修基本論稿。十七時召集財經會談，解決士兵增餉問題與明年度預算方針畢，赴浴。晚餐後晚課，廿二時寢。

1　洪蘭友，江蘇江都人。時任第一屆國民大會秘書長。
2　李迪俊，字滌鏡，湖北黃梅人。1947 年 3 月，任駐土耳其全權大使。1957 年 1 月受任駐巴西全權大使，5 月到任。

九月二日　星期二　氣候：陰

雪恥：一、令周[1]訪陶[2]病。二、約曉峯來談。三、核定假退役與晉級人員冊。朝課後覆妻電。令至柔嚴核海、陸軍之不法支出緊縮經費案後，續修反共抗俄基本論稿，直至十八時方得脫稿。自認為本稿經增補與修正後，乃為最近第一篇完整之文字也，而於「中共與一九一七年俄共形勢之對比」與「國際形勢」，以及「漢奸必亡，反共必勝，侵略必敗，抗俄必勝」三篇手擬之稿，乃為本論之中心，且可作國際宣傳重要之資料也。午課如常。晡赴浴，領武、勇車遊北投。回寓晚餐後讀詩，晚課，廿二時寢。

經兒來談美顧問對政治部之觀念，完全由其國務院之指使，蔡斯本人成見，其政治顧問白罷[3]者，頗有理智也。

九月三日　星期三　氣候：晴

雪恥：一、俄共優點：甲、集中力量。乙、一致行動。丙、整個計畫。丁、主動。空間、時間皆由其操縱，不受限制。

朝課後記事，審核上、中將退役人員名冊，一等上將二名，閻、何[4]二位。二等上將十餘人，皆應在假退役之列，真是令人為難。以若輩之功過而論，可說有過無功，皆應斷然批准，但為歷史與影響計，又不能不慎重其事耳。再審核進升將級之名冊，仍覺太濫，乃批示升將標準增加一項，即未任團長一年以上，不得晉升將官，如此或可比較鄭重也。聽取公事，處理完畢後整裝

1　周宏濤，浙江奉化人。1950 年 3 月任總統府機要室主任，8 月兼任中國國民黨中央改造委員會副秘書長。1952 年 10 月，專任中國國民黨中央委員會副秘書長。1958 年 3 月，出任財政部政務次長。
2　陶即陶希聖。
3　白罷（Charles H. Barber），戰時曾在美國第十四航空隊服務，戰後曾任職於南京美軍顧問團。1951 年 12 月來華任美國軍援顧問團駐國防部總政治部政治顧問。
4　閻、何即閻錫山、何應欽。

藏書。約曉峯午餐，商談基本論，准可付印分發，交各級黨部研究。午課後即起飛，十六時前到新社，落機乘車直達谷關，即白冷水電廠之俱樂部也，其地幽雅，適於休養。略事遊覽，重閱基本論，武、勇二孫先乘車來此相候矣。晚課後，廿二時前寢。

九月四日　星期四　氣候：晴

雪恥：一、反共陣線之弱點：甲、散漫。乙、複雜（歧視）。丙、分離（紛歧）。丁、各自為戰。戊、畫疆而守。己、被動。庚、消極。辛、觀望形勢。壬、投機取巧。癸、苟安姑息。二、共匪優點：甲、組織戰。乙、宣傳戰（催眠）（強心、誣陷、毀謗）（中傷、離間）。丙、心理戰。丁、封鎖戰（保密、（隔絕）、監視、控制、連坐）、謀略戰。此為民主陣線所不及，暴動叛變、鬥爭奪取、謠諑布置網羅、設計陷阱、賣國陷民的長技與詐術亦為共匪之優點，是不可不知也。

朝課後記事，重修基本論，對於共匪優點並未敘述，此乃本論之缺點，因思有以增補之。午課後研究增補之要點後，帶領二孫至沉澱池與進水洞口參觀工程，增我常識與見解不少也。晡回寓，以目疾復劇為慮。晚膳前後皆在室外，靜觀自得。今夜適為舊曆七月十六日，故月光與水聲幽雅，更增旅趣。晚課後，廿二時半寢。

九月五日　星期五　氣候：晴

雪恥：一、共匪的優勢：陸軍三百六十萬人，空軍飛機二千架（海軍艦艇六萬噸）皆比國軍優勢（數量），而且有超過三倍至六倍之數，而其海軍亦不比我國軍劣勢。以如此優勢之兵力，我們不能熟視無睹，抹煞不論，但是我

們是革命黨，亦是革命軍。本黨六十年來，辛亥以前對滿清十次革命，民國五年推倒帝制自為的袁世凱[1]，卒能達成目的。本黨皆是赤手空拳，不僅無一對六的武力，而且可說是以無對有。其他如十五年北伐，廿六年抗日，都是以少勝多，以弱對強的，我們都能獲得最後勝利的歷史事實一段，應該增加補充為要。

朝課後重閱建黨的根本問題。午課後續修基本論稿，往遊對岸明治溫泉回，曉峯來山同住。聽取公文。晚餐後與曉峯談國學人物畢，晚課後觀月，廿二時後寢。

九月六日　星期六　氣候：晴　晚雨

雪恥：一、黨的工作：甲、行動。乙、鬥爭性。二、黨的工作與組織系統：甲、組織系統。乙、工作系統。三、組織系統：甲、區域。乙、職業。丙、群眾。四、黨的工作與行動：甲、政治性。乙、社會性。五、幹部名稱與定義。

六時起床，朝課，記事。九時與曉峯同志出發，乘車至久良栖[2]，步行至車站乘小火車，約一小時至佳保台[3]，乘鐵索吊車由下而上，分兩段，共約十餘分時，抵新八仙山俱樂部休息。此乃其中央之山巔，約有二、三十米突之平面上，有小學校與辦公室。余因忙於修正基本論稿，故無暇遊覽，但其四圍山形，已見其大概。午餐前後巡視一匝。午課後即乘原車箱由上而下，安全回佳保臺，轉乘小火車，不須四十分時即到久良栖，過橋乘車，回寓（谷關）休息。下午續修稿未完。聞孝勇微有熱度，頗為憂慮，回想幼年箸插喉中流

1　袁世凱（1859-1916），字慰廷、慰庭或慰亭，號容庵，河南項城人。北洋軍創始人兼領導者、曾任清朝軍機大臣、內閣總理大臣、中華民國第二任臨時大總統、首任大總統等。
2　久良栖，今臺中市和平鄉博愛村松鶴部落舊稱（日語クラス），為泰雅族部落。
3　佳保台，今日八仙山森林遊樂區園區一帶，過去是八仙山林場重要基地。

血故事，我祖父[1]未明即起，而先問我病之情狀，乃知祖之愛孫甚於愛子也。
晚與曉峯談黨務後晚課，廿一時半寢。

上星期反省錄

一、士兵增餉問題已經解決實行，此為失敗後第一重要問題，竟得如願實施。
　　而一般軍公教人員皆能深明大義，體諒國家財政艱難，並無異議，亦未
　　要求增薪（如前議），更為難難[2]可愛，可知一般官員之覺悟自愛，實為
　　前途幸也。

二、補充兵與動員制以經費為難，尚未決定也。

三、軍官假退役與晉升辦法已經審核，但未決定。

四、本周研究黨務最切，心得頗多：甲、建黨的根本問題。乙、反共抗俄戰
　　爭指導要領。丙、黨的行動指導原則等（希聖著）皆已審閱完成。

五、反共抗俄基本論脫稿，此為最得意之作也。

六、乘鐵索車箱登新八仙山，是亦平生之初試也。

本星期預定工作課目

1. 反共抗俄基本論脫稿付印。

2. 審核建黨的根本問題。

3. 擬訂今後黨的制度與組織系統。

4. 擬訂黨的組織與工作精神及方針。

1　蔣斯千（1814-1894），字玉表，一字生玉，浙江奉化人。早年行商，後開設玉表鹽鋪。
2　原文如此。

5. 遊覽新八仙山及乘鐵索車箱。
6. 視察天冷發電廠，定名為天輪電廠。
7. 主持空軍官校生畢業典禮。
8. 主持大專畢業生軍訓開學典禮。
9. 主持海軍官校生畢業典禮。
10. 記上月反省錄。
11. 修正國際形勢講稿。
12. 軍士制度之建立。

九月七日　星期日　氣候：晴

雪恥：一、農會改組方案。二、革命黨要造成變局，並要在變局之中控置〔制〕局勢與發展力量。三、掌握政治、軍事系統中的關鍵地位，並掌握各種社會技術與社會勢力中的關鍵地位。

朝課後修正基本論增補稿，即共俄的優點各節，頗費心力，至正午方完。午餐後與曉峯研討本黨中央組織系統，及鄞學衰退原因。全謝山[1]乃為鄞江橋之桓溪人，與陀山廟來歷，及其水利建設歷史皆為珍聞也。午課後重審（陶著）黨的建設稿，更有心得，但尚須作進一步之研究耳。勇孫今日仍有微熱，並扁桃腺發炎，時加監護。晚餐後獨在院樹中讀詩觀星，此地螢影甚速而大為怪。晚課後，廿一時半寢。

1　全祖望（1705-1755），字紹衣，號謝山，浙江鄞縣人。清朝史學家、文學家。其主要著作有：《鮚埼亭集》、《困學紀聞三箋》、《續甬上耆舊詩》等。又續成《宋元學案》、七校《水經注》。

九月八日　星期一　氣候：晴　未刻雨

雪恥：一、把民眾團體辦成黨，把黨辦成行政機關，此為本黨最大之弱點。二、黨務多為事務主義，而對於政策和理論等基本問題反不注重，此乃指導之不得其法也。三、政策乃是各種利害關係和心理趣向之結合與調和。四、社會演變與時代潮流之觀察。五、民眾生活與心理是黨的戰場。六、要有戰場上的慧眼。

朝課後續校共匪優點一段文字，作最後之核定，仍費心力不少也。上午記事，手擬黨的組織與工作精神及方針之指示十餘條未完。午餐後與曉峯討論希聖所擬建黨的根本問題內容，曉峯歸納與剖晰〔析〕甚明，助益甚多。午課後續擬上午之黨的方針。晡出外散步，至第一橋往復約五里餘。晚宴電廠長顧文魁[1]與臺中縣長林鶴年[2]等，與曉峯談黨務。晚課後，廿一時後寢。

九月九日　星期二　氣候：晴

雪恥：一、建黨的要務：甲、幹部政策的建立。乙、組織核心與領導核心。丙、領導的組織與技術之研究。丁、領導專才之訓練。戊、訓練積極黨員的計畫與課目教程之準備。

朝課後與曉峯商討黨務，聽取其對各組人事與工作的總報告，實予我助益不少。辭修器狹量小，更無識見，豈其病體使然乎，不勝憂鬱，長談至十時後方完，記事。曉峯十一時回去，余乃記事與記上周反省錄，及記本月工作表。午課後十五時，由天冷俱樂部出發，車行半小時至發電廠，參觀一匝，乘原

1　顧文魁，字建吾，江蘇如皋人。1948 年初來臺，主持臺灣電力公司天冷、烏來與霧社三大工程。1956 年，派任石門水庫總工程師。
2　林鶴年，臺中霧峰林家成員，為林紀堂第四子。戰後於 1951 年當選為首屆民選臺中縣縣長，隨後於 1957 年、1964 年分別當選為第三、五屆縣長，是為臺中縣紅派創始者。

車到新社上機，兩孫已在機上玩耍矣。十八時前到岡山，轉高雄住澄清樓，巡視樓外新植樹木，大半已長成矣。晚課後，廿二時寢。

九月十日　星期三　氣候：晴

雪恥：一、農林廳補栽公路樹五年補成計畫，責成農會與鄉鎮公所負責培養與保護。二、各校軍訓教官之選拔與訓練情形如何。三、補充兵訓練決抽編四個師空額墊補。四、佈告方式與標語，例如「反對出賣國家」應改為反對共匪出賣國家。五、生活電影工作如何。

朝課後電妻及擬令稿，記事。十一時到岡山空軍軍官學校，舉行卅一期學生畢業典禮畢，召集空軍訓練司令及各校長聽取報告。正午聚餐畢，訓話後回清澄橋〔澄清樓〕休息。午課後聽批公文。晡與經兒在海濱散步。晚約石覺、洪士奇同餐後晚課，廿二時就寢。今日目疾較劇也。

九月十一日　星期四　氣候：晴　未刻雨

雪恥：一、黨報應特闢士官、下級幹部之立功與克難、忠勇事蹟之表揚（每周）。二、連長以下各官兵立功競賽運動之每周定期類集發表。三、總體戰與戰鬥體實施方法及程序之研究。

朝課後修正對預備軍官班講稿。十時到鳳山陸軍軍官學校，舉行各大專學校畢業生預備軍官班第一期開學典禮，訓話，參觀生活教育一小時餘。聚餐，各大專學校校長亦參加典禮及聚餐，此實一難得之教育良機也。午餐畢，訓話約半小時，對各校長或亦有所效益乎。午課後記事，聽讀報章，英國對韓戰謀和益急，不過徒為俄共侵略者壯膽而已。晚餐後與經兒談黨務，彼擬不參加七代大會代表，略減嫉視，其意亦佳也。晚課後，廿二時寢。

九月十二日　星期五　氣候：颱風　雨

雪恥：一、晉升將官之名冊。二、假退役將官之召見日期。三、師管區及補充兵訓練計畫之方案。四、召見蔡斯等，約星一日下午。五、師管區營房建築之方針。

朝課後記日記與記上月反省錄。召見馬紀壯，作事不甚踏實。十時半到左營海軍機械學校，舉行海軍官校與機械學校畢業典禮畢，召見美國海軍顧問後，點名（畢業生）後，巡視海軍士兵學校與軍官學校一匝，在四海一家聚餐，澳洲駐菲公使夫婦亦參加餐會。召見步兵學校校長後，回澄清樓題字。午課後修正國際形勢講稿（六月二日）。十八時後以颱風已過，乃乘機飛回臺北，已廿一時，赴浴，晚課，廿三時後寢。

九月十三日　星期六　氣候：晴

雪恥：昨夜回臺北，聞立法院黨部已選湯如炎[1]為黨代大會代表，憤悶異甚。以其在南京搗亂，且被桂系利用，乃一背叛荒唐之學生也。惟對黨代大會使之平順成功，則當逆來順受，應忍之，勿躁勿急為要。

朝課後續修講稿。十時入府辦公，約見勞勃達[2]（前美財次）後，召集軍事會談，商討師團管區與召訓補充預備役兵制度與經費，決定先照經費數目召訓一萬人，再於明年下半年召訓三萬名額，自覺為合理之解決。相持半年來未得解決之重大問題，至此乃得解決，此為軍事之根本問題也。午課後記事，續修講稿，與孟緝談兵學研究會學員召集計畫等問題。赴浴，晚課如常。

1　湯如炎，字肇武，湖南醴陵人。曾任三民主義青年團中央幹事會第一、二屆幹事，1946 年當選制憲國大代表，1947 年 7 月任中國國民黨第六屆中央執行委員，9 月當選常務委員。1948 年當選立法委員。

2　勞勃達，前美國財政部次長。

上星期反省錄

一、近日對黨務與組織之研究，乃為二十餘年主持黨務以來，從未能有如此之用心者也。此非失敗以後不能有此機會，亦不能獲此進步也，不能謂非失敗亦有益也。

二、反共抗俄基本論盡遊憩「天冷」一周之暇完成，此稿自覺甚費心力，而於今後反共事業影響必大也。此乃繼「敵乎友乎」與「中國之命運」二著之後，最重要之著作乎。

三、希聖對建黨之意見甚多，曉峯對建黨貢獻與對余助益亦大也。

四、大專學生集訓已經開始，此乃建國新制之一，辭修反對甚力，而余信為非此不可也。

本星期預定工作課目

1. 軍士制度之建立。
2. 召見假退役各將官。
3. 解決不在臺之各將官，應一律免官。
4. 召見瓊斯與蔡斯。
5. 督導假退役之下令實施。
6. 調集兵學會研究員開始。
7. 研究院明年度教育方針之研究。
8. 各省區黨、政主持幹部之名簿。
9. 黨代大會秘書處之組織計畫。
10. 敵後代表之遴選名單。
11. 中央組織與系統表之研究。

九月十四日　星期日　氣候：晴　未刻雨

雪恥：一、須觀察一個時代的社會事實，與一個階段的政治環節，就是革命者要觀察時代，把握局勢。二、社會生活連瑣中，要探求其主要關鍵與中心環節，來確定政策，堅強行動。

朝課後記事，統計文武幹部數目記錄之頗費心力，然此為革命事業最重要之工作。目前可記者，軍事幹部已有二十人，引為自慰，黨政幹部可以信托者，亦有十餘人矣，比之在大陸時之優劣相較，不可同日而語矣。往蔣林禮拜如常。正午約曉峯、彥棻，與經兒、宏濤商討大會準備要務，余認為選舉中央委員時，對於其被選人員皆要由總裁核定，並可指名提出複選，此權比任何權力更為重要也。午課後續修講稿。晡見公超。

九月十五日　星期一　氣候：晴

雪恥：昨晚赴浴後，武孫來寓陪餐，彼極嗜葡萄〔萄〕也。晚課後，廿二時寢。朝課後續修講稿。十時到研究院紀念周，並舉行軍隊特別黨部及臺灣省黨部臨時代表大會開幕典禮，致詞後選讀反共抗俄的基本論第三章完畢。召見吳[1]主席，報告其視察東部情形，認為地方軍政皆大有進步為慰。召見曉峯、雪屏、業佑，審核代表人選後回寓。午課後記事，續修講稿。晡到研究院召見廿期學員卅人畢，赴浴後往訪辭修商談黨務，彼將於明日赴天冷養疴也。武孫來陪晚餐，晚課後，廿二時寢。

1　吳即吳國楨。

九月十六日　星期二　氣候：晴

雪恥：一、糖業公司餘地撥讓中田五千甲，為退伍軍人就業之用。二、補充兵營房，每團應選四個營之用。三、嚴懲肇事海軍司機。

朝課後續修講稿。十時入府辦公，召見夏景〔晉〕麟[1]等六員畢。召開國防會議第一次會議，審議大綱章則。午課後續修講稿，約澳洲駐菲公使[2]茶會畢。到研究院召見學員卅人後，赴浴。屬經兒對特別黨部臨時代表大會討論反共抗俄基本論作結論時之意見，不可修改太多也。晚餐後與文、武二孫車遊北投回。晚課，廿二時寢。俄、匪本日發表共同公報，中長路交還匪幫，當然是欺人之談，而將旅順以對日和約未訂立為由展期交還，至於大連則隻字未提也。

九月十七日　星期三　氣候：晴　溫度：九十

雪恥：一、查前六十四師一九〇團團長袁達[3]（軍政講習所）調缺，可由嚴荊山[4]惠陽校十一期工科十九軍一九六師之團長補充。二、以黨領軍之精神，領導者乃負責之意，軍隊之人事與經理應由黨負責從中主持，更應為其主管之黨員與下級同志主持公道，保障與加強其權位也。三、負責之精神，在求速決而不拖延之謂，總要目前問題在目前解決也。四、中、美軍隊傳統之習慣、思想與素質不同，故制度亦不能盡同，必須先養成其思想與傳統習慣為基礎，而後方能實行改制也。

1　夏晉麟，字天長，浙江鄞縣人。1949 年至 1956 年，任駐聯合國及聯合國安全理事會中華民國副代表、聯合國經濟社會理事會中華民國代表、外交部的顧問。

2　穆爾（George D. Moore），澳洲外交官，時任駐菲律賓大使。

3　袁達，原任第六十四師第一九〇團團長，時任嘉義團管區司令。

4　嚴荊山，號宜柔，廣東惠陽人。原任第十九軍第一九六師團長，1952 年 10 月改任第六十四師一九〇團團長。

朝課後續修講稿。十時後入府召見應假退役之上、中將級二十餘人,宣布假退役之理由與徵求其意見,眾無異議,此為實施此制最難與最公、最誠之行動也,經過此一手續,即使其內心不願,而吾心則安矣。

九月十八日　星期四　氣候:晴　溫度:九十

雪恥:昨午召見瓊斯(即鍾華德)與蔡斯,先聽取其對財政預算與三軍進度之報告後,余乃擇要答覆,其對政治部與參謀業務之衝突各點予以說明,約三刻時之久,彼等始領悟其制度不能盡與美國相同之理由,但余以時間關係,猶未盡其詞意也。午課後記事。到復興崗(即北投舊跑馬廳)政工幹部學校,舉行軍隊黨部臨時代表大會閉幕典禮畢,聚餐,訓話,自覺本日三件工作皆極重要而最有效益也。晡往浴,晚課,廿二時寢。

朝課後批閱公文。十時後到中央常會,商討代表大會籌備情形及組織原則。正綱[1]為中委人選事,加余以暗示警告之意,淺薄極矣,彼等總欲把持其地位,雖至亡國亦不悟也。

九月十九日　星期五　氣候:晴　溫度:八十五

雪恥:昨午課後記事,記上周反省錄畢,召見學員三十人後赴浴。經兒與二孫來陪餐後,車遊山下一匝回,晚課。車中經兒談俄國歷史甚為重要,擬令其著「俄國論」以供國人研究也。廿二時寢。

1　谷正綱,字叔常,貴州安順人。1950 年 1 月任內政部部長,3 月任總統府國策顧問,4 月任中國大陸災胞救濟總會理事長,8 月任中國國民黨中央改造委員會委員兼第二組組長。1954 年 1 月,出任國防部參謀次長,8 月改任亞洲自由國家聯合反共聯盟中國總會理事長。

朝課後記事，寫妻信。十時後入府辦公，會客，召開情報會談，聽取大陸匪
區情形報告，匪之壓迫益加嚴密，而人民對我工作人員之掩護反加周密，此
乃實情，以人民已無路可走矣。午課後校閱國際現勢的關鍵講稿未完，召見
學員卅人畢，赴浴，領二孫來寓陪餐。讀詩，晚課，廿二時前就寢。

九月二十日　星期六　氣候：上晴　下雨

雪恥：一、速著俄國、日本、英國、美國各國歷史。二、派金門與馬祖各軍
師參長與副師長、團副到整編部隊研習美軍操法。三、寫李子寬[1]祝壽詞。
四、發許駿〔俊〕人[2]節金。

朝六時前起床，天尚未明，先行靜坐默禱卅五分時，再行體操、讀經、唱詩，
完成朝課各目後，校正講稿畢。十時入府，召見出國公務人員與赴日佛教會
章嘉[3]、趙[4]、李[5]等，又接見韓國記者宋君後，召見港澳來臺代表十餘人畢。
召集軍事會談，核定親臨兵棋演習各地日期與訓練補充兵一萬人案，美顧問
猶持異議，只可不顧一切，以其無理強制也。午課後記事，修正致蔡斯談話
錄稿，約一小時餘方畢，目疾又加劇矣。召見學員，赴浴，晚課如常。廿二
時寢，服安眠藥。

1　李子寬，法名了空，湖北應城人。1949 年奔走營救自大陸來臺法師如慈航、星雲等
　　二十多人。1952 年促成「中國佛教會」在臺復會，並主導會務發展。
2　許世英，字靜仁，號俊人，安徽建德人。1948 年 5 月，就任行政院政務委員兼蒙藏委
　　員會委員長；12 月去職，移居香港。1951 年到臺灣，受聘為總統府資政。1955 年參
　　加孫立人案調查委員會。
3　章嘉呼圖克圖十九世（章嘉活佛七世），生於青海大通。抗戰期間，號召蒙藏人民加
　　入抗戰建國，受封「護國大師」。1948 年受聘為總統府資政，1949 年隨政府來臺，
　　1952 年當選為中國佛教會理事長。
4　趙恆惕，字夷午、彝五，號炎午。湖南衡山人。1920 年至 1926 年湖南軍政首領，聯
　　省自治擁護者。1949 年去香港，後去臺灣，1951 年任總統府資政，晚年信佛。
5　李添春，臺灣高雄人。臺灣齋教研究先驅，時任《臺灣佛教月刊》主編，並執教於臺
　　灣大學農學院。

上星期反省錄

一、周匪[1]到俄月餘，本周之初方得發表其請求。俄帝對旅順軍港（以對日和約未簽為由）無期延長佔領，可知俄帝之於中共控置〔制〕程度，在形式上亦無對等地位矣。至於長春路交還之舉，其欺世之談無足論矣。

二、軍隊黨部與臺灣黨部臨時代表大會皆已選出代表矣。

三、對蔡斯之談話後，彼對政治部制度與工作，或可無異議乎。

四、召集應列假退役之中、上將，詢問其意見，此於人情已可盡，可以自慰矣。

五、國際現勢發展之關鍵講稿已修整完成。

本星期預定工作課目

1. 雙十節文稿與開會詞。

2. 校正基本論，作最後核定。

3. 美陸戰隊總司令來臺考察。

4. 發表國際現勢發展之關鍵。

5. 各省區黨政幹部主要人選之銓衡。

6. 假退役將官名冊之決定。

7. 升晉將官名冊之催報。

8. 軍士制度建立之準備。

9. 反攻計畫決移第三廳負責製訂。

10. 新調侍從人員之隸屬問題。

11. 籌發日本教官經費。

12. 令金門與馬祖將領參觀美式操法。

1　周匪即周恩來。

九月二十一日　星期日　氣候：晚　晚雨

雪恥：一、士兵性慾問題應注意解決。二、送許世英節金。

朝課後校正與蔡斯談話稿完，彼如能領悟，則以後對政治系統與制度當不再有異議矣。記事畢，校閱反共抗俄基本論兩章後，往蔣林禮拜，視察新建客室。回寓，兩孫來陪餐。午課後校正基本論稿第三章完，乃領兩孫車遊北投回。赴浴，晚課後三孫來陪餐。晚審核中央黨部組織系統稿後讀詩，廿二時前寢。

經兒傷風，聞未起床。勇孫已健全，跳叫如常矣。

九月二十二日　星期一　氣候：晴　晚雨

雪恥：一、黨的組織問題，現有研究策畫之時間，此與從前每次大會專為應付現狀之情形不同矣。

朝課後記事，本日為第二期兵棋演習，繼春季演習開始。九時到空軍總部巡視，聽取空軍部分演習情形之報告畢。乃到研究院紀念周，宣讀國際現勢發展的關鍵篇，足有二小時之久方完。午宴顯光同志，以其日內赴駐日大使之任也。午課後續校基本論，關於哲學觀點一章，仍覺文字與內容皆多不妥之處，乃悉心修正，甚覺幹部對於文字亦不能負責為苦也。召見學員卅人畢，赴浴。晚餐後仍修哲學觀點一章完畢。晚課後，廿二時後就寢，安眠勝常為快也。

九月二十三日　星期二　氣候：晴

雪恥：一、信心最大的試煉，乃是被人世遺棄之時。二、痛苦生豐富，死亡生生命（荒漠甘泉）。

朝課後記事，十時到桃園機場空軍第五大隊部巡視兵棋演習及攝影中隊畢，與沈錡同車回臺北，入府辦公。午課後校正基本論，十七時半到研究院，召見學員卅人畢，赴浴。晚餐後與經兒談高中學校軍訓教官及計畫，與對中央黨部組織及研究俄共，此次中央組織改制原因及作用，皆多心得，可知其進步益快矣。今接胡適之¹長函，建議本黨應照土耳其分為兩黨之辦法，此其書生之見，不知彼此環境與現狀完全不同也。中國學者往往如此，所以建國無成也。晚課後，廿二時寢。

九月二十四日　星期三　氣候：晴

雪恥：一、本黨中央對非黨員之才智博學之士聘為顧問，以廣招徠何如？二、第七次全國代表大會如改為第一次代表大會，那就要改變黨的名稱，此時無須如此。三、評議委員應否用選舉方法選出，抑用提名法。四、指導委員名稱有否必要。

朝課後重校基本論哲學觀點章。十時到聯勤總部巡視兵棋演習，聽取報告一小時，糧彈、交通與通信器材以及製造廠庫，皆比四個月前大有進步矣，不勝欣慰。十一時入府會客，見紐約星期六晚報記者²，攝影，批閱公文。午課後記事，記反省錄（上周）畢，召見學員卅人，聽取蘭友訪港報告，一般人心對於政府之殷望與熱情，已與一年前完全不同矣。而一般背離之黨員，亦更表示懾服效忠，可歎。赴浴後與三孫玩耍，晚課。

1　胡適，字適之，安徽績溪人。曾任駐美大使、北京大學校長。1950 年 9 月至 1952 年 6 月，任美國普林斯頓大學葛思德東方圖書館館長。1952 年，和蔣廷黻在紐約曾有意聯合組織反對黨以在臺灣推行民主政治，但返臺與蔣中正討論後，遭到反對，以致未果。1957 年 11 月返臺，就任中央研究院院長。
2　謝羅德，美國紐約《星期六晚報》（*The Saturday Evening*）記者。

九月二十五日　星期四　氣候：晴　夜雨

雪恥：一、約見張益弘[1]、劉師誠[2]。二、基本論之「唯物主義實已不堪一擊」句改為「不攻自破」。三、雙十節文稿要旨：甲、總理革命，以建立三民主義的國家與五權憲法的政府為最高原則。乙、本黨繼承遺志，無時不以此引為己責。丙、無如統一中國以後，十八年就受俄帝在哈爾濱與吉邊之挑釁，為侵略民國之開始，繼之而有九一八事變以及廿一年以後共匪之叛亂，自南之〔至〕北，直至卅八年終大陸之淪陷，屢年戰爭頻乘，不能用全力於政治與經濟之建設，完成總理建國遺志，實為對國、對民最大之愆尤也。

朝課後校正基本論之哲學觀點章。十時入府，接見美陸戰隊總司令劉保德[3]後，到中央參加常會，討論全代大會準備要務。午課後記事，續校基本論後，召見學員卅人畢，赴浴，晚餐後晚課。

九月二十六日　星期五　氣候：雨

雪恥：一、雙十節文稿要旨。

續昨：丙、不幸建國未成，抗戰初勝而又遭俄帝及其工具朱、毛[4]之侵略。三年以來，不僅國家民族全為朱、毛出賣無遺，而使我大陸四億同胞關入鐵幕，遭其奴役與屠殺，至於此極。此實為始料所不可想像者，益增吾人之罪累。丁、今後以待罪補過之身，願以建設臺灣從頭做起，實現三民主義之規範，奠立五權憲法之基礎，消滅朱、毛，驅逐俄寇，以完成總理革命建國之志，

1　張益弘，字滌非，湖南長沙人。時任經濟部簡任秘書。
2　劉師誠，號靜寧，湖南瀏陽人。時任革命實踐研究院研究員。後任行政院外匯貿易審議委員會委員、臺灣省物資局局長、經濟部常務次長。
3　劉保德（Lemuel Cornick Shepherd, Jr.），又譯謝頗德，美國海軍陸戰隊將領，曾任第六陸戰師師長，1952 年至 1955 年為海軍陸戰隊總司令。
4　朱、毛即朱德、毛澤東。

而圖報答全國同胞於萬一。惟願全國同胞同心一德，擁護政府，自救救國，並望有以策勵之。

朝課後續校基本論，大加修正完。十時入府會客，召集財經會談，督促如期提出全國預算案。午課後重修唯法〔物〕主義不攻自破一節，完成全文之校正矣。

九月二十七日　星期六　氣候：雨

雪恥：昨十七時到基隆，巡視兵棋演習、運輸部門，聽取報告畢。回寓晚課，餐後審閱家譜，手繪武嶺建設橋梁道路網，廿二時寢。

朝課後記前、昨二日日記。十時入府辦公，召見美國中央情報局員六人及會客畢。召開軍事會談，商討保安部隊任務不能由正規軍代替，及自衛總隊如何使用問題，指示各總司令必須對其他軍種演習與校閱時，必須隨從與參觀。午課後續校基本論共匪之根本弱點一節，增補三項，為政治、經濟與軍事各弱點完，本論於此可以充實完成矣。十六時後到海軍總部（圓山軍訓團舊址）巡視，聽取報告後，召見學員廿八人完。

上星期反省錄

一、英、美、法、澳、紐五國將在下周在美集會，商討東南亞防共問題，其對亞洲各國熟視無睹，是乃白人世界之露骨無遺矣，如何能防制赤禍。

二、英國外相[1]與李奇威皆訪問土、希與南斯拉伕，是其對近東作戰部署更進

1　艾登（Robert Anthony Eden），英國保守黨成員，國會議員，1951 年 10 月至 1955 年 4 月任外務大臣。

一步矣。

二、第二期兵棋演習已實施矣。

四、致蔡斯談話錄乃一重要文件也。

五、完成國際現勢發展之關鍵講稿。

六、基本論第二次修正完畢。

七、蘭友赴港回報，一般老黨員仍舊以權利、面子為重，而一般國民與黨外
　　人士則已無條件擁護領袖，且出乎至誠矣。

本星期預定工作課目

1. 全代大會遴選名單之核定。

2. 將官晉級名單之審核。

3. 雙十節文告之定稿。

4. 黨名改變之重要。

5. 梁寒操[1] 應否特約。

6. 各省區黨政幹部人選之造報。

7. 大會開會詞稿。

8. 政治報告稿。

9. 黨中央之組織與業務之審核。

1　梁寒操，號君默、均默。原籍廣東高要，生於三水。1948 年任第一屆立法委員。1949
　年赴香港，出任香港培正中學、新亞書院教官。1954 年赴臺灣，任中國廣播公司董
　事長。

九月二十八日　星期日　氣候：晴雨

雪恥：昨晚二十時到基隆海軍第一艦隊司令部巡視演習，至廿三時方回草廬，途中靜坐，晚課，赴浴後廿四時前就寢。

朝課後校正基本論。九時到陸軍總部巡視，聽取兵棋演習之報告畢。十時入府，舉行孔子誕辰紀念典禮，由孔德成[1]報告，尚稱得體。十一時禮拜畢，視察蔣林新屋。正午宴胡商彝[2]、胡經明[3]及周慶榮、張昭芹[4]、劉祖武、桂鵠仁諸老，表示敬宴。午課後十六時半，到衛戍司令部巡視兵棋演習，與第卅二師及警保兵棋演習，頗有聲色。十八時回草廬赴浴後，重校基本論，發現今晨所補正共匪弱點一段文字不妥，乃即修正重印。晚課，廿二時寢。

九月二十九日　星期一　氣候：雨

雪恥：一、召見陸、海、空、勤兵棋演習之裁判官、參謀長及其紅、藍軍司令。二、保警總隊之存廢及代替計畫。三、義務勞動之具體計畫催報。

朝課後九時到臺大附近之公館地方，北部防守區司令部巡視兵棋演習，其精神與技術乃為此次演習最差之一環，殊所不料。十一時回研究院，舉行第二十期學員結業典禮，朗誦基本論之第五、六、七各章，眾覺欣快，余亦認為完成此一要著，但尚有極小數點文字上須修正而已。正午聚餐。午課後記

1　孔德成，字玉汝，號達生，係孔子第七十七代嫡長孫，襲封三十二代衍聖公、大成至聖先師奉祀官。1949 年 4 月，應政府之請遷往臺灣，復建臺北家廟，倡導儒學。自1955 年起，於臺灣大學中文系、人類學系兼任教授，講授「三禮研究」、「金文研究」、「殷周青銅彝器研究」課程。

2　胡商彝，字珍府，號華農，雲南石屏人。民國初年任山東政務廳廳長、約法會議議員。工詩文，尤擅篆隸。1949 年遷居臺灣。

3　胡經明，湖北黃陂人。時任臺灣省立地方行政專科學校教授。著有《五權憲法與各國憲法》等書。

4　張昭芹，又名魯恂，廣東樂昌人。前清舉人，曾任廣東樂昌縣縣長、廣州綏靖公署秘書長、制憲國民大會代表。1948 年 7 月到臺灣，著有《薪夢草堂詩集》。

事畢，核定全代大會遴選代表卅九名完，約鍾華德夫婦茶會畢，赴浴。晚課後約曉峯、蘭友、鐵城[1]等晚餐，彼等甚以香港反動叛徒在全代會搗亂為慮，余明告凡不登記之中委決不能為收容以亂黨紀也。

九月三十日　星期二　氣候：陰

雪恥：昨晚談話略露將改黨名之意，並明言政治主寬，如一般游離投機分子有悔罪之心，則將容其在政治上參加，但黨性必須純潔無瑕，再不能如過去包羅萬象，瑕瑜不分，以致國亡黨敗。今後決不能再令叛逆與反黨分子在黨內敗壞我革命事業，以致無以對總理與歷史也。

朝課後記事，十時入府會客，召集五院院長，預算會議通過後，約見紐約論壇報女記者希金斯[2]與紐約時報記者畢，批閱公文。午課後審閱陶[3]擬雙十節文稿，亦多不稱意。十六時半在中央召開動員會報，比上月已有進步，最後詳加指示，已十七時半矣。回草廬晚課，廿二時後寢。

1　吳鐵城，字子增，祖籍廣東香山，生於江西九江。1948 年 12 月任行政院副院長，兼外交部部長。1949 年 10 月赴香港轉至臺灣，任總統府資政。
2　希金斯（Marguerite Higgins），又譯哈金史、赫金斯，美國記者，紐約《前鋒論壇報》戰地新聞特派員。
3　陶即陶希聖。

上月反省錄

一、本月考慮黨大會之方針與今後組織領導以及思想理論各項皆較深切，而
　　反共抗俄基本論與國際變局之關鍵着筆，甚感自得也。

二、大專畢業生集中軍校受訓，此為創制，對於青年生活影響必大也。

三、第二期（本年）兵棋演習已告完成。

四、士兵增加餉項已於本月實施，而官長薪餉以預算無着，未能增加，因之
　　更加強士兵之士氣。此為數年來最關心之要務，而今幸得實現，並於物
　　價並未發生影響，此為難得之事也。

五、在關谷〔谷關〕遊憩，考察天冷電廠與水閘，得益頗多。乘新八仙山鐵
　　索車箱登臨山上亦感興趣，而反共抗俄基本論之大部分皆在此遊憩中草
　　成也。

六、周匪恩來向俄要求其駐兵旅順，以及外蒙傀儡到北平聯絡協商，此皆俄
　　史[1]對朱、毛傀儡加緊統制之又一方式也。

七、俄國新五年計畫，必將我大陸所有戰略物資與工業人口皆列入在內，至
　　此俄帝侵華已為所欲為，朱、毛傀儡死日亦將不遠矣。

八、英、美對土耳其、南斯拉伕之對俄作戰準備亦更加緊矣。

1　史即史達林（Joseph Stalin）。

十月

蔣中正日記
Chiang Kai-shek Diaries

蔣中正日記
Chiang Kai-shek Diaries

民國四十一年十月

本月大事預定表

1. 黨的性質必須純潔簡單，消除已往之污點與恥辱，重新創造新的革命歷史，而繼承過去奮鬥光榮之事業。（六月九日記）

2. 大會政治作用在打擊共匪對本黨侮辱之心理與脅制其賣國害民之狂妄精神，故特別注重團結意志、集中力量、消除異見、貫注全神、懲創共匪為惟一要旨。

3. 全神注視大陸共匪，設計解救同胞。

4. 敵我分明與本黨自清自反工作。

5. 大會對中外之號召及會後之行動。

6. 黨的要旨：甲、組織。乙、紀律。丙、精神。丁、敵我分明。戊、重登記。己、盡職負責。庚、目標反共。辛、路線民主集團。壬、政策統一。

7. 確定黨員基本義務與工作。

8. 確定調查研究工作。

9. 決定研究討論檢查的課目與方法。

10. 改正領導方法與提倡學術。

11. 以公開代界限，以互助代責難，以勸化代統制，以領導代防範。

12. 匪以元〔原〕始野蠻時代之精神，而配之以科學時代之嚴密組織與鐵的紀律，故其力量強紉〔韌〕。

13. 黨必須組成戰鬥體，並要加強民主化，以下監上、以上督下精神。

14. 舊黨惡習：不科學、不革命、不負責、不知恥，官僚主義、形式主義、派

別主義、個人主義、宗法主義與獨佔包辦主義之充塞。

15. 實行限田與耕者有其田為復國之主要政策。

16. 政治戰鬥體制（求戰、求兵、求食之三求口號）。

17. 黨務：甲、對匪研究部之設置。乙、縣以下黨部之秘密。

18. 政治報告稿之研究。

十月一日　星期三　氣候：晴

雪恥：清代應舉子業者聯語錄下：「何物動人，二月杏花八月桂」、「有誰益我，三更燈火五更雞」最後一語，認為革命建國者亦應下此苦工也。一、第四軍訓班聯誼會應即取消，軍中只准有一個黨的組織系統。二、將官不在臺灣者，除役令發表日期與方式之研究。

朝課後修正雙十節文稿一段。十時後入府，約見鍾士博士[1]，專來授予學位也。召見海軍調職艦長十餘人後，批閱公文。正午回寓，續修文稿。午課後續修至十八時方完，幾乎等於重擬也，辛勞極矣。赴浴，領兩孫往士林視察。餐後讀唐詩，玩月，頗自得也。晚課後廿二時寢。

十月二日　星期四　氣候：陰晴

雪恥：一、催覆蔡斯函件。二、將官假退役令速辦。三、召見耿繼文[2]。四、陸戰隊第二旅長調換。五、海軍將官必須每月在海上實習。

1　鍾士（Bob Jones Sr.），美國基督教原教旨主義傳教士，1927 年創辦鍾士大學，時任鍾士大學董事長。

2　耿繼文，號作民，江蘇銅山人。1951 年 4 月出任海軍陸戰隊第一旅副旅長，1952 年 7 月調任第二旅副旅長。

朝課後記前、昨二日日記。十時入中央參加常會,討論黨的總章,對於(中央)組織系統與入黨年齡,以及特別與秘密黨員及非黨員顧問之設置,皆有詳切討論,甚覺有益。余重在組織簡潔與黨員單純,期在澈底整肅內部,乃為此次全代會之惟一宗旨也。並提出變更黨名問題,屬其專案討論。午課後修正雙十節文稿完成。十七時接受鍾士大學法學博士學位,茶會。赴浴後晚餐。讀唐詩,晚課,廿二時後寢。

十月三日　星期五　氣候:晴

雪恥:一、黨的行動指導原則之研究。二、黨員舊習:甲、派系。乙、關係。丙、爭權。丁、地位把持。戊、包辦等弊必須革除。三、改造會移陽明山辦公。

朝課後記事,電妻後重修雙十節文稿,十時入府,主持國父月會,聽取財長[1]報告,甚有益也。召見出國學習官長後,召集軍事會談,決定臺省設四師管區案,對第三期整編部隊官長之餘額准以增設副職安置,並有缺先補許之,核定上、中將假退役名冊及其不在臺灣三年不到職者之免官除役案,但須延至本年底發表也。午課後整書,赴浴。十八時領武、勇二孫來大溪過節,經兒亦來聚餐,亭中明月,二孫跳躍異常。與經兒遊公園,坐草亭談公事,反共救國青年團籌備情形,甚覺自得。晚課後廿二時寢。

1　即嚴家淦。

十月四日　星期六　氣候：晴

雪恥：一、黨的組織系統應速審定。二、更改黨名問題，以對共匪鬥爭時期，共匪未消滅以前，不忍更改。此乃經兒今日之意見，應加考慮，終不使共匪以為本黨被其消滅之微隙也。如此，對於黨內舊日反叛分子之爭取黨名以及澈底清理黨藉〔籍〕計畫，應另行研究也。三、審核覆蔡斯信稿。

昨夜初宿大溪，睡眠甚佳，今晨八時前方起床。朝課畢，朝餐後記事。上午重校基本論，自第一章從頭校起，並更正目錄，直至午課後十七時，方校至第四章未完，乃與武、勇往遊大溪蓮座山觀音亭，其地幽雅，廟宇亦較堂皇也。回寓，入浴，獨眠，亭中納涼。晚經兒全家與緯兒來過八月十六聚餐，惜妻在美，不能團聚耳。餐後在亭中觀月談笑，廿一時別去。經兒乘夜車往左營講學。晚課後廿二時寢。

上星期反省錄

一、共匪在北平召開亞洲及太平洋和平會議，宋逆慶齡[1]為主席致開會詞，可痛可恥。

二、俄國要求美國撤退其駐俄大使肯南[2]，美國將如之何。

三、接受美國鍾士學校法學博士名譽學位，此乃第二次接受學位矣，其第一次為比利士大學也。

四、對蔡斯覆函稿已擬就待核。

五、日本大選仍以自由黨過全數之半，但其內部鳩山[3]派鬥爭甚烈，恐有分裂

1　宋慶齡，原籍廣東文昌，生於上海。孫中山遺孀。1949 年 10 月中華人民共和國成立後，曾任中央人民政府副主席。

2　肯南（George F. Kennan），馬歇爾計畫的主要起草者之一，被稱為「冷戰之父」，1952 年 5 月初任美國駐蘇大使，9 月離職。

3　鳩山一郎，1945 年 11 月，成立日本自由黨，任首屆總裁。1953 年 12 月至 1956 年 12 月，三任內閣總理大臣。

之勢，殊為可慮，應設法促其團結，相忍為國也。

本星期預定工作課目

1. 黨章之核定。

2. 工作綱領。

3. 組織綱領。

4. 政治綱領。

5. 基本論之覆核。

6. 政治報告。

7. 全代開會詞。

8. 全代會宣言。

9. 第四軍訓班聯誼會之取消。

10. 將官退役令之催發。

11. 葉[1]部長出席聯合國之方針指示。

十月五日　星期日　氣候：晴

雪恥：一、中央組織大綱原則已經有一決定。二、湯如炎與賀衷寒[2]二人代表資格之取消，須有輕重之分。三、中央委員名額決定，正式為卅二名，候補十八名。四、選舉方式：中委與評委皆先行測驗票，再提出加倍名單，由代

1　葉即葉公超。
2　賀衷寒，號君山，湖南岳陽人。1950 年 3 月，任行政院政務委員兼交通部部長，1954 年 5 月卸交通部部長職，6 月改任總統府國策顧問，仍任行政院政務委員。

表圈選。五、主席團由代表公選，惟留二名額由總裁提名，其提名之主席人選不以代表出席者為限。

朝課後重校基本論，至十一時後方完，記事。午課後審核要公，運回留越國軍方針等案畢，徒步登大溪對山齋明寺遊覽，頗為幽雅潔淨，武、勇二孫隨行也。晚與曉峯商談中央組織大綱及大會準備要旨。晚餐後獨眠。亭中觀月，聽鐘。廿二時寢。

十月六日　星期一　氣候：晴

雪恥：一、俄共大會昨日開幕。二、美、英、法、澳、紐五國在華盛頓召開阻止東南亞共禍會議。三、對於本黨整肅問題之解決。

朝課後重校基本論。九時與武、勇二孫朝餐後，由大溪出發，十時入府，舉行日本大使芳澤[1]呈提國書儀式。該大使年已七十八歲，而精神與體力似與二十年前無異也，彼代表其天皇裕仁[2]表示對余以德報怨之寬大政策，表示感激之意，余乃以互助互諒，增進今後中日邦交是望答之。批閱公文後，與袁企止談賀衷寒必須自動辭去其黨代大會之代表，屬其轉告也。午課後修正大會開幕詞稿畢，增補基本論第二章之第四節，此點補充以後，乃可告成矣。赴浴，兩孫來陪餐，晚課。

1　芳澤謙吉，曾任日本駐中國公使、駐法大使、外務大臣等職。1952 年至 1955 年出任中日復交首任大使。

2　昭和天皇，本名裕仁，1926 年 12 月 25 日即位，1945 年 8 月 15 日代表日本國宣佈在第二次世界大戰中無條件投降。1946 年 1 月 1 日公佈「人間宣言」，公開放棄神權。11 月 3 日簽署日本國憲法。

十月七日　星期二　氣候：晴

雪恥：一、對葉[1]部長赴美國之指示要旨：甲、臺灣中立化政策於我未始無益，此時不必急求撤消。乙、對參加韓戰問題，如美提出要求，則我只能派一師兵力為限，而以一師為預備隊準備輪流交換作戰。丙、大陸未恢復以前，余不願出國訪問任何國家。丁、反攻海南島之建議絕對反對。戊、軍援飛機與重武器延緩之原因，認為其政府仍無誠意援華之表示。

朝課後補修土地國有要義講稿。十時後入府辦公，約見費吳生君，談其救濟港澳失業學者之方法後，召見六人，召集一般會談。午課後在研究院參加改造委會畢，赴浴。晚課後廿二時寢。

十月八日　星期三　氣候：晴

雪恥：一、全代大會開幕詞要旨：甲、大會意義為革命歷史繼往開來與民族生命存亡續絕，三民主義成敗利鈍惟一之關鍵。乙、檢討七年來剿共失敗之教訓。丙、研究敵人共匪之強弱優劣。丁、審察國際反共形勢之發展。戊、決定本黨復興與反共具體之方案，完成國民革命之第三任務。己、中興比新興之任務更為艱鉅。庚、引咎自責。辛、卅八年初離職退休以後，決定今後革命方針，提出本黨改造方案。壬、大會的責任與期望。

朝課後重校基本論，十時在介壽堂聽講美國空軍之考察報告（王叔銘），審閱政治報告稿完。午課後召開改造會，討論基本論之宣布方式，未定。入浴後與兩孫車遊一匝，晚課，廿二時寢。

1　葉即葉公超。

十月九日　星期四　氣候：晴

雪恥：一、黨章與工作綱領之審核。二、中央幹部之建立。三、改造與再生，如何充實本身。四、僑務會議之準備與接待計畫。

朝課後補記前二日日記，重校基本論，再作最後之修正。十一時半入中央黨部，與公超商討對美政府注意之點，對其武器補充之遲延問題應亦提出也。主持改造委會最後一次常會，加以訓勉。午課後修正全代大會開幕詞，對於改造委員會之經過與成績特加強調一點之增補以後，該詞可說完備無缺矣。正午約宴評議委員與改造委員，認為必要也。晡赴浴。餐後領兩孫車遊臺北市，以國慶前夕，總統府前極為熱鬧。晚課後廿二時半寢。

十月十日　星期五　氣候：晴

雪恥：今晨二時初醒，即輾轉不能成眠。五時後乃起床，先向天父默禱靜坐卅餘分時，尚未破曉，乃體操，唱讚美詩，讀啟示錄第二十一章畢，天方大明也。修正開幕詞後，八時在研究院主持全代大會開幕。致詞後乃入府，主持國慶典禮。致詞畢，對各國使節來賀國慶者答禮握手完，即出府舉行閱兵典禮，巡閱幾乎一小時之久完，方行分列式。十三時對全體將士訓話後，典禮完成，乃回寓午餐。今年閱兵比去年整齊劃一，體力儀容與精神裝備皆較進步矣。午課後記事，十七時入府，對府前民眾大會十二萬人民接受歡呼與訓詞畢，回寓，往浴。與經兒談話，巡視全會後回寓。召見公超，屬寄妻信，指示外交要旨。晚課後廿二時半寢。

十月十一日　星期六　氣候：雨

雪恥：昨夜九時與經兒往府前視察民眾慶祝情形，以途塞不能通行，乃即回車返寓，私衷甚慰。今晨朝課後，九時到大會主持預備會議，提出議事規程修正通過，提出主席團十人名單亦通過，乃宣布散會後回寓。手擬政治報告草案目錄，研究程序，以代擬之稿多不能用也。午課後擬定報告目錄：一、革命失敗之總因，第一為外交，其次為政治、黨務、軍事與教育。二、本人下野的決定與臺灣得失的關係。三、韓戰的影響。四、三年來的臺灣。五、領悟失敗的教訓。六、萬事互相效力，禍福相依。七、今後努力方向。十八時後往浴，巡視大會，兩孫來陪餐，嘈鬧歡躍為快。晚課後廿二時前寢。

上星期反省錄

一、雙十節天朗氣清，閱兵典禮如計完成，而十一日忽然風雨較〔交〕加，此或為國運昌隆之預兆乎。

二、本年雙十節一切準備充足，民眾大會亦踴躍異常，足有十二萬群眾參加。每見沿途群眾愛戴之忱，出於無可形容之自然情態，更足自慰。

三、全代大會開幕詞忽於開會前夕窮一小時之力而手擬完成，甚為自足也。

四、俄共代表大會亦於五日開幕，美、紐、澳、英、法五國軍事代表亦在美國集會，商討東南亞防共計畫，此皆白人統制黃人之具體表見〔現〕也。

五、美國飛機上周在千島附近被俄國連續擊落與降落各一。

本星期預定工作課目

1. 宣言要旨之研究。
2. 政治報告稿之準備。

3. 黨章之研究。

4. 工作綱領與政治綱領之研究。

5. 基本論最後核定。

6. 本黨行動指導之要領。

7. 中委人選之準備。

8. 選舉方式之決定（決提雙倍名單候選）。

9. 整肅案之方針。

10. 對桂系方針之決定。

11. 對聯合陣線意見之宣布。

十月十二日　星期日　氣候：雨

雪恥：一、對閩、浙島嶼之突擊，應採取以多數兵力驅逐匪軍為目的，使其不敢再佔島嶼也。

朝課後對基本論哲學部分，黑格爾辯證與唯物辯證法不同之點，文句再加強修正，此乃為真是最後之修正矣。朝餐後記事，十一時往蔣林堂禮拜。對於聖餐典禮，陳牧師[1] 太不自然，認為繁褥太過，甚覺不耐，似可廢除也。正午回寓後，續擬政治報告條目甚久。午課後續擬報告稿，至十八時初稿大意方畢，甚費心神，目疾加劇矣。晡巡視大會後赴浴。餐後又巡視大會。據報上官業佑對整肅黨員案未能實行，竟慨歎係之，又令腦〔惱〕怒發氣矣。晚課後寢，今晚足睡六小時以上，此為最難得之現象也。

1　即陳維屏牧師。

十月十三日　星期一　氣候：晴

雪恥：一、對選舉中央委員方式之決定。二、對宣言要旨之研究。三、黨章與政治綱領之審核。四、對工作綱領之審核。五、中委人選之準備。六、評議委員人選之準備。七、對聯合陣線之講稿。八、黨的行動指導原則之研究。朝課後準備報告講稿。九時全代大會紀念周後作政治報告，直至十二時後方畢。對於整肅案提出具體主張，以大會後舉行總登記，清查實行，淘汰一切不良分子，不再發其黨證，無形中予以澈底整肅也。午課後記事畢，往浴。與武孫車遊北投蔣林，可說作半日休息也。晚課後宴主席團與李石曾[1]等畢，與經兒車遊山下一匝，寢。

十月十四日　星期二

雪恥：一、宣言要旨：甲、對內：子、各派反共統一陣線。丑、對國民贖罪自效。寅、復國雪恥。乙、對外：子、提倡太平洋反共組織。丑、加強民主反共陣容。寅、亞洲與東亞民族反共聯盟。卯、為中東中立國家告者。辰、為遠東國家告者。（袪除舊怨，共同反共，勿為共產國際留一滲透隙縫，被其利用以同歸於盡，予俄國以漁利）。丙、對黨重生復興的基點與要務，重申反共抗俄的意義與使命。丁、對政治從頭做起，埋頭苦幹，建立制度，重整組織，恢復（革命）精神，改造風氣，實現主義，完成國民革命任務。

朝課後審核黨章，入府會客辦公。正午回寓，審核工作與政治綱領。午課後續核綱領修正之，往浴。約曉峯晚餐，告以修正黨章與綱領各點後，經兒來談中委人選。晚課，廿二時寢。

本日微傷風。

1　李石曾，名煜瀛，字石曾，以字行，直隸高陽人。曾參與創建故宮博物院、籌備中央研究院。1948 年任總統府資政。1949 年去瑞士，1956 年定居臺灣。

十月十五日　星期三　氣候：陰雨

雪恥：晡吳國楨夫婦來訪，以吳夫人[1]始從美見夫人回臺報告也。

朝課後記事，四時初醒，考慮大會宣言要旨，並將遠東與中東各國政黨對俄共之利害禍福何去何從一段予以忠告，認有必要，但須慎重出之。上午重審黨的行動指導原則，認為希聖此著最得我心也。十一時在府約見日本讀賣新聞友好訪問團畢，召見五員後批閱公文。午課後續審行動指導原則完。正午約集大會宣言起草委員十餘人，指示要旨，各同志皆有重要意見貢獻也。經國來言，軍隊黨部提議總裁不應再由大會選舉，即以蔣某為本黨總裁，行使總理職權方式，修正黨章，余認為不可，乃止之。赴浴，晚課，廿二時寢。

十月十六日　星期四　氣候：微雨

雪恥。

朝課後，手擬對遠東與中東各國忠告其認清敵友、分辯〔辨〕自友〔由〕與奴役之分一段，頗費心力也。上午修正政治報告講稿，直至下午五時後尚未完成，乃即往浴。回蔣林寓中，宴雷德福，先與其談話，彼探問我軍可否用二師兵力參加韓戰，余乃允其一師兵力，以另一師為預備隊在臺訓練，準備與前線一師交替作戰也。彼甚望我為其海軍便利關係，先收復海南島之南部，余固卻之，以為不可能也。宴罷客散，余乃回後草廬。今日午課、晚課皆如常舉行未斷，廿三時寢。

1　黃卓群。

十月十七日　星期五　氣候：晴

雪恥：一、贈雷德福夫人畫。二、約芳澤大使宴。三、美對韓戰準備擴大之積極情形，應有考慮之點。四、參戰之方針與條件。

朝課後續修政治講稿。上午九時到大會主席通過黨章，逐條討論，頗覺費力，十二時半方全部通過。與立人談話後，回寓。午課後續修講稿。對於子文在卅六年行政院長任內，擅自動用中央銀行改革幣制之基金一段，甚費躊躇，然此為歷史重要部分，欲使後人對於經濟失敗之教訓有所警惕，不得不實錄其事也。子文害國敗黨，私心自用之罪過太多，而以此為最也。往浴，晚課，廿二時寢。本日會場右腿着冷，凍痛甚劇也。

十月十八日　星期六　氣候：晴

雪恥。

朝課後本日除審閱希聖所修正之宣言稿以外，幾乎終日考慮評議委員與中央執行委員人選名單，決定人選方針：一、掃除白崇禧等叛黨禍國之桂系敗類，不再包容，免貽後患，此為二十年來第一之決心。若非如此，則黨國紀律無由整肅，即使改造亦無效益，更不能言反共抗俄之任務矣。第二，凡過去所謂黨與團派系鬥爭之各主腦，如賀衷寒、劉健羣[1]以及陳立夫[2]等應負其責者，一概不列入候選人名單之內，廓清黨內派系之爭。第三，凡在大陸各省區軍政負責人員，未奉撤退命令，擅自放棄職守者來臺者，皆不列入選單之內也。

1　劉健羣，原名懷珍，字席儒，貴州遵義人。為復興社重要幹部，第一屆立法委員。1948 年 12 月當選立法院副院長，一度代理院長職務。1950 年 12 月升任立法院院長，翌年 10 月辭職，仍任立法委員。

2　陳立夫，名祖燕，字立夫，以字行，浙江吳興人。1949 年 6 月至 1950 年 3 月任行政院政務委員，1950 年 8 月任中國國民黨中央評議委員。同時，以參加道德重整會議名義，帶全家離開臺灣，定居美國。1952 年 10 月中國國民黨第七次全國代表大會未被提名中央評議委員。

晡往浴，經兒全家帶餐來寓，聚餐後與經兒車遊山下一匝。午課、晚課如常。
廿二時半寢。

上星期反省錄

一、自有本黨全國代表大會以來，自以為思慮之深切與準備之充分，未有如
今次之代表大會者，或以此為黨國存亡革命成敗之最後關鍵，不能不如
此，亦以退集臺灣，範圍較小，關係較簡，所以有此好整以暇之良機，
此乃賽〔塞〕翁失馬未始非福之一證耳。

二、政治報告與大會宣言各稿最為費力，而反共抗俄基本論之修正，亦至本
周末方作最後之定稿也，亦云難矣。

三、黨的行動指導原則以及大會開幕詞與整肅案講詞之宣布，皆為大會重要
之成就也。

四、伊朗與英宣布絕交，最為可歡，但英之可惡亦極矣。

本星期預定工作課目

1. 約見人員：甲、大會僑代。乙、胡、黃[1]、王（東原）[2]、薛[3]、劉（紀文）[4]、

1　胡、黃即胡宗南、黃杰。
2　王東原，名修墉，安徽全椒人。時任駐韓國大使，1951 年 10 月到任，1961 年 1 月離任。
3　薛即薛岳。
4　劉紀文，祖籍廣東東莞，生於廣東順德。曾任南京市市長、廣州市市長、審計部政務
次長。1949 年流亡日本，後遷居臺灣，被聘為總統府國策顧問。

陳[1]大使、薛（芬士）[2]。丙、僑務會議代表。丁、雲竹亭[3]等老僑同志。

2. 召開新執行委員會：甲、確定中會組織。乙、指定常委。丙、分配工作與人選。丁、婦女會與青運應加強。戊、確定工作方針。

3. 僑務會議開幕。

4. 校閱自衛隊（臺灣光復職〔節〕）。

5. 美國防部次長與經合總署次長之約會。

6. 指參學校第一期生畢業典禮。

7. 約宴芳澤，召見山本[4]。

8. 侍從人員之調動。

十月十九日　星期日　氣候：晴

雪恥：今晨二時醒後未克安眠，考慮中央委員與評議委員名單甚切。五時前乃即起床，朝課畢，評議委員四十八人名單作最後之決定，辭修猶望白崇禧與顧墨三[5]、蔣銘三[6]、錢大鈞[7]等之名列入，是其對復興革命之精神全失矣，故決遺棄不再改變，否則換湯不換藥，又將何以建黨，更將何以反共抗俄耶。

1　陳即陳質平。

2　薛芬士，旅菲華商及僑領，自 1934 年至 1955 年擔任菲律賓馬尼拉中華商會主席，和第四十二至四十四屆名譽理事長。

3　雲竹亭，旅泰華僑工商鉅子，曾任海南會館理事長，家族在泰國政商勢力龐大。

4　山本親雄，化名帥本源，日本帝國海軍少將，參與白團協助海軍訓練計畫。時任圓山軍官訓練團、實踐學社副總教官。

5　顧祝同，字墨三，江蘇漣水人。1950 年 2 月至 3 月，任行政院政務委員兼代國防部部長。1952 年 4 月，調任總統府戰略顧問委員會副主任委員。1954 年 7 月，晉任陸軍一級上將。

6　蔣鼎文，字銘三，浙江諸暨人。1949 年 7 月，任國防部東南區點驗整編委員會主任委員，8 月到臺灣。1950 年 5 月，與韓德勤、劉詠堯負責審判「吳石匪諜案」。退役後任總統府國策顧問、光復大陸設計委員會委員。

7　錢大鈞，字慕尹，江蘇吳縣人。1949 年 12 月任總統府戰略顧問委員會委員，以陸軍中將加上將銜終老。

九時主持大會，提出評議委員名單，一致通過。聞白崇禧與劉健羣皆以未提其名而失望先退矣。午課後決定中央委員名單，共提倍數為九十六名，直至六時後方開投票選舉大會，提出候選名單後，余即退席，往浴，晚課。廿一時巡視會場，投票尚未完畢，乃領兩孫車遊臺北而回，就寢。

十月二十日　星期一　氣候：晴

雪恥：今晨四時初醒，五時起床。朝課畢，見中央委員當選名單，原有改造委員胡、曾、崔、連[1]等委皆未當選，但當選者除黃朝琴[2]稍差以外，其他皆頗年青有為或負責盡職之同志，惟俞鴻鈞名在候補，乃以陶一珊[3]自動提出願以其正式委員與俞鴻鈞對調。又程天放[4]與俞濟時[5]候補委員中，票數相同，經抽籤後，以濟時抽中，濟時乃以其候委退讓於李彌，以李在滇西遊〔游〕擊，且此委員中未有滇藉〔籍〕者，乃允其遞補也，結果總算完滿。十時舉行閉幕典禮畢，召見大陸代表及農工青年等代表。午課後，入府約見菲律濱僑會代表卅餘人及葛羅斯[6]後，約見雷德福夫婦，來辭行也。晚課後宴大會代表與列席各委五百餘人，餐畢致詞後回寓。

1　胡、曾、崔、連即胡健中、曾虛白、崔書琴、連震東。曾虛白，原名曾燾，字煦白，筆名虛白，江蘇常熟人。1950 年 7 月任中國國民黨中央改造委員會改造委員，8 月兼第四組主任。10 月辭第四組主任，改任中央通訊社社長。連震東，字定一，1950 年 8 月，奉派中國國民黨中央改造委員會委員，為十六名委員中唯一的臺籍人士；另兼中華日報社長，旋改任董事長。

2　黃朝琴，字蘭亭，臺灣臺南人。1946 年臺灣省參議會成立，膺選為首任參議會議長，歷任第一、二、三屆臨時省議會第一、二屆省議會議長，先後達十七年之久。

3　陶一珊，字延基，江蘇江寧人。1950 年入革命實踐研究院。1957 年入國防大學校聯合作戰研究班。後任臺灣省警務處處長兼警察學校校長。

4　程天放，原名學愉，字佳士，號少芝，江西新建人，生於浙江杭州。時任立法委員。1950 年 3 月，任行政院政務委員兼教育部部長，任職至 1954 年 5 月。

5　俞濟時，字良楨，浙江奉化人。1950 年 3 月，任總統府第二局局長及戰略顧問、國策顧問。1951 年 10 月當選為中國國民黨第七屆中央委員，辭戰略顧問。1955 年 6 月辭總統府第二局局長，專任總統府國策顧問。

6　葛羅斯（Walter Gropius），美國公共建築專家。時任哈佛大學建築系主任。

十月二十一日　星期二　氣候：晴

雪恥：昨夜右腿疼痛，時感加劇。今晨朝課後，審閱對僑務會議講演代擬之稿，全不中用，只有臨時口頭致詞。十時到劍潭僑務會議主持開幕典禮畢，與各僑領代表二十餘人一一握手畢，離會入府。與各國新聞記者談話，特對遠東與中東伊朗對英絕交問題表示意見，警告兩方不可為俄帝造成機會，以致同歸於盡。批閱假退役公文後回寓，遷住前草廬，即第一賓館，以便腿痛隨時沐浴也。午課後記事，記本周工作預定表。十七時入浴後，到蔣林巡視新屋，乃帶兩孫經頂北投，回前草廬晚餐。審閱講稿，甚妥，鄭[1]秘書進步甚快也，晚課後寢。

十月二十二日　星期三　氣候：陰

雪恥：昨夜入浴後方睡，到二時半即覺腿痛不能安眠，直至五時服止痛藥後漸安，但不久天明，未克安熟睡。七時起床，入浴後朝課如常，但停止體操，使腿部安息也。朝餐後十時前到指揮參謀學校，主持第一期畢業典禮，訓話、照相後，即回蔣林，即（遷回）由草山回住蔣林原寓也，記事。下午右腿疼痛加劇，乃招按摩師來按摩與電療。十七時約見連震東後，再與曉峯商討常務委員人選及各組長工作關係，決以常委不兼各組會職務為原則。晚課後讀唐詩，排定約宴日期。晚再用按摩與電療，廿二時寢。今日併服鄭曼青之中藥。

1　鄭即鄭彥棻。

十月二十三日　星期四　氣候：晴　陰

雪恥。

七時後起床，朝課後記事，電療。十時入中央黨部，監誓中央新執行委員，宣誓致詞畢。召集第七屆第一次中央執委全體會議，通過中央黨部組織綱領與指選常務委員十人，陳誠、吳國楨與經國均在內。午課後按摩電療，請朱仰高醫生來診後，清理積案，聽讀報章。晡領兩孫車遊淡水，疲玩不堪，恐其翻出車門，時用驚疑。晚課後約薛芬士聚餐，彼甚精明老練，殊為華僑中之優秀者也。三用電療按摩後，就寢。

十月二十四日　星期五　氣候：晴

雪恥。

朝課後審閱臺灣光復節文告稿，尚待修正。按摩與電療約半小時。十時入府辦公，召開經濟會談，解決電力加價案與越南被解除武裝之國軍運回臺灣之經費問題畢，批閱公文。午課後清理積案，按摩電療畢，與藍欽談話一小時，對於埃及與南斯拉伕情形，了解頗多也。晡修正光復節文告，十九時方完，自認為此文為近作最得體而有意義之文字也。晚課後宴日使芳澤，廿二時客散。按摩電療入浴後，廿三時寢。

十月二十五日　星期六　氣候：陰

雪恥。

昨夜睡眠一時初醒，腿痛後即熟睡，故比前夜為佳。今晨七時後起床，朝課畢，按摩電療，記事。十時半入府，親自主持民眾自衛部隊與警察女子以及山地服務隊等九千人分列式，極整齊有精神，甚覺自慰。此乃比軍隊閱兵分

列，更為重要也。分列式後，集合各縣市及農工醫護等三萬人聽訓畢，回寓電療。午課後，約七屆大會華僑代表六十人茶會，並接見中央委員，晚課。晚宴美國防部次長福斯特[1]夫婦，與福談話約三刻時，廿二時後客散。電療後乃寢。

上星期反省錄

一、本周忙碌最甚，加之右腿激痛，幾難成眠。但每日工作仍能強勉完成，此實為黨國復興植基最重要之一周也。

二、本黨代表大會提出評議委員名單，除去白崇禧與劉健羣二名，乃為革命清除渣滓第一決心之表示，亦為今後革命組織最有效之一着。劉之投機，雖不如白之甚，但其取巧敗黨之惡行則一也。而白之罪惡，舉世上所有無恥、污穢、貪劣、腐敗、倒戈、叛逆、軍閥、奸詐、陰狠、冷酷諸德乃集其一身而有餘，二十六年來忍受其誣蔑陷害，余亦不自其何有如此耐力耶。然而今亦惟除其黨內之名位而已，而其軍職猶在也。

三、黨中除白之名位，對其本人處分之事小，而於革命之紀律與精神之影響最大。二十六年來，黨政軍之敗壞與革命之不成因素雖多，而廣西子桂系軍閥之作祟，實為其之中心也，深信此根除去，則黨事乃可有為矣。

四、僑務會議之如計如期完成，而且其情勢與結果皆在預期之上，此亦為反共抗俄戰爭之勝利重要保證之一也，感謝上帝洪恩。

五、民眾自衛組織力量，在臺灣光復節之檢閱，其優良成績亦超出於預期之上，可知動員工作之準備已發生成效矣。

六、對記者談亞洲民族反共抗俄之關係一節，自信將有效果也。

1　福斯特（William C. Foster），又譯福斯脫，美國企業家，曾任商務部次長、經濟合作總署署長，1951 年 9 月至 1953 年 1 月任國防部次長。

十月二十六日　星期日　氣候：晴　溫度：八十

雪恥。

昨夜睡眠比前夜為佳，腿痛漸減矣。朝課後電療按摩畢，召見日教官帥本源即海軍少將山本親雄與白鴻亮後，召見黃杰與宗南，以其自遠方來臺，故先召見也。禮拜畢，入府接見香港工商二團體約卅人畢，宴僑務會議全體代表後，分區照相作別，回寓。再用電療按摩畢，即赴機機〔場〕上機，武、勇二孫同行。十七時後到岡山，即轉高雄駐澄清樓，腿部頓覺輕爽，以氣候關係甚大也。入浴休息，晚餐後在陽臺假眠，觀月吟詩。自臺北一月忙迫以來，至此略得清快矣。廿二時寢。

十月二十七日　星期一　氣候：晴

雪恥：本日為勇孫四周歲生日，彼離其父母而能侍從來高雄同住，故為其作生日午膳，備西餐。忽與武孫吵嘴，以致武孫飲泣，乃命勇賠禮，消氣後歡樂聚餐。晚為其備生日蛋糕，吹燭、開糕為樂，吳主席亦來同餐也。朝課後天朗氣清，腿痛亦覺減輕，滿以為從此可以漸痊。上午記事，記上二周各反反省錄[1]。午課後電療畢，在室外與兩孫玩猴為嬉畢，登車巡遊。車中甚覺腿痛較劇，乃即回寓。晚課已感風寒腿痛矣，散步海濱更覺不適，乃回，在陽臺吟月，更覺腿痛。晚電療後，廿二時寢。

1　原文如此。

十月二十八日　星期二　氣候：晴

雪恥：一、皮宗敢[1]派為侍衛長。二、沈錡為侍從秘書主任。

本日腿痛最劇，幾乎步行惟艱，惟昨夜睡眠較佳也。朝課後以風猛不敢出陽臺觀海，只在室內假眠靜養。上午按摩電療如常，曉峯同志來談中央黨部各組主任人選，決以唐縱、鄭介民、鄭彥棻、連震東、張炎元[2]、崔書琴、李炯〔君〕佩、俞鴻鈞、羅志希為各組會主任。午課後電療按摩如常，聽讀日報，批閱軍隊整編人事畢，讀唐詩。晡再與曉峯談黨務，蕭自誠最不自愛，可痛。晚課後晚餐畢，讀唐詩，按摩電療。據按摩盲師稱，午後腿部筋肉已鬆，比上午較癒，余亦自覺如此也。廿二時後寢。

十月二十九日　星期三　氣候：陰晴

雪恥：一、今後黨務工作之計畫與程序之研究：甲、黨員總登記之要旨：子、限年內登記手續完結。丑、准予發給黨證之標準：自由區與港澳從嚴，海外從寬，舊中委特嚴。寅、編組小組須嚴密。卯、小組長之訓練與分布。辰、小組長之責任與控制小組之技能。巳、黨員教育之計畫與實踐之考核。乙、大會各決議案及政治報告、行動指導綱領與建黨的根本問題，及基本論具體實施方案之設計與實驗日期之規定。

本日朝、午、晚課如常，按摩與電療各三次，腿痛較減輕。讀唐詩，閱報，對於黨務督導方針亦開始考慮矣。廿二時後寢。

1　皮宗敢，字君三，湖南長沙人。1947 年 3 月，任駐美大使館首席武官（大使顧維鈞）。1952 年 6 月回國，1954 年 3 月調任總統府侍衛長。

2　張炎元，字炳華，廣東梅縣人。黃埔軍校二期工兵科。1930 年代起從事情報工作，1950 年在香港任保密局東南執行部組織部長兼粵東區反共救國軍總指揮。1952 年間赴臺，任中央委員會第六組組長。1956 年至 1960 年間任國防部情報局局長。

十月三十日　星期四　氣候：晴

雪恥：一、今後黨務之中心工作為建立幹部制度與確定幹部政策。人事定期調職與工作標準業務契約以及技術改進等項，皆應列在幹部制度之內。至幹部政策乃以核心幹部與基本幹部人選為重，所謂組織系統必須有固定恆久之信徒，重要業務令其負責主持，信為可恃者也，此可於組織部門逐漸形成也。二、中央第一副秘書長主管第一、第二、第三各組，應派得力之助理人員三人，使之綜核三組業務與人事考核及支配各小組人事為主要任務。

今朝風靜日和，故在陽臺朝課，但昨夜腿痛未癒也，今日三次電療如常。上午記事，聽報，下午審閱四十年日記開始。午課、晚課如常，接馬歇爾及其夫人賀電，其夫人知理有情，不如馬之冷酷殘忍，惟願其不再來賀電也。接妻電，知其病已癒為慰。

十月三十一日　星期五　氣候：晴

雪恥：本日為余之陽曆六六初度，病中甚覺寂寞，幸有兩孫作陪，但疲玩太甚也。

朝課後研究黨務要領，記事，記本月反省錄，感想甚多，但工作效果自覺以本月為最大，而黨務此次改組人選與計畫仍不能達到理想也。午睡以兩孫嘈鬧，未能熟眠。十五時後起床，午課後補記上月反省錄，按摩電療亦如常也。晚課畢，沐浴。晚宴侍從人員與孫、馬二總司令[1]，及洪士奇司令，武、勇二孫亦同席，來前敬酒二次，乃知其甚喜飲酒也。晚讀唐詩岑參[2]賀〔和〕賈舍人早朝七律詩一首，直至可以背誦乃止。今日腿痛，上午已減輕，而下午反加劇矣。廿二時寢。

1　陸軍總司令孫立人、海軍總司令馬紀壯。
2　岑參（715-770），荊州江陵縣人，唐朝詩人，為邊塞詩代表人物之一。因曾任嘉州刺史，後人義稱為岑嘉州。

上月反省錄

一、黨務七全大會除去白崇禧委員之名，與賀衷寒、劉健羣等不在提名候選
　　人之列，不僅消除以往黨內派系之糾紛，而且將投機善叛之桂系革命之
　　渣滓拉扱亦可由此打掃淨盡，此七全大會最大之成就，乃為本黨六十年
　　自有組織以來空前未有之功效也。

二、駐臺、澎國軍由卅一師整編為廿一師，本月完成，此乃軍事渣滓可以澈
　　底消除矣，而加之假退役制亦於月杪實施，尤其是高級拉扱乃可開始掃
　　除矣。以上二項實為建黨、建軍最基本之問題，若非經此次大失敗，則
　　在余手中決不能有如今日建設方案之成立也。

三、全球僑務會議出席代表之整齊與有力，以及會議之成果，殊超出預想以
　　上，此予共匪以最大之打擊，而於國際視聽以及對我政府之聲望亦必增
　　益甚大也。

四、雙十節閱兵與臺灣光復節檢閱民眾動員及保警之分列，其成績甚嘉，
　　不惟對我國際之觀感可以提高，而一年來提倡動員之成效已見，更足自
　　慰耳。

五、反共抗俄基本論、黨的行動指導綱領，與政治報告，三文件皆為平生得
　　意之作，而雙十節文告、臺省光復節與青年救國團成立等文告，皆於倉
　　卒間修訂完成，亦覺自得也。

六、俄共第十九次大會忽於本月開會，卻在本黨全國代表大會開會期中，此
　　國際對我黨大會當然不甚注重，乃正合我意。以我黨大會會期所以定於
　　十月間者，以美國大選未選以前，不欲其注意我黨大會，乃為決策之一
　　也。但會後余對亞洲反共之主張以及對英、伊絕交之關切，又不能避免
　　英、美之注意耳。

七、俄國在千島附近擊落美機二次，美、英、法、澳、紐在華盛頓協商東南
　　亞防共問題，共匪亦在北平召開其亞洲與太平洋會議，而越南共匪猖獗，
　　河內告急，則頗堪注意。

八、本月事忙，腿痛突發，最為苦痛，奈何。

九、俄國要求美國撤換其駐俄大使之肯南。

十、美國試驗氫氣彈成功之宣布。

十一月

蔣中正日記
Chiang Kai-shek Diaries

蔣中正日記
Chiang Kai-shek Diaries

民國四十一年十一月

本月大事預定表

1. 建立幹部制度與幹部政策（人事制度、業務技術）。

2. 育與樂二篇之補述。

3. 軍人死的問題之闡述（武士道精神）。

4. 各省黨政負責人選之指定。

5. 訓練以組織、情報與管理等技術為必須之課目。

6. 政工處指揮衛隊連或設偵衛隊。

7. 組織以人事、聯繫、調查、考核、專業與負責盡職能達成其所定標準為主務。

8. 婦女之組訓宣傳工作計畫（婦女反共愛國會）。

9. 兵農合一與土地制度及總體戰之精神。

9.[1] 調查各業人才與征收黨員之關係。

10. 革命行動與方法及領導要領之學習。

十一月一日　星期六　氣候：晴

雪恥：今日辦公已改正標準正常時間，即照夏令時間展遲一小時也。經、緯二家全體來高祝壽。

1　原文如此。

朝課後按摩電療如昨，腿痛未覺有何減輕。上午聽讀報章，審閱去年日記。考慮東亞反共要領與中心問題，擬告美遠東司長東方反共重要乃在中、日、韓三國，只要此三國能不落共黨之手，則俄國在東方就無出路，亦就可阻制俄國東侵，果爾則東南亞各國共匪乃可迎刃而解。惟要三國合作反共，必須由美國切實保證東亞共匪肅清以後，日本決不再有侵略行為，否則美必對日負責制裁也，此乃為東亞制俄反共惟一道路也。午課後召見雪艇，囑對毛邦初案積極進行引渡之道。晚課，入浴，宴客。

上星期反省錄

一、本周來高雄休養，滿以為氣候晴燥可以療痊腿疾，乃因海濱風猛，稍不留意，反增痛苦，此一周中幾乎全為腿痛所困也。

二、勇孫四歲生日與余六六生日只差四日，兩孫嘻躍活潑雖鬧，亦不覺其為擾也。

三、僑務會議周末如期閉幕，僑代南來參觀三日，影響必深，此次會議對內對外之反共形勢增益更多也。

四、臺北基隆道口、松山機場岔路口銅像於生日揭幕，此實浪費招搖之事，以後應嚴禁在生前再建製銅像也。

五、讀唐詩賈至[1]、杜甫[2]、王維[3]、岑參早朝各首甚覺興快，可解病中寂寞也。

六、黨務已於本周着手開始矣。

1　賈至（718-772），字幼鄰，河南郡洛陽縣人，以明經入仕。詩文富盛名。

2　杜甫（712-770），字子美，號少陵野老，一號杜陵野客、杜陵布衣，唐代現實主義詩人，其著作以弘大的社會寫實著稱。

3　王維（692-761），字摩詰，號摩詰居士，祖籍山西祁縣，是唐代山水田園詩人，因曾任尚書右丞，世稱「王右丞」。

本星期預定工作課目

1. 令金門與馬祖將領參觀美式操法。

2. 組織核心與領導核心及領導的組織與技術研究。

3. 總體戰與戰鬥體制實施方法及程序之研究。

4. 黨務有效進展之計畫專心研究。

5. 四十年日記之審閱。

6. 美國大選之揭曉。

7. 毛邦初引渡案之督導。

8. 侍從要員調換之實施（劉、周、皮、沈[1]）。

9. 黨務各組幹部與初期工作之指示。

10. 對美外交政策之研究。

十一月二日　星期日　氣候：晴

雪恥：本日為舊歷九月十五日，實為余六六歲之初度，每念母氏生育劬勞，無以為報，時用愧悔，早餐仍如往年向例禁食也。朝課後聚集全家在澄清樓，先講耶穌受試歷史後，再行禱告。上午記事，記上周反省錄後，審閱去年日記，電療按摩如常，腿痛似覺漸減，略有進步。正午在餐廳聚餐，武、勇二甥〔孫〕嗜酒如此，乃為初見。餐後攝影，惜妻病留美不能團圞，乃為美中不足耳。午課後電療按摩，審閱去年日記，聽報南非洲與東非洲皆有土人對白人反抗暴動，情勢險惡，此乃必然之勢，其實各地共禍皆由英帝國主義與白人製造成功也，俄人不過乘機漁利而已。晚餐家宴，談勇孫言行，彼以為恥，乃號泣不置，只有以葡萄塞口方休。

1　劉、周、皮、沈即劉牧羣、周宏濤、皮宗敢、沈錡。劉牧羣，字芳秀，號挺生，福建沙縣人。1946 年 8 月，任空軍訓練司令部司令。1950 年 3 月，任總統府侍衛室侍衛長。

十一月三日　星期一　氣候：晴

雪恥：昨晚餐後晚課，電療，就寢。經、緯二家皆辭返臺北工作，惟武、勇二孫仍留侍在高也。夜間睡眠不良，腿痛有加，未知是否為睡前飲西酒「惠斯堪」之故耶。今晨六時起床，朝課，腿痛又劇，餐後電療按摩畢。記事後考慮中央黨部之組織核心，及核心領導之要領與人事已有具體之方案，乃以秘書處之副秘書長及第一至第六組副組長之配合輔助秘書長為形成核心之領導，惟領導組織之技術尚待研究，應以黨的行動指導要領為基礎，作具體之訂定。午課後電療，修正基本論中之哲學部分，頗費心力。十六時半約見美國退伍軍人協會會長[1]，約一小時。晚課後讀唐詩，電療後寢，腿痛加劇為苦。

十一月四日　星期二　氣候：晴

雪恥：一、發展設計與考核改正的工作。二、領導核心與組織領導的指導。三、黨員行動工作的指導技術。四、各省區黨政領導人員之指定。

昨夜睡眠較佳，今晨朝課後入浴，按摩電療，記事，審閱軍訓團高級班各省區優等學員。午課後電療畢，審閱研究院各省區優等學員未完，聽批公文，研究中央黨部秘書處之組織及各組會副主管人選後，入浴。晚課，膳後讀唐詩。閱兩孫釣魚拾蚌殼相片，在誕辰勇孫大泣，余以葡萄塞其口，其哭乃止之相片更為有趣，電療後，廿一時寢。

1　高夫（Lewis Ketcham Gough），時為美國退伍軍人協會（American Legion）會長。

十一月五日　星期三　氣候：晴

雪恥：昨夜睡眠不佳，夜半後忽然膝蓋發痛，因之一時以後幾未安眠，不勝憂慮之至。拂曉前睡去一小時後，又被室外猴子拷籠提醒也。七時起床，精神尚佳。朝課後電療，記事。與曉峯談中央秘書處組織要領及其重點，明示本黨核心組織與組織的領導雖在常務委會，而實際則在秘書處，故秘書處之組織與人事必須特別堅強而有能也，並示其工作分配要旨。午課後考慮中央各組副長人選，頗費心力。聞辭修對前所提出各組長人選多表反對，且以不出席常會為言，此人誠不懂事理，何能望其負責也。十五時最後報告艾生豪當選為美國總統，而民主黨竟致三與一之比慘敗，此乃美國人民政治程度之高所致也，其對我反共抗俄與復國之前途自比民主黨為有望耳。

十一月六日　星期四　氣候：晴

雪恥：昨晡聞艾生豪當選而民主黨慘敗以後，乃領二孫車遊左營一匝，此乃為來高雄後第一次出遊也。晚課，入浴，與曉峯聚餐後電療，廿一時寢。
朝課後往海濱散步即回，電療，聽報，共和黨兩院選舉亦獲得勝利，此乃一最佳消息也。重新審閱對大會之政治報告，接見美國記者。午課後電療，仍審閱政治報告，聽批公文。晡帶領兩孫車遊鳳山，道上自試腿疾如何，結果乘車約一小時並無異狀，甚覺自慰。本日病狀較前昨兩日更有進步，此或美國選舉共和黨得勝後，神經上一種欣慰亦大有關係也。晚課後讀詩，電療，入浴，廿一時前寢。

十一月七日　星期五　氣候：晴

雪恥：本日腿病已較昨日為佳，甚有進步，故精神亦頗振奮。宏濤年輕不知自量，此次提名中委落選，本予其重大教訓，而彼猶想兼任總統府副秘長之職，甚覺對其失望，但其事後尚知愧悔改正，乃仍可教也。

朝課後往海濱散步即回，修正政治報告完。午課後審閱研究院各期優等學員名冊畢，晡擬帶武、勇車遊郊外，以武孫午睡未起，乃領勇孫獨行，不料勇乃大哭，以武孫不去彼亦不願同行，余亦不加強勉，任其獨哭而自獨行，經半屏山煉油廠而回，武、勇皆在門前恭候，勇亦求饒，余仍不之理，看其如何耶。入浴，晚餐，獨理武而不理勇以教之。本日仍三次電療，晚課後，廿一時寢。

十一月八日　星期六　氣候：晴

雪恥：一、徐魁榮[1]應即調換。二、麥克合瑟[2]應由妻約會表示感佩之意。三、總理誕辰文稿之擬議。四、立法院黨員登記次序之計畫。五、研究院明年度教育計畫。六、兵學研究會應改為反共抗俄政軍研究會與俄事研究所。

昨夜腿痛甚微，睡眠如常。今晨朝課後海濱散步回，記事。上午勇孫來室侍候，余仍不之理，視彼垂頭頹氣甚覺可憐，後聞武孫稱以勇昨夜在室侍候，因余不之理，彼乃吞聲飲泣不敢張聲，及其回至臥房，侍者阿汪在暗中摸其面目已淚濕頸項，甚覺可憐云。聽報，聽批公文。午課後審閱去年三月日記後，晡領兩孫車遊左營回，入浴，晚課，讀詩，廿一時寢。

1　徐魁榮，時任海軍陸戰隊第二旅旅長，1953 年 1 月 21 日免職。
2　麥克合瑟即麥克阿瑟（Douglas MacArthur）。

上星期反省錄

一、美國大選共和黨得勝，艾生豪當選實予俄帝以最大之打擊，此乃世界自由之曙光，亦為四年來黑暗東方之一線光明也。

二、我國與余個人為美民主黨政府蒙昧，政策一受共產國際之愚弄，而遭受無妄之污辱者，足有九年之久，而以最後四年自其杜魯門當選與杜威失敗以來所受之誣陷，歷盡人世未有之悲劇，其侮辱與苦痛之程度，余亦不自知其如何竟能度此四年之煎熬，而仍有今日目睹此蒙昧總統與愚蠢政府之倒臺，余以為自上帝旨意以外，再無其他因素而所能致此也。

三、四年之忍辱奮鬥，含垢受恥，竟獲得杜魯門政府今日之失敗，不可謂非自力更生決心之功效也。

四、對黨務之指導與人才之儲備無敢或忽。

五、腿疾時發，未能速痊為苦。

本星期預定工作課目

1. 海軍艦隊司令必須駐艦。

2. 海軍艦隊總指揮之設置。

3. 對美新政策之研究。

4. 對美外交應預防各點。

5. 對美軍援之希望與目的。

6. 俄國戰略兵要地誌與東西兩軍會師之地區。

7. 參加韓戰之條件。

8. 今後國際形勢與大戰時期之推斷。

十一月九日　星期日　氣候：晴

雪恥：一、對美外交政策與方式，最應注重共和黨當政後，應一以正式門徑出之，不可從事於側面工作。二、準備艾生豪相晤時之談話要旨，與對俄、對英及對遠東政策之研討。三、對「七大」政治報告提示之方式。四、政治軍事研究會與對俄外交人才之培植。五、中央日報社董事長之人選（胡健中）。昨夜半腿痛大作，乃須繼續療治也。朝課後仍往海濱散步觀漁，經兒來高同餐後記事，審閱去年四、五月日記後電療。午課後手擬妻電，對美外交方式之指示，審閱去年六月日記患難多矣。入浴後觀影劇（軍中芳草），目力尚可，此乃自五月間得目疾以後第一次觀電影也。晚電療，晚課畢，廿二時寢。

十一月十日　星期一　氣候：晴

雪恥：昨夜新醫用膏藥與按摩後，夜間腿痛甚微，但仍服止痛藥以期安眠。今晨朝課後電療按摩，記事。囑經兒傳達民眾不得再為余製建銅像，徒增罪戾。聽批公文與口授令稿要件十餘通畢，審閱去年七月日記，忍辱受恥比六月份更為難堪，此乃英美政府對毀蔣滅華之奸計最後一次進擊，亦是我對彼惡魔鬼作最後之奮鬥也。午課後手寫妻信，指示對美外交之方式必須用正式手續進行也。約見蒲雷德[1]君談一小時半，明示以東方反共只要中、日、韓聯合一致，即可抵制俄帝向太平洋之進展，但此必須由美國參加中、日、韓反共聯盟，方能使中、韓人民對日本不存再度侵略之戒心也。

1　蒲立德（William C. Bullitt Jr.），又譯蒲利德、蒲雷德、蒲雷塔、浦雷德，暱稱威靈，美國外交官，曾任駐蘇聯大使、駐法大使。

十一月十一日　星期二　氣候：晴

雪恥：晚晡入浴，晚課後重擬致妻電稿，膳後讀唐詩，電療按摩，廿二時寢。今晨朝課後記事，電療按摩，昨夜腿痛甚微矣。上午召見彭孟緝司令，聽取其訓練計畫之準備報告後，指示軍學研究會應改為反共抗俄政治軍事研究會及提前開學，務於十二月一日開課也。審閱去年八月日記，午課後又審閱去年九、十月日記，去年八月實為我生平革命事業最大恥辱與最難過之一月也。晡晚課後入浴，聞孫立人擅電愛生豪訪臺，此實為意想不到之事，孫之不知為人之道，實不足教矣。約孟緝聚餐後電療。

十一月十二日　星期三　氣候：晴

雪恥：一、今後國際形勢自愛生豪當選後俄國如不具體屈服，只有加速戰爭一條道路，此戰爭時期不能於出一九〇四年之後也[1]。二、對美外交應預防各點：甲、愛生仍聽受馬奸賣華容共劣計，不能打破其美陸軍馬派保守之現狀。乙、愛生不能聽受共和黨之政策。丙、愛生不能接受先滅中共之意見。丁、不能打破英國之牽制與包圍。

昨夜腿痛未作，睡眠已入正常，但今日下午腿又寒疼不適矣。朝課後記事，審閱去年十一、十二兩月日記完。午課後，審閱卅九年日記自反錄後，聽批公文畢，入浴。晚課後約蒲雷德便餐，言談甚歡，乃知羅斯[2]對愛生競選最用力也。

1　原文如此。
2　魯斯（Henry R. Luce），又譯羅斯、羅次，生於中國，美國新聞媒體發行人，創辦《時代》、《財星》、《生活》、《運動畫刊》等刊物。

十一月十三日　星期四　氣候：雨　夜颱風

雪恥：一、參加韓戰之條件，以如何能使臺防鞏固中美共同防禦計畫之確立為第一，其他為：甲、積極攻勢打破陣地戰。乙、不中途妥協。丙、不再製造第三勢力。丁、不干涉我內政與人事。二、對軍援之希望與目的：甲、建立與共匪相等之空軍及重兵器部隊。乙、增編二十個步兵師之武器與經費。丙、準備明年反攻大陸開闢韓戰之第二戰場使敵軍兩面應戰。丁、收復中韓全境，堵塞俄國東侵之缺口。

昨夜腿痛甚微。朝課後電療，記事，記述去年反省錄十條，以篇幅已滿未能全記，但重要經過事項已大部述及矣。午課後批閱公文，聽讀報章，心得頗多。聞明年美參謀總長將由海軍人員替代，此乃一最佳之消息也。入浴，晚課後觀雙十節閱兵電影，頗佳足慰。電療後廿一時寢，腿部不粘藥膏矣。

十一月十四日　星期五　氣候：風雨

雪恥：一、今後對美政策應鎮定自重，事事當立於主動自主之地位，一以不倚不求出之，以今日臺灣已有自立之實力，不患無所用也。至對美交涉之方式概以堂堂正正出之，不宜多作側面工作為惟一要道。二、對總統府、國務院、國防部、參議院、眾議院以及新聞界與記者之聯繫辦法。

昨夜一時颱風猛烈，正為余初醒之時，約一小時半以後其勢漸弱，乃復熟睡。今晨朝課後記事，研究對美政策甚切。十一時後審閱卅三年日記開始，至午後一月份閱完，午課如常。上午以電氣斷絕未能電療，故腿痛復起。十六時約蒲立德談愛生性情及其左右人才，略知其本人為一直覺簡易之軍人，但其奉公負責，非為自私之人也。晡電療後入浴，聽報，廿二時寢。

十一月十五日　星期六　氣候：晴

雪恥：一、愛生由杜威轉來消息，彼將直飛韓國不經東京，亦不往訪其他各
國，故亦不訪臺，余認為此一表現頗合其宜也，乃可知其為有理性、有見解
之美總統也。二、昨日高雄、臺南颱風災情重大，左營海軍基地建築物損失
更大，殊出意外，不知農作物之損失如何，惟望不致過大，則整個經濟關係
或不致受此影響耳。

朝課後記事，考慮對美政策甚切，審閱卅三年日記二月份開始，電療按摩如
常。午課後續補去年總反省錄之最後一節，召見黨政軍駐高雄各主管，指示
救濟風災與各部隊學校倒塌房屋修理與善後辦法畢，巡視左營海軍基地一匝，
古木與急造營房幾乎皆毀損矣。晚課，入浴，讀唐詩，電療，廿一時寢。

上星期反省錄

一、來高養病已三周，至第三周方漸見效。

二、本周考慮對美政策甚切。

三、對黨政軍今後業務之重點亦研究頗切。

四、去年日記總反省錄亦已述錄其大要。

五、南部風災對於稻穀收成尚無重大關係也。

本星期預定工作課目

1. 反攻時期：甲、等待（靜觀）大戰。乙、首先反攻。但無論甲、乙二種狀況，
必須準備完成，又須時機成熟合於自我反攻之條件，切不為外物所誘。

2. 對愛生豪之進言：甲、如何乃能結束韓戰，不應在韓境範圍之內作打算。
乙、只要以美國援外（軍經）總數百分二十之經費援華，乃可發動反攻大陸，

只〔至〕少可以牽制韓戰。丙、如要韓軍單獨負擔韓戰場作戰，必須要有國軍單獨反攻大陸，互相夾擊方能實現其計畫，但海空軍仍須由美協助。

3. 亞洲反共總方略重點應在中、日、韓。

4. 東亞陣線之建立必須以美為中心領導，中、日、韓、菲四國方能安心合作。

5. 美國軍援程度只要以俄援匪者為準，尤其空軍之建立必須與匪相等之實力。

6. 英國對亞洲政策寧使讓俄，而不願美國以民主方式代之。

十一月十六日　星期日　氣候：晴

雪恥：一、李煥[1]（中央）、劉瓊[2]（設計會）。二、陸戰隊第二旅長應調換蘇揚志、于豪章[3]。三、約見王東原、何鳳山[4]，韓、日各大使。

朝課後電療按摩畢，召見洪士奇後，即出發至岡山起飛，途中假眠休息。午傍到臺北，回寓蔣林。聞立人表示辭職之意，對之更令人失望，此人既不能令又不受命，太不自知，毫無自反自重之品性，子文手下乃無好人乎，可痛。午課後記事，與蒲雷德商談基本論譯文，彼認為此書內容充實而偉大，惜譯文太不夠標準而減，乃囑彼將譯文修正後再出版公世也。入浴，電療。美空軍參長范登寶[5]來見，約談一小時後宴會畢，廿三時寢。兵學研究會地址與方式應重加研究，以蔡斯已有所聞，甚不為然也。

1　李煥，字錫俊，湖北漢口人。1949 年至 1952 年，任中國國民黨中央黨部改造委員會第二組總幹事。1952 年至 1963 年，任中國青年反共救國團主任秘書。

2　劉瓊，號輔玲，湖南安化人。曾任湖南省政府新聞處處長、中國國民黨中央改造委員會設計委員會總幹事、設計委員。時任中央委員會設計考核委員會委員。

3　于豪章，號文博，安徽鳳陽人。時任總統府高級參謀，至「實踐學社」受訓，1953 年1 月任海軍陸戰隊參謀長。

4　何鳳山，湖南益陽人。在二戰初期拯救過數以千計的猶太人，聯合國譽其為「中國的辛德勒」。1948 年 11 月至 1956 年 5 月任駐埃及大使。

5　范登堡（Hoyt S. Vandenberg），又譯范登寶，美國空軍將領，1952 年至 1953 年任空軍參謀長。

十一月十七日　星期一　氣候：晴

雪恥：一、對美應問明其要求我參戰之目的：甲、是否為反攻。乙、反攻之目標：子、為擊退共匪驅出韓境乎。丑、向前推進至狹隘之守勢地區為止乎。寅、派我軍任敵後登陸作戰乎。卯、僅增強現地防務仍取守勢乎。辰、是否轟炸東北等五點。必須明瞭任務後，方能研究派遣兵力之大小也。二、主張開闢第二戰場反攻大陸，使敵軍對兩面以上多方面應戰。

朝課後記事，十時前到研究院第廿一期學員紀念周訓話後，讀政治報告約二小時始完。午課後審閱卅三年日記二月份完。約見陳納德，另見東原，聽取其韓國報告，乃知韓國根本不願與日建立國交之原因，乃真難矣，何能再望其中、日、韓之合作反共抗俄也。晚課，入浴與電療如常，腿疾不應〔因〕今日工作而加重也。

十一月十八日　星期二　氣候：晴

雪恥：一、令軍人與外國人來往與通信必須先得其直屬主官之批准，否則作為違反軍紀論處。二、兵學會之地址與方式皆應重新研究：甲、設於研究院內。乙、設於劍潭。名為侍衛寄宿舍或黨政（反共）研究班。

朝課後記事，十時入府辦公，召見教廷公使黎培里等後召集一般會談，商討電力加價案，對立法院反對之處理方針，與臺南風災之處理及增設軍管區以吳[1]主席為司令等案。立人突來報告要求撤換鄭果[2]後，又告彼已函愛生豪請其來臺事，余面斥其妄為，不知做軍人的道理，何能治眾也，彼承認錯誤乃止。

1　吳即吳國楨。
2　鄭果，號維盛，湖南寧遠人。1949 年春，接任青年軍第二〇一師師長；9 月奉命率師部隊，轄步兵第六一一團、第六〇二團，擔任金門防務；10 月下旬，獲致「古寧頭大捷」。1952 年 4 月，任第八十軍軍長。

午課後審閱卅三年日記，召見何鳳山，聽取其埃及報告約一小時半方畢。晚課，入浴，電療如常。

十一月十九日　星期三　氣候：雨

雪恥：一、召見中行徐柏園。二、研究員在立院選舉之組織與指導。三、立、監二院黨員之訓話要旨。四、嚴申軍人對外人交際與函電來往必須經政府核准。五、明年軍事教育建立軍士制度。六、催促明年度黨政軍各部門工作計畫。

朝課後審閱去年日記，記事。十時前入府辦公，召見敬之，告以高級將領對外交際與函電必須經政府核准，不得再如在大陸上無法無紀，以致國不成國，軍不成軍，遭受此種亡國之慘禍也。召見將領十餘人，批核公文。午課後審閱去年三月日記完，約西太平洋各國衛生護理會員茶點。晚課後約適之先生便餐，接妻函，電療後廿二時寢。

十一月二十日　星期四　氣候：雨

雪恥：一、對粵東島嶼突擊之方案。二、重申嚴禁軍中打罵之命令與犯者之罪刑。三、明年度傘兵建立與三年計畫。

朝課後記事，十時入中央黨部會議，決定中央日報社長任胡健中。午課後手擬令稿三通。電療後到研究院，召見廿一期學員五十人畢。聽取孟緝報告蔡斯參觀動員訓練班後，對於所謂地下陸軍大學之傳說似已消除其疑竇，周、

彭[1] 等認為兵學研究會仍可在石牌原址召集也。入浴後晚課，約何鳳山與印尼華僑四人聚餐後，電療畢，廿一時半寢。

如能於潛淵止寂與息而後下之理着手用工，則庶幾乎。

十一月二十一日　星期五　氣候：雨

雪恥：一、士兵殺害官長案須調查其原因。二、自殺風氣未減，應重加研討。三、共匪大行政區已取消，新劃省區亦已歸復舊省區，又另設國家計畫委員會之注意。

朝課後審閱卅三年四月份日記。十時入府辦公，約見郝更生[2]、鮑幼玉[3] 等，召見空軍出國留學生七員後，召集情報會談，憲兵部統計報告其工作甚有進步也。美國對我情報合作與游擊之協助，現時略有積極之表示也。午課後記事，召見研究員五十人畢，聽取立法院研究員組織開始之報告，回寓，入浴。晚課，電療，讀唐詩，據報愛生已宣布杜勒斯為其國務卿，或於中國不致如過去之為害乎。

十一月二十二日　星期六　氣候：晴

雪恥：一、第一廳長人選之決定。二、陸戰隊第二旅長蘇揚志？三、研究院高級班計畫之審核。四、對立、監兩院黨員訓話要旨：甲、今後黨的責任與

1　周、彭即周至柔、彭孟緝。
2　郝更生，江蘇淮安人。1933 年 12 月至 1945 年 8 月，1954 年 7 月至 1971 年 1 月，兩度出任教育部體育司司長。時任教育部聘任督學。
3　鮑幼玉，浙江鄞縣人。來臺初期曾任彰化中學英語教師。1955 年任駐美大使館文化參事處文化專員，同時於華府美國大學博士班修習文化人類學。

使命。乙、五院在五權憲法之性質。丙、今日之憲法與本黨黨員對黨與對憲法運用之任務，及貫澈總理五院制之革命精神及其制度。丁、目前五院惟一任務為共同一致達成反共抗俄之使命，如有礙於此一使命之法制必須設法避免。戊、不可以立法委員之地位對黨對抗，如為人民代表則應在大陸對共黨奮鬥，此地除臺灣一省人民以外再無可代表矣。己、應為黨守紀律、負責任。朝課後記事，十時入府接見印尼僑胞代表團，召軍事會談，工作頗有進步。午課後審閱卅三年四月份日記完，不勝感慨之至。召見學員五十人回，入浴。令武、勇來陪餐，晚課，電療。

上星期反省錄

一、在鄉軍人每年召訓於正規部隊之名額與部隊缺額制之保留，不應蔡斯之反對而即廢止，明告其此為準備反攻復國之軍制，乃政府既定之政策決不能改變也。

二、師團管區制與補充兵役制之籌備大體完成，省政府與國防部之意見亦已貫通，此為基本建設之重要成就也。

三、太平洋美海軍司令已命蔡斯為其第七艦隊聯絡主任，並以其第七艦隊為防衛臺灣艦隊與我國防部商議中美共同防臺之計畫矣。

四、審閱卅三年日記開始，不勝感慨之至。

五、自上星日回臺北，腿痛已癒，工作如常恢復矣。

本星期預定工作課目

1. 彭、蕭[1]升級令。
2. 對立、監兩院黨部指示之要旨。
3. 國防大學缺額補充人選。
4. 研究院明年度訓練方針。
5. 兵學研究會地址與方針之決定。
6. 立、監兩院研究員之組織。
7. 縣市議員候選人資格嚴密審查。
8. 常委必須到常會。
9. 黨員行動與革命領導與鬥爭要領（戰鬥體制實施方法程序）典範之編纂〔纂〕。
10. 生死問題之編著。
11. 婦女運動與組訓之考慮。

十一月二十三日　星期日　氣候：晴

雪恥：一、日本政黨議會與黨員之嚴格，不能恢復其黨藉〔籍〕之例。二、日本外匯已有美金十餘億圓之財經情勢。三、日人之優越感。四、吉田言中國歷史長治亦有長亂，今後必有長時期之戰亂，此意即中國近期內決難安定與統一也。五、以美國援韓為例，中國即使獲得美援之充分，亦不能收反共抗俄之效也，此種觀念不僅吉田現實政客之流如此，即各國淺見之政治家亦無不如此想也，彼等皆不知革命與民族之精神皆超乎其經濟武力現實形勢之上也。十六年訪日時，彼邦朝野對我革命之勝負亦何常〔嘗〕不作如此觀，

1　彭、蕭即彭孟緝、蕭毅肅。

可歎也乎。

朝課後記事，記上周反省錄，禮拜。正午約岳軍與國楨家人午餐，聽取岳軍訪日報告，頗有感觸。午課後審閱卅三年五月日記開始，與文、武二孫車遊市中回。晚課，入浴。聚餐後電療，獨自觀月。

十一月二十四日　星期一　氣候：晴

雪恥：近月邪思妄念熾盛，此為十年來所未曾有者，可知靈心銳減，道體日虧，若不切戒強勉，恐終有暴棄自毀之一日，其將何以副全民之望，慰先慈之靈耶，其惟主敬立極，克念作聖爾。

朝課後審閱卅三年五月日記，電療。十時到石牌動員訓練班紀念周舉行第一期結業典禮，朗誦科學辦事方法示範篇，致訓畢，召見各師管區司令及研究院通信部幹事十人與蔡孟堅後，巡視班內建築一匝。內〔回〕寓，記事。午課後核定國防大學特准入學生廿四名，到總統府各僑隊介壽杯隊員茶會後，到中山堂對立、監兩院黨員為電力加價事及今後黨的方針之指示，切屬其不能改動電力計畫也。廿時回，晚餐後晚課，電療，入浴，廿二時寢。

十一月二十五日　星期二　氣候：雨

雪恥：近夜睡眠不熟，常帶半睡半醒狀態，但晨起未覺如失眠時之疲倦，精神充足如常也。

一、海軍艦隊總指揮制之實施。二、閩、粵、浙各省交通與地形道路圖之空測工作如何。三、幹部政工學校必須兼授普通戰術與軍事制式。四、陸戰隊

第二旅長人選。五、闕漢騫¹問題。

朝課後記事，電療。十時入府見芳澤大使，來談韓戰由美、英、中、日四國聯合用外交方法求得解決之意見，唧其吉田首相之命就商於余者，由彼詳報一小時半之時間，此為想入匪匪〔非非〕之事，不知吉田何以發此妄想，豈其果毫無常識之政客乎，但余不予拒絕，允作考慮再談也。召集宣傳會談，午課後審閱卅三年六月日記後，召見學員五十人。回寓，入浴，晚課，電療。

十一月二十六日　星期三　氣候：陰

雪恥：一、兵學研究會地址與研究院合併之計畫。二、兵學會員就學之方針應速決定：甲、參加國防大學。乙、繼續辦理。丙、參加研究院高級班。三、覆妻電：此時應靜觀沈着，不可為外人傳說所動搖，要在能自立自主，不可以人之喜怒為轉移，以不顧本身之基本也。此事與公超洽商，但余所指示之方針不可變易，應堅定立場，須知外交方法與作用多端，不可以人言變更政策也。

朝課後記事，審閱舊日記。十時入府見費吳生夫人²，談國軍援韓問題，彼為新聞記者也。召見十六員後批閱公文，至柔稱蔡斯對我政府訓練補充兵計畫堅決反對，恐為其國務院既定政策，決不願臺灣人民青年與我國軍打成一片也，余屬其彼無理反對可置之不顧，應照既定計畫進行，切勿因之終止也。

1　闕漢騫，字撥雲，湖南寧遠人。1950 年任臺灣防衛副總司令兼東部防守區司令，6 月專任東部防守區司令官。1952 年任澎湖防衛司令官，後因病辭職。

2　傑拉丁・費區（Geraldine T. Fitch），費吳生（George Ashmore Fitch）夫人，協助其夫長期於中國傳教。

十一月二十七日　星期四　氣候：雨

雪恥：昨午課後審閱卅三年七月日記開始，感慨無窮，外交只有強極，弱肉只有待食而已，悲痛罔極。召見學員五十人後回，入浴，文、武二孫來陪餐。晚與至柔、雪艇商蔡斯事，屬其與藍欽先行商談，以蔡則絕無政治頭腦也。晚課。

今晨朝課後審閱卅三年七月日記，不禁寒心之至，政治環境內外交迫黑暗悲慘竟有如此者，至今回憶自亦不知其忍性動心如何能熬過此關也。十時入黨部主持總動員會報二小時半，指示完畢後散會。午課後記事，召見學員五十人，劉紀文年已六十三歲亦在其列也。晚課後審閱明年度研究院教育計畫書，尚待修正，兵學研究會計畫決不變更也。電療，寢。

十一月二十八日　星期五　氣候：陰

雪恥：一、李正平輜汽一團副，李正平結舌不能再用。二、劉廣超[1]斜嘴結舌（海軍）。三、召見江康黎[2]（與曹翼遠同期）、卜昂華[3]、蕭建〔堅〕白[4]、徐有守[5]、李慕白[6]。四、戰略、政略與策略之擬訂。五、運用策略之研究與組

1　劉廣超，號天非，遼寧海城人。曾任黃安艦艦長。1957 年 6 月，任海軍後勤艦隊司令部參謀長。

2　江康黎，行政學專家，抗戰時期蔣中正推行行政三聯制的主要諮詢對象，經典著作為《行政學原理》（上海：民治書局，1933）。

3　卜昂華，字僖吾，江蘇武進人。原任資源委員會鋼鐵組專門委員，1949 年 1 月調任經濟部臺灣鋼廠廠長。

4　蕭堅白，曾任軍事委員會第二廳第四處（電訊處）科長、中蘇特種情報電臺副臺長。國防部高級參謀。

5　徐有守，筆名徐蒙，江西吉水人。1950 年調任臺灣省立工學院（今成功大學前身）訓導員，1952 年 8 月奉調臺灣省立工學院附設高級工業職業學校附設工業職業補習學校教導主任兼代校長。

6　李慕白，浙江蘭谿人。《新生力報》負責人，該報 1951 年 6 月至 1954 年 4 月委託香港廠商承印，涉及套匯及偽造文書。

織。六、設計室注重政務工作之考核與調整及政策之研究與審定。

朝課後審閱卅三年八月日記。十時入府，召見國防大學特准學員二十一人及海軍調職人員十六人畢，批閱公文，重審大陸軍事失敗之關鍵講稿。午課後審閱舊日記及記昨日事，晡帶領武孫車遊北投草山一匝。審定明年研究院教育綱領，召見彭教育長，指示兵學研究會名稱及方針，決改隸研究院為黨政軍聯合作戰（訓練）研究會，總使蔡斯不致誤會也。晚課。

十一月二十九日　星期六　氣候：晴

雪恥：昨起服鄭曼青中藥使能酣眠也。

一、應與羅斯談話各點：甲、對其新政府之希望，能如俄之接濟共匪者，接濟國軍反攻大陸。乙、解決韓戰之道，惟有能使國軍反攻大陸。丙、要望世界大戰之避免，亦惟有使國軍能消滅共匪。丁、對韓軍接替美軍之希望，亦必須有國軍反攻大陸方能達成也。戊、政治報告不過助其對中國失敗之經過獲得了解，但不能發表也。

朝課後記事，審閱舊日記。十時對政工會議訓話後，入府召見六員畢，軍事會談，研究俄國地圖與一般情形。午課後審閱卅三年八月日記完，晚課，與武孫車遊關渡。晚宴羅斯，自覺出言太多且輕率不慎，應戒之。廿四時電療後寢。

上星期反省錄

一、近來對外賓談話近於於[1]放肆不慎，對於美國政府之譏刺更多，應戒之。

二、邪思妄念不能克制，乃道體信心減損之象，能不澈底澄清乎。

三、審閱卅三年日記至七月、八月份之危難，至今思之更為寒心，不知當時如何熬煎得住也，不禁戰慄之至。

四、兵學研究會問題經鄭重考慮結果，決改為黨政軍聯合作戰研究班，統屬於革命實踐研究院也。

五、立法院對余所說明電力加價問題尚持懷疑態度，殊為痛心，彼等國亡家破至此而猶不覺悟，是誠至死不悟矣。

十一月三十日　星期日　氣候：晴

雪恥：昨夜對羅（魯）斯談話太多，且至廿四時方寢，故初睡一小時尚安，及至一小〔時〕初醒後即不成寐，反覆床褥至六時乃即起床，朝課，記事畢。十時羅斯來見，在園池上約談一小時，精神並不覺有失眠疲倦之象。十一時禮拜（羅斯同行）。正午約宴評議委員，聞電力加價案行政院確有錯誤與不實之事，因之立法院仍對余訓示多持反對態度，余認為其直在立法院則不能強制其服從，只有設法改正也，但心神因之懊悔，對當局之妄言更為憤怒難制，惟午課後終能以潛淵止寂之箴語以息而能下之格言針砭克制，不致過暴其氣，自覺此為最近克己工夫之效果，可記大功一次。約見蒲立德，商政治報告譯文應刪各點，乃定稿。

1　原文如此。

上月反省錄

一、美國愛生豪當選以後，民主黨賣華害世之杜魯門、艾其生倒臺，此乃七年來獨立自主奮鬥之結果，我國第一之奸友亦為第一（前面）之敵人（艾其生、馬歇爾），余能在臺灣任所目擊其失敗，此不能不信天父善惡報應之分明，行見四年至七年之間，我國最大敵人亦可說第二（幕後）敵人之俄史當必在吾人之面前滅亡也。

二、美國對於共同防衛臺灣之計畫，直至本月始由雷德福命令蔡斯負責進行，是其已進一步之表現，但蔡斯對我後備兵制度仍竭力反對，不願我建立根本制度也。

三、對國際形勢、韓戰問題及反攻方針，皆能在病中精思入神，乃覺病亦有益也。

四、對黨務、對軍事皆能切實督導，如期進行，師團管區亦可分別成立矣。

五、去年日記總反省錄亦得在病中製成，而對審閱卅三年日記，尤在五月以後之艱危困阨殊覺寒心，但於我今後對內對外之政策獲益必大也。

六、南部風災雖重，但損失並未過大也。

蔣中正日記
Chiang Kai-shek Diaries

十二月

蔣中正日記
Chiang Kai-shek Diaries

民國四十一年十二月

本月大事預定表

1. 謀略與政策室及設計室之籌備（設立研究部）。
2. 發展與考核及改正的工作。
3. 今後軍事重點：甲、補充兵之訓練。乙、師團管區組織之充實及其動員工作之實施。丙、兵藉〔籍〕之明確建立。丁、傘兵部隊之充實一個師。戊、越南部隊之運回調補。己、空軍各基地司令部之建立。庚、海軍艦隊總指揮之建立，及撈艦、修艦計畫之進行。辛、軍士制度之建立。
4. 今後政治重點：甲、地方自治基礎之建立，戶政、警政之充實。乙、地方自衛隊之充實。丙、民選人員與選舉法之加強，不使流氓控置〔制〕地方。丁、限田政策之實施。戊、工、礦、漁民保險之實施。己、農民水利與積穀制度之加強。庚、工業化與電氣化之計畫實施為首務。
5. 今後黨務重點：甲、人事制度與幹部政策之加強。乙、中央與地方業務之統一化。丙、小組組長之訓練。丁、各省區黨政負責人員之指定與訓練。戊、研究院改為高級人員訓練（政策之執行、組織之控制、人事業務之考核、幹部人才之選拔「即人事制度與幹部政策要務」、精神教育與品德、指導人格之修養、民生主義實施方案之確立，及執行督導技術之研究）。己、從政黨員之督導與黨政聯繫組織之加強。庚、民意機構黨員之組織，加強與地方自治之配合。辛、紀律整肅之嚴厲。
6. 政軍研究學會之成立與五年訓練計畫之建立（甲、謀略。乙、情報。丙、發展。丁、考核各種技術等課目）。

7. 謀略室之設計分：甲、英國。乙、俄國。丙、美國。丁、共匪。戊、日本。己、各黨派。庚、宣傳。辛、諜報、反間。王、中東。癸、印、泰、緬、越、菲、印尼等組。

8. 外交機構與人事之整頓。

9. 國家計畫機構之研究（黨、政、軍綜核）。

10. 流亡外國高級將領之免職令。

十二月一日　星期一　氣候：晴

雪恥：昨晡以獨在，心緒煩悶，乃召文、武二孫同車遊行一小時回。晚課，入浴，餐後在廊上月下讀唐詩，按摩後未用電療即寢。

昨夜睡眠甚佳，足睡八小時之久，中藥頗有效也。今晨朝課後記事，九時到國防大學巡視新建校舍後，舉行陸海空軍聯合作戰班開學典禮。致訓後到研究院，舉行第廿一期學員結業典禮，致訓，會餐。午課後十五時半召集財經會談，研討電力加價問題甚久，立法院仍竭力反對也。晡見美眾議員范真德[1]，談笑自如。晚課後入浴，以余結婚廿五年紀念，因妻在美故未宴客，惟令經、緯二家來聚餐。勇孫嗜酒，活潑可愛。今晨妻由美來電話，相談之初，似覺有話難說不知從何談起之情也。今日未用電療，廿二時寢。

1　范真德（James E. Van Zandt），美國共和黨人，1939 年 1 月及 1943 年 9 月、1947 年 1 月至 1963 年 1 月為眾議員（賓夕法尼亞州選出）。

十二月二日　星期二　氣候：陰

雪恥：一、宣讀命令方式之規定。二、各總部非法支出款目之查報。

朝課後記事，審閱舊日記。十時入府召見港澳童子軍，見斯幹克[1]等，問電力加價案畢，召集財經會談，對電價問題商最後方針與明年度外匯變更匯率，使塘〔糖〕與米各主管機構皆能收支平衡無虧也。此次立法院反對電力加價，實由於行政院準備不足，宣傳不周，太匆促倉卒之過，以後應知欲速不達之為害乎。正午約宴美參議員楊美頓[2]，談笑自若，仍有放肆失言之病，戒之。午課後審閱卅三年九月日記完，武孫來陪，晚課如常。今晨七時三刻羅斯來辭行，與之談太平洋反共聯盟，只要以中、日、韓為重，先求聯合解決，即可阻止俄共東侵矣，彼甚以為然。

十二月三日　星期三　氣候：雨

雪恥：一、春秋與禮記二書，應作倫理教科書之基本材料。二、自然科學淺說與機械原理之簡說。三、科學與與[3]工業五年計畫之擬訂。四、政務之調整與政策之研究，應設專門機構。

昨夜睡眠不佳，今晨精神不適。朝課後審閱卅三年十月日記未完，十時前入府主持國父月會，聽張茲闓講臺省經濟建設概況約一小時餘，回辦公室時即覺寒熱交加，發冷甚劇，乃命醫治，已有熱度至九十九度、八度矣。服藥後批閱公文，召見調職人員六人，十一時半即回寓休息。睡至十九時起床，診醫，晚餐，熱度至一百〇三度矣。晚課後經兒來陪，廿時半寢。

1　斯幹克即史幹克（Hubert G. Schenck）。
2　楊美頓（Milton Ruben Young），又譯楊彌頓，美國共和黨人，1945 年 3 月至 1981 年 1 月為參議員（北達科塔州選出）。
3　原文如此。

十二月四日　星期四　氣候：雨

雪恥：昨日聯大通過印度對韓戰調停案，最後又加入一條，一俟中、韓、共匪接受本案建議即立刻停戰，以遷就俄帝之意，而俄帝在會中仍以不能無條件立即停戰為不滿，故俄帝集團仍投反對票也。

本日病熱度高至一百〇三分，實為近年來最高之熱度，乃決定休養，不入府辦公，亦謝絕會客。八時後起床，記事，審閱日記，朝、午、晚各課如常，皆未中斷。午後審閱卅三年十一月日記，甚感十月間史迪威撤回以後至十一月尚有如許壓力與艱難為歎也，又感俄之陰險極矣。晚審閱政治報告譯文刪節本，再與原文配合作最後之修正也。廿時半寢。

十二月五日　星期五　氣候：雨陰

雪恥：英國邦聯召開其外交會議（月初），又在馬來亞召開其東方各殖民地首長秘密會議，其跡象或皆為研討對中共外交政策之最後決定乎。英國最近外交之姿態，自我在十月（下旬）廿一日發表對英態度：「只要英國立在反共陣線方面，雖其已承認中共，余亦不以其為敵」之聲明以後，對我政府已在多方表示好意矣。余對魯斯表示，不一定要撤消其承認中共之名義，只要其在事實上有行動則可也。

本日熱度已退盡，但胃部不舒，食量未增，朝、午、晚三課如常。上午補記上周反省錄與考慮時局之發展，下午審閱卅三年十二月十六日以前日記。晚經兒來陪，談及趙家驤已提辭陸總參長職，甚感立人之品性，幾乎無人能與共事也。

十二月六日　星期六　氣候：晴

雪恥：近三日來，每於閉目默禱凝神壹志之初，時有醜陋粗暴之魔形與兇惡險峻之偶像現於腦海之中，在夜間夢寐之中，奇形百出之怪狀亦不斷發現，於是睡眠不良已極，似醒而非醒，成為半醒不醒之狀態，此為從來所未有之景象。詳研其由，乃在兩周來審閱卅三年日記自五月以後至十二月上旬之間期經過，拂逆之情景誠令人不可想像，亦不可思議之一遭遇。世間竟有如此史實，其艱危困阨誣蔑污辱果有如此者也，故不知不覺之間演成如此之腦病也。此病如不從速休養，或有成為癡癲之可能也，戒之。

本日朝、午、晚課如常，脈搏、溫度亦恢復常態。上午審閱卅三年日記全部完畢，午後閱報，設計明年工作計畫開始。晡與武、勇巡視淡水。

上星期反省錄

一、愛生豪在韓視察三日，至本周五日離韓發表其巡視過程，飛關島換乘巡洋艦，經威克島至檀島開其政策會議，決定其對韓戰與遠東之政策乎。

二、聯合國通過印度調停韓戰提案，俄、毛皆表示拒絕也。

三、英國召開其邦聯外交會議與馬來亞之亞洲會議，皆未發表其會議之內容。

四、對經濟建設與外匯率政策均有決定。

五、卅三年日記審閱完畢，實使余驚心動魄為之病熱，並使余為之夢魂不安，但得益亦無倫比也。

六、國防大學陸、海、空聯合作戰班成立開學矣。

本星期預定工作課目

1. 軍事計畫不能預料敵之不會來攻，而應作敵之隨時來攻之打算，毋恃其不來攻而恃吾有所備也。

2. 援韓方針與計畫之研究。

3. 對美交涉之要領與目的。

4. 對東亞共匪作整個之計畫。

5. 元旦文告大意之指示。

6. 對趙家驤辭職問題之處置。

7. 對王東原自我宣傳失態之處治。

8. 卅三年日記先行付印（備幹部研究）。

9. 援韓部隊與將領之預定。

10. 部隊移防之準備，67A 與 54A 換防。

11. 第六十七軍各級官長性能之檢討。

十二月七日　星期日　氣候：晴

雪恥：昨夜以服安眠藥太多仍不能安眠，午夜一時昏眠初醒，嘔吐不止，將腹內未化之食物幾乎吐盡，於胃反覺舒適。另服安胃藥片，乃得酣睡五小時，至今晨七時前方醒，此為近來最良之睡眠也。七時半起床，朝課如常。聞蔡斯已有韓國見愛生後回來請見，乃約至柔先探詢其消息，因之未能前往蔣林堂禮拜耳，記事。午課後，新由東京美軍眼科主任特來臺檢查余目疾，並放大童〔瞳〕神，此為平生第一次之手術，查驗一小時半以上，認為血管與目力特強，並無病狀。至於閃光與蓬點，乃六十歲以上使用目力過度所致，並非病症也。晡蔡欺〔斯〕、藍欽來談韓國與愛生會談經過大略，余略告其如臺灣無一大隊噴氣式機來到充實空防，確保安全，則無法談論派兵援韓也。晚課。

十二月八日　星期一　氣候：雨

雪恥：一、進攻海南之假情報應速製定。二、軍政各部門本年成績總檢討之催報。

朝課後研究援韓各種要務應準備事項。十時到研究院，舉行第廿二期學員開學典禮，致辭約半小時畢，召見何世禮與張秘書長[1]。午課後記事，訪吳稚老先生，聞其前日病危，今見其酣睡甚安，面容亦佳。據醫稱本日小便已通，故危期已過，此心乃安。因其睡熟，故未驚動，僅見其容顏而回。十六時召集軍事會談，先研究韓戰地圖畢，討論一般軍務後，到國防總醫院檢查眼睛（由美醫），據報並無異狀，只要不多用目力與不注意閃光，使其成為自然則可也，余乃心安也。晚課後，約宴美國眼科主任等，武、勇來耍後辭去，乃寢。

十二月九日　星期二　氣候：晴

雪恥：昨夜睡眠最佳，幾乎睡足八小時之久，此為最近之幸福。今晨七時後起床，朝課畢，整書聽報批示後，乃即由蔣林出發，經兒陪送機場，武、勇已在歡迎，要求同行。九時廿分起飛，十時後到臺中下機換車，十三時到日月潭休息。午餐後晝寢二小時，此為午睡最長之時間也。午課後帶領武、勇乘艇遊湖，上下山陂。自病癒以來，本日步行最多，故稍覺疲乏。十八時後晚餐，以今日為最早之晚餐也。背誦唐詩約一小時後晚課，廿一時前寢。

本日途中考慮援韓之方針：一、以三個軍兵力投入韓戰，在敵後登陸，作韓戰決定性之解決，以提高我國際地位，並開創反攻大陸解決亞洲共匪之楔機。二、以一個軍援韓專為協助決戰，但一俟戰局告一段落皆即全部抽回，或留韓一師以下之兵力。

1　張秘書長即中國國民黨秘書長張其昀。

十二月十日　星期三　氣候：晴

雪恥：一、對美交涉之要領如何：甲、援韓與反攻大陸方略同時討論與解決。乙、中美安全互助協定。丙、反攻大陸接濟之保證如何。丁、中、日、韓與美國共同公約。戊、中美、日美、韓美分別成立協定，而由美在琉球設總部，綜核指揮中、日、韓反共戰爭。己、中共退集西北後，澈底殲除之保證如何。庚、不得與共匪中途妥協，並防其偽裝脫離俄共，以離間中美反共陣線。辛、中共俘虜與越南部隊皆歸還臺灣。

昨夜睡眠最佳，今晨七時半起床，朝課，朝餐。與二孫作耍，勇孫新購手杖，學作祖父為樂。記事後帶領二孫艇遊光復島回，午餐。午課後在松下晒日光，晡帶二孫乘吉甫車遊文武廟回，晚課。餐後讀唐詩，寢。

十二月十一日　星期四　氣候：晴

雪恥：一、對美交涉之目的：甲、前允在其進出口銀行借貸五億美金之實踐，作為反攻大陸發行鈔券準備金。乙、以俄國資助中共武器之數量，美國同等接濟我政府之反攻。

昨夜睡眠亦佳，今晨八時前方起床。朝課後記事，記上周反省錄。考慮對美交涉方針與目的，未能深入，但最近美國兩黨重要領袖，尤其是民主黨參議員武裝委會主席，亦發表其封鎖大陸與運用國軍反攻大陸之主張，愛生且將請教於麥帥之意見矣，此乃美國朝野對朱、毛處治之政策已趨於一致矣，應如何應之，不失機宜也。批閱公文。午課後乘汽艇往遊對岸高山族住所，觀跳舞，比前進步矣。

十二月十二日　星期五　氣候：晴

雪恥：昨晡回寓入浴後，晚課，餐後約陳雪屏來談。胡適來此遊覽，招待及聽取其報告，約談十五分時乃寢。不料寢後竟未能安睡，直至今晨二時服藥後亦不奏效，苦痛極矣，此乃為胡之言行或為美國近情所致乎。五時方入睡，至七時復醒，八時前起床，朝課如常，精神尚佳。在松影日光之下聽批公文，口授黨、政、軍明年度主要工作指令稿十餘通。午課後記事畢，帶領兩孫乘艇遊覽進水口，回已薄暮矣。晚課。恐夜間失眠，故不閱臺北本日之報，亦不敢看書，僅口誦唐詩數首，看兩孫打根兜[1]比賽後，廿一時寢。

十二月十三日　星期六　氣候：晴

雪恥：昨夜睡眠如常，今晨七時起床，朝課畢，批改令稿十餘通，兩孫前後來辭別二次，以侍從皆發特別賞金各一、二百元，兩孫來問為什麼只有他們不發，亦要求補發如數，乃允之，勇孫要求更切也。朝膳後聽報與處理公務畢，先見南投縣黨部宋[2]主委。十時胡適之來談，先談臺灣政治與議會感想，彼對民主自由高調，又言我國必須與民主國家制度一致，方能並肩作戰，感情融洽，以國家生命全在於自由陣線之中。余特斥之，彼不想第二次大戰民主陣線勝利，而我在民主陣線中犧牲最大，但最後仍要被賣亡國也。此等書生之思想言行，安得不為共匪所侮辱殘殺。彼之今日猶得在臺高唱無意識之自由，不自知其最難得之幸運而竟忘其所以然也。同進午膳後別去。

1　指筋斗。
2　宋化純，江蘇碭山人。第一屆國民大會代表，時任南投縣黨部主任委員。

上星期反省錄

一、愛生回美途中，召集重要閣員會議之結果如何。

二、愛、麥[1] 約會來往電文之發表，是其對亞洲政策之新的行動？

三、美國兩黨領袖皆主張運用國軍打擊共匪為其今日主要之政策，此於本周
　　已發其端，亦為從來所未有之新高潮也。

四、日月潭休養四日頗有效益，惟第三夜失眠為憾。在湖上考慮對美政策與
　　交涉目的，皆有所得。對援韓將領之人選以及部隊之調動亦有所決定矣。

五、與胡適之談話二小時，不知彼果有動於中否。

六、政府經濟四年自立計畫發表矣。

本星期預定工作課目

1. 沈[2] 回臺北攜譯文。

2. 招待美新舊參議員。

3. 引渡毛案之督促。

4. 愛生與麥帥會晤之注意。

5. 蒲立德之顧問名義？

6. 立法院對明年度預算案所通過者多有不合法之處，不能如期公布。

7. 考慮與希肯魯勃[3] 談話之要點：甲、援韓與反攻大陸利害得失之比較。乙、
　　空軍噴氣機與傘兵之組訓最為重要。丙、政經重於軍事與武器。丁、魏德
　　邁來華。戊、遠東反共聯盟形成之方式。

1　愛、麥即艾森豪（Dwight D. Eisenhower）、麥克阿瑟（Douglas MacArthur）。
2　沈即沈錡。
3　希肯魯勃（Bourke B. Hickenlooper），又譯希肯羅卜、希肯羅勃、希肯魯珀，美國共
　　和黨人，1945 年 1 月至 1969 年 1 月為參議員（愛荷華州選出）。

十二月十四日　星期日　氣候：晴

雪恥：昨午膳後即由涵碧樓出發，經魚池、浦〔埔〕里公路至草屯，里程要比前次經南投縣城者縮短半小時之時間也，其風景亦比前路為佳也。至臺中起飛，在岡山着落，到高雄澄清樓休息，入浴。晚課後約蒲立德便飯，彼對基本論譯文尚未着手修正也。廿二時前就寢。

朝課後記事，九時半到左營海軍基地校閱海軍，閱兵後巡閱軍艦，先登丹陽艦檢查一匝，此艦為日艦之新修者，各砲位皆由自我修理者，其工程艱鉅，實為克難之第一成績，應予特別嘉獎。巡視左營全部基地後，對高級將領點名，召見美國顧問畢，回澄清樓。午課後記事，閱報，讀唐詩二首。

十二月十五日　星期一　氣候：晴

雪恥：昨晚課後召見皮宗敢，此人老實有餘而絕無自動能力，更不知有輕重先後之別，用作駐美武官焉得不為外人輕視也。

今晨七時前起床，朝課後記事，九時半到鳳山鳳鼻頭山上觀海軍登陸演習，實彈演習作戰近於實戰矣。十二時四波登陸完成，乃回抵左營四海一家休息後，聚餐訓話畢，回西子灣澄清樓。午課後讀唐詩二首，晡召見立人，彼為青年兵事又來纏擾，凡存着私心而自作聰明者，皆為愚魯之尤者也。晚課，膳後讀唐詩數首，入浴，就寢。

陸軍訓練特別注重偵察、搜索、警戒、掩護、聯絡，而搜索更須廣正面與長距離，並用便衣伏探。

十二月十六日　星期二　氣候：陰

雪恥：一、反攻兵力與經費之準備：甲、補足六十個師。乙、練成二個傘兵師。丙、增補一個旅陸戰隊，共為三旅。丁、編練三個至五個大隊噴氣機。戊、編足五個運輸機大隊（補充機在外）。己、幣制基金五億美圓。庚、每年軍事作戰經費參億美圓。辛、武器補充經費在外。壬、海軍巡洋艦二艘，驅逐艦六艘，潛艇八艘。癸、戰車與運輸車輛另計。

六時半起床，朝課，記事。九時半到臺南機場閱兵，參加部隊四萬餘人，校閱體育與加強營演習，點名，聚餐，講評。午後到砲兵學校巡視教育設備與管制，頗進步，是美顧問之力也。途中午課，回寓休息。

共匪正式拒絕印度對韓戰遺俘之提案。

十二月十七日　星期三　氣候：風雨

雪恥：昨晡美參議員希肯羅勃與藍欽等來訪，國楨作陪。聚餐後與希談話約二小時，余告以美國如不能保證反共到底，在我反攻以後，美又受俄共宣傳，主張中途妥協，希望中共成為狄托[1]之幻想復活，則中國軍民乃必灰心，絕無勇氣反攻大陸，即使反攻亦無結果也，彼甚同意此一疑慮也。十一時後寢，留希同住寓中，彼表感激之意。夜間服安眠藥後仍不能熟睡，前後不足三小時，而且昏沉半醒也。

今晨五時後起床，朝課。六時前陪希君等朝餐，閒談道別，以彼七時即欲在岡山起飛赴韓也。上午記事及明年軍事工作預定表數則，經兒來陪，談胡適事。下午午課後，審閱卅二年十月十日起之日記，誦唐詩數首。晚課後入浴

1　狄托（Josip Broz Tito），南斯拉夫共產黨總書記、總理、國防部長。二戰後倡導與蘇聯不同路線的共產主義，被稱為狄托主義。

畢，約蒲立德君晚餐，閒談之間頗多得益。彼譯基本論修正英文稿之縮短處所，余贊同其意也。

十二月十八日　星期四　氣候：雨

雪恥：希肯羅勃對英國外交之意見：甲、美國主動決定，英國隨從之。乙、不能一腳踢開英國。丙、美、中、英等國協同進行。丁、美國領導各國（英國在內），一致行動（英國願否參加，聽之）。余以為美國如欲領導亞洲各國合作反共，必須脫離英國之羈絆，有主動獨立之政策，否則仍須受英國牽累之害也。

朝課後記事，十時到岡山空軍官校舉行第卅二期生畢業典禮，並對校閱各單位官長點名後，講評畢，召見駐秘魯大使保君健〔建〕[1]，接妻信物。聚餐後回澄清樓休息，想念妻回甚切也。午課後審閱卅二年十一月上旬日記。晚課後聽批報告，約保使晚餐，聽取南美洲各國近情之報告，甚有裨益。入浴後寢。

十二月十九日　星期五　氣候：晴

雪恥：愛生與麥克合瑟已於昨日在杜勒斯家中聚餐，商談韓戰問題，乃一佳事也。

朝課後記事，讀唐詩，審閱卅二年十一月日記完，摘記現代政治基本要目等數則。經兒報告其籌擬謀略室之情形，決將原資料室改組也。午課後讀唐詩，

1　保君建，字既星，江蘇南通人。1944 年 10 月，任駐秘魯全權大使，後兼任駐玻利維亞大使。曾受任為出席聯合國第一至第七屆大會副代表。1959 年起，相繼派駐為約旦、沙烏地阿拉伯、土耳其大使。

審閱卅二年十二月初日記。十六時到鳳山陸軍官校，巡視預備軍官班學術課後，對預備軍士班訓話，彼等本月杪結業，皆將出洋留學也。晡回寓，讀唐詩。晚課後約邵[1]參贊等聚餐，報告其對日商務交涉經過情形也。再誦唐詩，入浴，廿二時寢，經兒來同住也。

十二月二十日　星期六　氣候：晴

雪恥：一、元旦告書應強調軍事動員與戰時生活。今年總動員四大運動中，社會與文化運動對於變化氣質、改造風氣、袪除惰性、提振朝氣之精神並未實踐力行，尤其是奢侈風尚享受報酬為目的，而毫未警覺此時此地之克難雪恥、反攻復國之任務，更未想及大陸同胞與各人親友水深火熱與奴隸牛馬之生活與命運如何拯救之道，此乃身為民意代表者更應負責盡職，節衣縮食為己任，方不負人民之望，亦不自毀立場也。

朝課後十時飛到公館機場，校閱中部陸、空、勤各部隊後，訓話，閱操，點名。巡視裝甲學校，聚餐講評完，十三時起飛回臺北。審閱卅二年十二月日記，帶領武、勇二孫車遊陽明山回。晚課，膳後觀打根兜，讀唐詩，入浴後廿二時寢。

上星期反省錄

一、共匪對印度調解韓戰提案已經正式拒絕，一本俄帝宣布之意旨。

二、愛生與麥克合瑟已經會晤，此對遠東反共形勢必有補益，而對馬歇爾則

1　邵逸周，安徽休寧人，時任駐日本商務辦事處參事。

加以無形打擊。蓋愛生本為馬之嫡系，輕麥而重馬者也。

三、本周對反攻準備問題及對美交涉之要領皆有所考慮。

四、本年年終校閱金門、澎湖，皆不能親校。本島自本周起，臺中、臺南與空軍、海軍之校閱已完成四分之三矣。

五、希肯羅勃對美、英外交之關係與方針之意見說明，頗有益於我也。

本星期預定工作課目

1. 各機關雜役兵編訓之檢閱。

2. 公務員每周朝操或晚操之法規擬議。

3. 67 軍與 54 軍之對調駐地。

4. 67 軍長與 75 軍長之對調？

5. 援韓將領之準備人選。

6. 準備三個軍之動員。

7. 國外高級將官不報到者，應即免官。

8. 準備封鎖沿海岸時之反攻計畫。

9. 元旦文告：一、自力更生。二、團結奮鬥。三、刻苦耐勞。四、袪私奉公。五、人人以反攻救親為己任，而不以個人權利與生活為目的，方不虧於今日在臺自由堡壘上反共抗俄之一員。

十二月二十一日　星期日　氣候：晴　晚雨

雪恥：一、幼年兵縱隊問題。二、三七五計畫問題。三、侍衛長與侍衛官調換。四、陸戰隊蘇[1]參長調第二旅長，于豪章調參長。五、委楊森[2]等為國策顧問。六、六七軍軍長、師長之調正及其駐地之準備。七、第一、第三廳長人選。八、將官三年不報到者免官。

朝課後記事，審閱卅二年十月初旬日記，約見陶希聖指示元旦告書大意後，往蔣林堂禮拜。希聖今日自動受洗禮，甚覺欣慰。午課後約見曉峯，談黨務與立委及國大代表年會問題。約見雪艇，談對日、對美外交問題。晚課，膳後與兩孫車遊市內即回，廿二時寢。

十二月二十二日　星期一　氣候：陰　後微雨

雪恥：一、校閱缺點：甲、軍樂擴音不良。乙、裝甲與空軍及後勤旗式之改正。丙、持旗高低無標準。丁、砲兵排列官兵之地位未劃一。戊、教官講解態勢之修正。己、一五五加農砲之來歷與用度。庚、特務長與軍士制及其教育。

六時後起床，朝課。八時乘火車出發，十時後到新竹機場校閱北區陸、空、勤部隊學校共五萬四千官兵生，此為自來第一次之大校閱也，學、術科訓練皆大有進步，點名聚餐訓話如常例。午課後到湖口校閱加強營（訓練）演習，步、機、砲協同動作，可說大有進步也。十八時回蔣林，途中冷汗乏力之症復起，回寓飲食後即時復元，惟覺體力與精神亦已恢復如病前矣。

1　蘇即蘇揚志。
2　楊森，字子惠，四川廣安人。1949 年 6 月，兼任西南軍政長官公署副長官，11 月任重慶衛戍總司令，12 月任西南軍政副長官並兼代川陝甘邊區綏靖公署主任。同月，撤退臺灣。1950 年任總統府戰略顧問。1952 年 12 月，改任總統府國策顧問。

十二月二十三日　星期二　氣候：晴　晚雨

雪恥：昨晚課，靜坐默禱二次，武、勇來陪解寂，讀唐詩後廿二時寢。

朝課後記事，審閱元旦文告稿。十時入府辦公，決定對不在臺、澎與游擊部隊之官長三年不報到者，五百餘之將官免官手續與方式。調整六十七軍人事與駐地，以備秘密參加韓戰也。召集一般會談，研討立法院對於電力加價及耕者有其地兩案延長不決，妨礙政策之處理步驟，約二小時之久。關於第一案，必須促成其年內通過也。午課後修正元旦文稿未完，召見鄭介民等，聽取大陸工作黨務進行之報告，英國政府對大陸情報與我急於合作之情形。晚課，與兩孫巡視研究院回，再修正文稿，廿二時三刻方寢。

十二月二十四日　星期三　氣候：雨

雪恥：一、精神力與道德力之強調。二、新機器、新武器與新智識之要求。三、惰性、暮氣之剷除。

朝課後記事，十時入中央黨部，舉行立、監兩院黨部新選委員就職典禮，監誓致訓後，入府召見巴西大使[1]，特予慰勉。此為我中央政府遷臺以後，最先回其駐華使節之一國也。召見五人，批閱人事要件。午課後重修元旦文稿。晚課後約宴陳維屏牧師、唱詩班黃、施[2]夫婦及經、緯全家度聖誕節，唱詩及老公公分物甚歡，小孩尤為快樂。聚餐後，觀影劇「丈夫日記」，為投機失敗之悲劇，無甚意義。廿三時後入浴乃寢。今晨盡三小時之力，元旦文初稿一氣呵成，可知晨間作事，心神思慮貫注，比之午昏功效為大而且易成也。

1　即李奧勃南柯（Gastão Paranhos do Rio Branco）。
2　黃、施即黃仁霖、施季言。黃仁霖，江西安義人。1948 年 2 月，任聯合勤務總司令部副總司令，1954 年 7 月兼代總司令，1955 年 6 月真除。

十二月二十五日　星期四　氣候：陰

雪恥：今日為舊曆十一月初九日，乃先慈八十九歲生日，戌時生，亦為耶穌聖誕，又為我西安出險重生之紀念日，更使我喜懼交集。而大陸未復，共匪未滅，恥辱重重，任重道遠，不知何日能報我耶穌與先慈重生之恩德也。

六時起床，朝課後重修元旦文稿。十時後到中山堂國代聯誼會致詞畢回，手擬聖誕廣播詞稿。正午約宴曾寶蓀[1]、費吳生以及黨政中同道聚餐，武、勇亦參加陪席也。同道歡欣異常，心頭皆認為復國可期，精神振奮，余以為樂觀太過，反生憂懼。午課後，審閱廿六年抗戰文件畢，重修廣播稿至廿時方成，讀之尚覺自得也。經、緯兩家來聚餐畢，觀影劇。廿三時晚課畢，入浴，寢。

十二月二十六日　星期五　氣候：雨

雪恥：一、調侍衛長。二、楊森、孫震[2]任國策顧問。三、第八十軍軍長等之調動。四、第一、第三廳廳長之調動。五、金門各師長之補充。六、警政與市政注意事項之發布。七、兵學研究會之開始研究。八、約宴杜南耐與外藉〔籍〕教官。九、發曾、孫[3]等款。

朝課後記事，讀聖誕自擬文告。十時到中央召集動員會報，十二時半方完。余認為黨政一切會議，以此會報最為有益也。午課後記事，到研究院召見第廿二期學員開始，十八時回。閱報，晚課後與武、勇玩耍。看中國思想史序（錢繆〔穆〕著），廿二時寢。

今日聞孫立人已提出辭呈，以其不滿於最近建立制度，限制其權限也。此乃

1　曾寶蓀，字平芳，號浩如，曾國藩曾孫女。1947 年當選第一屆國民大會代表、國民大會主席團主席。曾編校《新舊約聖經提要偈子》行世。

2　孫震，字德操，號夢僧，祖籍浙江紹興。1949 年 12 月退守臺灣。1952 年 12 月退役，改任總統府戰略顧問。

3　曾、孫即曾寶蓀、孫震。

往昔軍閥之所為，應予斥責。

十二月二十七日　星期六　氣候：雨

雪恥：俄史對紐約時報記者答覆願晤愛生以後，邱吉爾第二日就決定訪美，提前與愛生會晤。此一行動又令人不能不感佩英國外交之敏感，及其行動與手段之積極與迅捷也。愛與邱之會晤，對於我國與遠東將發生如何影響。其果能妨礙愛生對我遠東之新政策乎，抑或愛生能轉移英國過去遠東政策，使之共同解決遠東之共禍乎。應加切實研究。

朝課後記事，十時入府辦公，召見五員，並對留美陸軍學員廿餘人點名訓話。召集軍事會談，研討留緬李[1]軍與美顧問統一臺灣通信管制建議案方針。午課後修正基本論英譯，特別增補各點後，召見學員五十名。回寓閱報，晚課。膳後接妻電話，其心聲急促，可知其病狀不如前結婚紀念日（一日）之寬順也。入浴後寢。

上星期反省錄

一、邪思妄念並未克制止息，此乃信心減退，修道不進之象，應特加警惕，免入魔阱。

二、體力似已漸復矣。

三、立人辭職，雖以嘗試，但應加以切實糾正，勿使之再蹈舊有軍閥之惡習。

四、立法院對於電力加價與耕者有其田案尚未能如期通過，可歎。

五、對逃亡國外將官，一律免官。除役令與辭修等外職退役令皆已簽發矣。

1　李即李彌。

六、北區校閱完畢，可說本年整軍計畫大體達成矣。

七、史魔願晤愛生之宣傳，似不能發生作用乎。

八、邱吉爾急訪愛生之目的何在。

本星期預定工作課目

1. 宴評議委員（卅日）。

2. 宴企業公司人員（下月八日）。

3. 宴外藉〔籍〕教官（下月十日）。

4. 情報會談（卅一日）。

5. 財經會談（卅日）。

6. 宣傳會談。

7. 電力加價與耕者有其田案之督促。

8. 兵學研究會、實踐學社之開學與課程查報。

9. 軍事會議講評之準備。

10. 蕭[1]副總長加上將御〔銜〕。

11. 各省區黨政主持人選之決定。

十二月二十八日　星期日　氣候：陰雨

雪恥：一、軍醫加強業務重要。二、侍衛手冊。三、行軍秩序、方法與紀律之特重擁擠與塞絕交通情形，大集合即為練習行軍之良機。四、國民兵與補充兵訓練計畫之一系不相衝突，及實施方案呈報。五、養女收容與出路問題

1　蕭即蕭毅肅。

交政治部研究。

朝課後記事,修補基本論英譯本稿件。十一時前往士林鎮公所投票選舉縣議會議員後禮拜。午課後記反省錄及本周工作預定表,重修元旦文稿。晡獨在北客室閒坐休憩後,帶領武、勇車遊山上一匝回。晚課,膳後再校英譯本目錄,增補二節。廿一時半入浴,剪甲後寢。

十二月二十九日 星期一 氣候:陰晴

雪恥:本日為電力加價案,昨夜已由立法院與行政院洽商減低加價至百分之卅二,以余未得其報告,乃於上午紀念後對立法委員(研究院學員)訓話,仍力主照原案通過之意從速通過,並加以訓誡,及後得報乃知行政院已接受立法院減價之審查案。事後甚覺自慚,不應為行政院各機構提案堅持保證,可知現在行政各機構之風習,仍如過去在大陸上之奢侈自私與舞弊,情形未變也。可歎,可痛,可恥盍極。

朝課後記事,重修元旦文稿與英譯基本論,皆作最後之決定也。十時到石牌訓練班紀念周舉行動員訓練班第二期結業典禮後,對立法委員訓話。午課後見美教友,召見學員五十人回。閱報,審閱卅二年九月日記。晚課,讀唐詩,廿二時入浴後就寢。

十二月三十日 星期二 氣候:陰晴

雪恥:昨以為電力加價案已由其立法院審查委員會全體委員與行政院負責人員在黨部爭持至久,方得由行政院勉強接受妥協,認為在立法院必可順利完成手續。不料其在聯合審查委會,以少數人反對,所謂 CC 團者作梗,仍未能成立決議,以致今日最後年終一會不能提出,故此案延誤不能於明年元旦如

期實施。余以為 CC 之中總有幾個好人，及今發覺張道藩亦與若輩串通一氣，以要脅中央，必欲喪失領袖威信以示其力量，而胡健中真為其中操縱之一員，殊出意外。如欲整肅本黨，健全立法院，非清理 CC 無法反共救國也，於此不能不下決心矣。

朝、午、晚課如常。上午入府辦公會客，召集財經會談。午宴評議委員，宣布立法院反建設、反革命情形，提議行政院應將電力加價案從立法院抽回，今後重要建設與行政各要案皆由總統命令實施，不能再為立法院反動而延誤革命反共之前途也。

十二月三十一日　星期三　氣候：陰晴

雪恥：昨午課後，中央常會張[1]秘長猶欲對立法院嘗試會商妥協，余乃阻制之，並令表明中央再不與立法院作任何指示之決心。因之 CC 知此事嚴重，乃即由該院長召集總審查會，立將電價案照前日所協議通過呈報中央，余對此益知 CC 小組織之背黨亂國之陰謀，更覺不可再事因循矣。晡召見學員五十人。晚約蒲立德便餐，敘談至廿二時別去。彼主持英譯基本論，亦於今晚趕成矣。夜間又失眠矣。

朝課後記事，屬沈[2]秘書送蒲立德行時，轉告其政治報告英譯本不宜刊載生活雜誌。十時入府會客，召集情報會談，破獲汐止附近山區共匪組織案，其範圍甚廣，可知共匪之對臺灣叛變陰謀更為深入也。午課後修正元旦文稿，作最後之核定。晚課後廣播。晚與經兒全家在研究院觀話劇「土包子」，對共匪笑話百出，頗足解愁。廿三時入浴後寢。

1　張即張其昀。
2　沈即沈錡。

上月反省錄

一、國軍官藉〔籍〕整理之原則實施，所有高級軍官未隨政府來臺及散居國外者，一律免官除役之發表，李宗仁、張發奎、熊式輝[1]等均一律在內，此舉實與黨員全國大會淘汰腐劣中委之性質同一重要也，實為整黨整軍最重要之步驟也。

二、電力加價案，立法院在大除夕亦得通過實施。

三、經濟自立之四年計畫發表，此實為一切經濟建設對借外資之模範方案也。

四、年終校閱在本島者皆已如期完成矣。

五、臺糖外匯率提高以後，明年預算收支相率無幾，此又比去年之預算更進一步矣。

六、國防大學聯合作戰班已開學矣。

七、兵學研究會即黨、政、軍聯合作戰訓練（高級）班亦決於年杪前三日開學矣（此事陸總部密報美顧問團亟思破壞政府信譽之劣行，總為余不顧一切反對，以培養將材之決心所克服）。

八、印度提議調停韓戰案，美國雖經接受，又為聯大所通過，最後仍為共、俄所反對，卒歸無效也。

九、愛生（豪）視察韓戰場回美，其各種行動可說積極而並未貽誤之所為也。

十、本月對外交及參加韓戰方針與反攻方略之考慮最切，尤以月中在日月潭三日遊覽之時為更有益也。美國兩黨領袖，多數皆已公開主張運用國軍矣。

1　熊式輝，字天翼，江西安義人。1945 年 9 月，任東北行營主任及東北行營政治委員會主任委員。1947 年 1 月任國民政府戰略顧問委員會委員。1949 年寄居香港與澳門，並在曼谷經商。1954 年到臺灣。

蔣中正日記
Chiang Kai-shek Diaries

雜錄

蔣中正日記
Chiang Kai-shek Diaries

蔣中正日記
Chiang Kai-shek Diaries

雜錄

一月　控俄案通過。邱[1]訪美之結果。

二月　臺銀俞[2]任。軍事動員演習。調整防區人選。高級班三期成立。中日和
　　　會成立。新約稿第二次修正完。

三月　美參院通過日約。臺菲劃歸太平海軍範圍之內。

　　　空軍司令實行調換。大法官補足。建軍開始推進。

　　　美駐臺海陸軍武官對我調換各總司令，慫恿其政府橫加干涉。

四月　海軍總司令調換不為美所阻鬧而中止。

　　　考試院長賈景德充任，五院充實。

　　　莫斯科經濟會議誘惑英日通商與調停韓戰之勢，強迫遣俘問題進入最
　　　後險境。

　　　右目閃光之病初發。

　　　中日和會受盡侮辱而卒告完成。

　　　艾克辭去歐職而決競選，李奇威調歐，克拉克東調，杜魯門聲明不競
　　　選。

五月　三個軍遵令縮編告成，此實圓山軍訓之效。

　　　自俞調長臺銀以來，省府與臺銀關係改善，院與省之關係亦增進，財
　　　經益臻穩定。

　　　立法院延長任期仍用政治方法明令解決，黨威漸立。上官[3]調至省黨，
　　　中央與省黨之間糾紛平定。

　　　大陳防務與各種問題已告解決。

1　邱即邱吉爾（Winston Churchill）。
2　俞即俞鴻鈞。
3　上官即上官業佑。

國際問題自第二次戰爭以後已入於第二段之開始：甲、西德波昂條約。
乙、西歐六國聯防。丙、日德法共匪暴動。丁、韓之共俘暴動與板門
店和談成為千古未有之奇觀。

六月　臺省財經會議。高級班第三期結業。

第一期兵棋演習完成。中與西復交換文。

美炸北韓電廠。艾奸[1]對英竟道歉。俄對外使節大調動。

美、英、法三國外長會議對俄步調一致。

英工黨反美聯俄，攻邱之形勢日急。

七月　審閱卅六年日記，反省得益非常。

國恥：芬蘭世運與加拿大國際紅十字會皆約共匪與我參加，我決反對。

段澐與詹抑強通敵之發見〔現〕。

美海軍航空母艦在大陸沿海示威。

對反攻方略與整訓軍隊皆能深切計畫嚴格督導。美國二黨候選總統推
定有感。

八月　海軍各艦隊司令之發表。

美、英、法致俄照會召開五強會議，裁軍以及德國選舉與統一問題，
而俄照會之對奧和會問題亦互相拒絕，此乃熱戰以前，不冷不熱戰之
階段。

周匪朝俄與俄共宣開十月全代大會，是俄控置〔制〕大陸之人力物力，
其政經會黨皆將具體合併矣。

共匪偽組織擴大工業部門與縮小大行政區。美澳紐開太平洋理事會。

夫人赴美養疴。

在角畈山起草基本論。

九月　遊覽八仙山與天冷廠，手著基本論。

俄宣布發展北極海航線。

1　艾奸即艾其遜（Dean G. Acheson）。

外蒙偽總理哲丹登巴 [1] 訪平。

大專畢業生集中軍訓為候補軍官制之實現。

士兵增餉最低為十五元，已合美金一元之標準。

周 [2] 匪請求俄無限期駐兵旅順。

俄新五年計畫與周匪朝俄之關係。

十月　全大會後腿病發現。

黨七大會除白 [3] 去賀、劉 [4]，掃除（奸污）革命之拉〔垃〕圾滓渣，為六十年來組黨未有之成功。

駐臺、澎國軍由卅一師改編廿一師計畫完成，軍事之高級拉〔垃〕圾亦已掃除。

全球之僑務會議發生重大影響。

雙十節閱兵與臺灣光復節檢閱民眾動員，分別對我國際聲譽提高不小。

反共基本論黨的行動指導綱領與政治報告大著完成。

俄共十九次大會在我黨大會前召集之意義。

俄在千島擊落美機二架，要求美國撤換其大使，英、美、法、澳、紐在美協商東南亞防共問題，共匪在北平召開其亞洲與太平洋會議。

美伊宣布絕交。越南共匪猖獗，河南吃緊。

美宣布痙〔氫〕氣彈試驗完成。

十一月　愛克當選美總統，杜、馬、艾失敗下野，此乃七年來奮鬥之效果。

對國際形勢與韓戰問題以及反攻方略，皆能在病中精思入神。

對黨務軍事與政經皆能切實督導，師管區制亦可分別成立。

審閱卅三年五月以後之日記，驚心動魄，思之猶有餘悸，但獲益非尠。

南部風災頗大。

1　哲丹登巴，曾任蒙古人民革命黨中央委員會總書記、蒙古大人民呼拉爾主席團主席，1952 年 5 月至 1974 年 6 月，任部長會議主席。
2　周即周恩來。
3　白即白崇禧。
4　賀、劉即賀衷寒、劉健羣。

附注二紙，請呈報為荷。希聖注。

第五章「三民主義的哲學觀點」謹改訂。其前言中，關於辯證法之兩段仍不妥，最好從刪。因「矛盾律」與「否定之否定」並非如此說也。

「矛盾律」為古典邏輯（即所謂形式邏輯）上之一法則，即用以發現兩個觀念之間的矛盾之推理方法，並非認為事物必有內在矛盾之理論。

「否定之否定」在黑格爾辯證法中為一最主要之推理方法。試舉二例以明之：

（一）基督教義之例——

亞當原居伊甸園，與神同在。——命題

自食禁果而有人的自覺，遂與神分裂。——否定

因信耶穌，在十字架之保證下，與神和好。——否定之否定

（分裂與和解為思想發展上兩個過程，無分裂即無主客觀之對立，無和解則無物我一體之境界）

（二）克勞塞維茨戰爭論之例——

戰爭為求勝利，必用盡自己力量，儘快殲滅敵人（戰爭之絕對性）。——命題

但在實戰上，司令者不能得到無限的力量，而受政治外交經濟之限制。——否定

司令者祇有在此有限的條件下，發揮戰爭之絕對性。——否定之否定

希聖主張不用此二段，免招批評。

一、總動員之督導。

二、壯丁動員計畫與實施。

三、精神動員與思想領導。

四、農村建設政策與步驟。

五、侍從辦公與組織之研究。

六、執行政策督導方法。

一月卅日。默察本年世界大勢：

一、邱吉爾訪美後之影響：

　　甲、英國建軍因得美國百萬噸鋼之協定，今可開始建軍矣。

　　乙、大西洋艦隊統帥英已讓給美國，是英、美聯合作戰參謀部已恢復原有組織乎？

　　丙、英、美對遠東政策將協調一致，其對近東亦必有成議矣。

　　丁、基於以上之觀點，乃得結論如下：

　　　　子、美國對俄軍備至明春完成。

　　　　丑、英國軍備至明春亦有一年之基礎。

　　　　寅、俄國原子彈之數量至明春已有三年基礎，當可製成五百至一千顆之數，如俄果有五百顆以上之原子彈，則彼必先行下手毀滅英倫三島之原子基地以及其他原子基地。

　　戊、據以上事實判斷，第三次世界大戰其不能出於一九五三至五四年之中乎。

二、美國今年大選之觀察：

　　甲、俄國對美之所好與其期待：

　　　　子、民主黨對俄妥協政策及其左傾思想（此為已往之事）。

　　　　丑、共和黨之孤立主義與反對重歐主義。

　　乙、俄國對美之所惡與其所要破壞者：

　　　　子、民主黨對俄積極備戰及其重歐政策。

丑、共和黨之積極反共與重亞援蔣政策。

寅、民主黨繼續執政，美國政治長期安定，軍備完成，此為俄所最惡者。

卯、根據以上事實，俄國對美左傾工人之影響，以其利害得失相較，今年共和黨當選是於俄為有利乎，如俄不妨礙共和黨，則該黨當可得勝。此乃余之獨見，美國本身尚不覺其俄國對美之無形影響有如此之大者也。

三、對韓戰能否停止，獲得和平之觀察：

甲、據以上對美國大選之觀察如果正確，則除非俄國希望美民主黨大選獲勝，而予今日杜魯門政府對人民一時之快慰，使其大選取勝，否則韓戰決無真正停止，更無今年獲得和平之可能。即使美國轟炸東北及封鎖匪區海口，亦無阻止韓戰之可能，以其所損害與死傷者並無關於俄國之本身也。

乙、俄國戰略，今日對美國之於韓戰，正如民國卅年以前對日本之於侵華戰爭一也，非使美國深陷泥淖不能自拔而決不放鬆，而且美國今日亦不能示弱退讓至卅八度線為停戰之界線矣，即使其退讓至此界線，亦決不能獲得真正之停戰，故美國如再一退讓，而仍不能解決韓戰求得和平，則杜政府之大選更絕望矣。

四、對東南亞即中南半島，俄共是否侵入之觀察：

甲、俄國今日戰略之急求完成者：

子、韓戰場求其不戰不和，如目前半睡不醒之狀態，最合其之理想。以其既不能澈底佔領朝鮮半島，則亦不使美國安全佔領，最為得計。

丑、在侵韓之計既不能售，則其統一亞洲大陸之戰略決不能因此停止，其計惟有一面在韓作不大犧牲之對抗，一面向英、法之最弱一環進攻，尤其是塔西尼死後，認越南為其囊中之物，緬、泰更無問題。則馬來之錫、橡等資源必須於大戰未起之前佔領，是為其刻不容緩之行動。以其今日侵佔中南半島，如無我國軍

增援，再無其他軍隊可為其敵手，若其果一發動東南亞侵戰，
真可如入無人之境，如此便宜事，何樂而不為耶。對於印度則
留待最後一着，以其認為垂手可得，不過時間問題，遲早無甚
關重要也。

寅、對近東之伊朗與埃及，俄必用其政治之第五縱隊全力滲入進攻，
今日之伊朗可說已入其掌握之中，所差者惟埃及，尚不能如其
預想之易，而其最大之障礙則為土國耳。故其大戰開始之初，
南對土國，東對日本琉球，西對英倫與北對冰島及阿拉司加，
必須同時用原子彈毀滅，而後乃能從容進展，以達其統一全球
之目的也。

姓名錄

服部ハットリ[1]　日本復員局長
西浦ニシカワ〔にしうら〕[2]
堀場ホリバ[3]
山本清〔親〕雄　海軍

張式琦[4]　湘鄉　校十三　大廿三　卅二師課長　卅二才

彭孟緝　蔣經國　周至柔　郭寄嶠　王叔銘
黃振〔鎮〕球　胡璉　胡宗南　石覺　李彌
袁璞〔樸〕　高魁元[5]　羅列　羅友倫　黎玉璽[6]

1　服部卓四郎，日本陸軍大佐。戰後在復員廳戰史編撰室進行戰史寫作。其後戰史編撰室實際業務成為「日本重新軍備計畫研究」，並成立「服部機關」，以西浦進、堀場一雄等進行計畫擬定。韓戰爆發，美國面臨是否要重新武裝日本問題，一度推薦其為日本警察預備隊（陸上自衛隊前身）指揮官人選之一，卻因首相吉田茂和盟軍司令部民政局局長反對而流產。1954 年鳩山一郎擔任首相時，曾評估能否拔擢其擔任國防會議參事官，但因在野黨極力反對而作罷。著有《大東亞戰爭全史》。
2　西浦進，日本陸軍大佐，在陸軍省軍務局工作，曾擔任東條英機首相暨陸軍大臣秘書官，戰後專致太平洋戰爭史調查研究，出任防衛廳防衛研修所戰史室首任室長，領導編纂「戰史叢書」。
3　堀場一雄，日本陸軍大佐。1945 年 8 月 22 日補陸軍省軍務局附，1953 年 10 月 21 日病逝。遺著《支那事變戰爭指導史》。
4　張式琦，湖南湘潭人。時任獨立第三十二師副參謀長，1958 年 5 月任臺灣省警備總司令部警備處處長。
5　高魁元，字煜辰，山東嶧縣人。1949 年 4 月調任第十八軍軍長，10 月戍守金門，為「古寧頭戰役」戰勝關鍵人物。後任第十二兵團司令部副司令官、金門防衛司令部副司令官兼第十八軍軍長、第九十六軍軍長、第四十五軍軍長、臺灣北部防守區司令部副司令官。
6　黎玉璽，號薪傳，四川達縣人。1950 年 6 月，任海軍第二隊艦司令。1952 年 4 月，調任海軍總司令部副總司令兼海軍艦隊指揮部指揮官。

劉玉章[1]　葉　成　唐守治　趙家驤　賴名湯[2]
黃珍吾[3]

1 中委人選
　徐柏園　馬星野
　吳國楨　任顯羣
　俞鴻鈞　李維〔惟〕果[4]
　雷法章　周宏濤
　查良鑑[5]　上官業佑
　滕　傑[6]　李士英
　倪文亞　周德偉[7]

2 敵後代表之遴選
　保密局中統局各二人

1　劉玉章，字麟生，陜西興平人。1952 年 2 月，任臺灣北部防衛區副司令官兼第五十二
　　軍軍長。1953 年 3 月，任臺灣中部防衛區司令官。
2　賴名湯，號曉庵，江西石城人。1950 年 12 月，調任國防部第二廳廳長。1954 年 7 月，
　　調任勤務總司令部參謀次長。
3　黃珍吾，字靜山，廣東文昌人。1954 年 9 月調任臺北衛戍司令，1957 年 5 月 30 日因
　　「五二四事件」遭免職。後調任總統府中將參軍。
4　李惟果，四川南充人。1949 年 2 月，任駐華盛頓遠東委員會大使銜代表。1952 年 5 月，
　　因駐遠東委員會代表團裁撤，同時免職。
5　查良鑑，字方季，浙江海寧人。1950 年出任國立臺灣大學法律系教授，後接任司法行
　　政部政務次長。1951 年 8 月與周宏濤等組成五人專案小組，專程赴美調查毛邦初案，
　　向法院控告毛邦初。
6　滕傑，號俊夫，江蘇阜寧人。1948 年 12 月，出任南京市市長兼南京市黨部主任委員。
　　到臺灣後，擔任中國國民黨國民大會黨部書記長。
7　周德偉，字子若，湖南長沙人。1950 年至 1968 年擔任財政部關務署署長，並在臺灣
　　大學、政治大學兼任教授。1955 年 2 月兼任行政院外匯貿易審議委員會副主任委員，
　　致力於外匯貿易改革方案。

大陸處資料室各一人

大陳金門馬祖各一人

越南泰國各一人

後藏　張志和[1]

回教　堯樂[2]

劉詠堯[3]

可	凌均桂[4]	湘	四〇	洛分校二期	八十七軍十師副
	吳玉良[5]	溫嶺	校六	大十三	陸總典令研究組長
	范光華[6]	天津	卅九才	空校四	國防大學教授
	黃雄盛[7]	崇明	空校	留美　清華畢業　副聯絡官　卅五才
	陳聞暉[8]	瀏陽	卅七才	工兵第二團團長
	戴傑夫[9]	沔陽	卅九才	八十軍三四〇師副師長

1　張志和，原名清平，字致和，四川邛崍人。1941 年參加中國民主政團同盟（後改稱中國民主同盟），從事西南方面高級將領的統戰工作。1949 年 8 月在雅安開展西康地區的統戰工作。中共建政後，任政務院（國務院）參事、民盟中央委員、第二屆全國政協委員。

2　堯樂博士，字景福，新疆哈密人。1950 年率部襲擊共軍，1951 年越過中印邊界，輾轉至臺灣。1952 年，自任第一屆朝覲團團長，帶領回教徒朝覲。

3　劉詠堯，字則之，湖南醴陵人。1950 年調任總統府戰略顧問，並續任國民大會代表；同年 6 月，兼《國防叢刊》社長。1952 年 11 月，兼中國國民黨設計考核委員會委員。1954 年 7 月，兼行政院設計委員會委員，10 月兼光復大陸設計研究委員會委員。

4　凌均桂，湖南衡陽人。1952 年 7 月 30 日調任第八十七軍第十師副師長。

5　吳玉良，浙江溫嶺人。時任陸軍總部陸軍典範令研究會高級參謀兼組長。

6　范光華，空軍軍官，時任國防大學校教授，後任教務處處長。

7　黃雄盛，時任空軍供應司令部試飛官，調任蔣中正侍衛官，並擔任軍事會談記錄。

8　陳聞暉，字杜微，湖南瀏陽人。歷任聯勤總司令部工程署工兵組副組長、國防大學校教務處副處長、國防大學校教務處副指揮官。1956 年 5 月調任國防部第四廳第二組組長。

9　戴傑夫，號澤清，湖北沔陽人。時任第八十軍第三四〇師副師長，1953 年 11 月升任師長。

團管　　陳始升[1]　卅五才　十五期　楊縣

　　　　宛致文[2]　鄂　四一才　二期

區司令　張紹恩[3]　卅八才　校十五　大廿一　番禺

　　　　尹揚武[4]　皖　卅九才　洛分校軍訓班

　　　　吳錫麟[5]　卅九才　十三期　臨川

　　　　謝復陽[6]　遼　卅八才　洛校四期

　　　　許朗軒[7]　郭　永　王啟瑞[8]　皆可升軍長

　　　　許承功[9]　池孟彬[10]　俞柏生[11]　宋長志[12]　皆為海軍上選

　　　　陳衣凡[13]　陶偉生[14]　陳大科[15]之儀容　皆非空軍上選

1　陳始升，廣東梅縣人。原任第六十七軍第五十六師第一六六團團長，時任新竹團管區司令部司令。後任第六十七師參謀長。
2　宛致文，字東興，湖北黃梅人。1951年4月任第九十一師第二七二團團長，1952年6月調任苗栗團管區司令，1956年3月調任預備第二師副師長。
3　張紹恩，廣東番禺人。歷任第六十七師參謀長、第六十七師第一九九團團長、臺北團管區司令部司令、國防部第三廳副組長、國防大學校教官第四組教官。
4　尹揚武，時任臺中團管區司令部司令。
5　吳錫麟，時任彰化團管區司令部司令。
6　謝復陽，字東平，遼寧綏中人。曾任高雄團管區司令，1956年2月任雲林團管區司令兼雲林警備分區指揮官，1959年晉升臺東師管區副司令。
7　許朗軒，號永洪，湖北沔陽人。1950年9月，任第六十七軍副軍長。1953年4月，調升第七十五軍軍長。
8　王啟瑞，號文霞，湖南資興人。1950年7月任第六軍副軍長，1951年8月升任第六軍軍長。1952年12月調任總統府參軍。
9　許承功，號子謙，浙江臨海人。1950年11月任海軍中練艦艦長。1952年11月調任總統府侍從參謀。
10　池孟彬，字敬超，福建林森人。1952年11月調任總統府侍從參謀。
11　俞柏生，字伯蓀，江蘇宜興人。歷任海軍艦隊訓練司令部司令、海軍驅逐艦隊司令、海軍驅逐巡防部隊司令、海軍兩棲部隊司令部司令、海軍艦隊指揮部指揮官。1965年8月出任海軍總司令部副總司令。
12　宋長志，遼寧遼中人。1949年8月調任海軍軍士學校校長。1952年11月調任總統府侍從高級參謀。1954年升任海軍登陸艦隊司令兼大陳特種任務艦隊指揮官。
13　陳衣凡，又名家貴，奉天海城人。原任空軍臺中基地指揮官。1952年任空軍總部第二處處長，1953年派任駐菲律賓空軍武官。
14　陶偉生，字應奇，江蘇江陰人。1946年作詞《保衛領空》獲選為空軍歌曲。
15　陳大科，1954年8月任空軍第二十大隊大隊長。

　　　沈莊宇 [1]　四川　四六才　留日　步校

　　　劉宗邦 [2]　五軍　十四師長　暴戾
　　　周士富 [3]　吳興　卅六才　　十二期　大廿期　　美國參校　體弱不揚
　　　田世英 [4]　阜陽　四九才　　斯丹福砲校
　　　袁子琳 [5]　銅山　四一才　　警校未畢業　鹽警司書　陸一署副
差　　董信武 [6]　山東　卅九　九期　八十七軍　九師副（流氣）

三組　董世芳 [7]　李穆堂 [8]　梁子衡 [9]
一組　瞿韶華 [10]　朱耀祖 [11]

1　沈莊宇，號靜，四川蓬安人。1950 年 6 月任第六十七軍第五十六師師長，1952 年 8 月
　　調任臺北師管區司令部司令。
2　劉宗邦，1950 年 6 月任第十三師師長，9 月改任第十四師師長。
3　周士富，號靜遠，浙江吳興人。1952 年 9 月任陸軍軍官學校教育處處長。後任陸軍總
　　部砲兵訓練指揮部指揮官。
4　田世英，安徽阜陽人。時任陸軍總司令部第一署署長，1954 年 9 月調任陸軍總司令部
　　編譯處處長。編有《英漢軍用語詞典》。
5　袁子琳，1952 年 3 月任陸軍總司令部第一署副署長。
6　董信武，字治亭，原任第五十軍第九十一師副師長，1952 年 7 月任第八十七軍第九師
　　副師長，1953 年 11 月升任師長。
7　董世芳，1954 年 3 月 17 日任中國國民黨中央委員會第三組副主任。
8　李穆堂，廣東新會人。1950 年 10 月任中國國民黨中央改造委員會第三組專門委員，
　　1951 年 4 月兼僑務委員會委員。1952 年 11 月調任中國國民黨中央改造委員會第五組
　　專門委員。
9　梁子衡，號雲驥，廣東恩平人。歷任中國國民黨駐泰國總支部黨務督導員、駐越南總
　　支部黨務特派員、中國國民黨中央黨部第三組總幹事、秘書。1959 年 4 月 16 日遞補
　　國民大會代表。
10　瞿韶華，河北定興人。時任中國國民黨中央委員會第一組總幹事。
11　朱耀祖，時服務於中國國民黨中央黨部第一組。

五組　張泰祥[1]　楊有壬[2]　袁覲賢[3]（金大）　喬維和[4]（輔仁）助幹

六組　黃紹祖[5]

　　　張致一[6]　茂名　卅八才　中山大學　裝校政工處長

　　　雷法章

　　　劉師誠　卅六才　煙酒臺南分局　政校

　　　高　舉[7]　閩　二廳副　四二才

　　　黃錫麟　粵　總聯絡官

3/1　　白樹棉〔綿〕[8]　遼　士校教長

4/2　　李北海[9]　粵　中校艦長

永順艦長　王德安[10]　安　永嘉　胡[11]　各長召見

1　張泰祥，字太翔，湖北黃岡人。原任中國國民黨中央委員會主任秘書，1954 年 7 月
　　改任第五組副主任。
2　楊有壬，曾任中國國民黨京滬區鐵路特別黨部書記長、時任中國國民黨中央委員會第
　　五組總幹事。
3　袁覲賢，號雪安，湖南長沙人。時任中國國民黨中央黨部第五組專門委員。
4　喬維和，時任中國國民黨中央黨部第五組助理幹事。
5　黃紹祖，浙江餘姚人。時服務於中國國民黨中央委員會第六組。
6　張致一，原名光海，廣東茂名人。1952 年 10 月任裝甲兵學校政治部主任，1955 年 8
　　月調任陸軍第九軍政治部主任。
7　高舉，福建閩侯人。時任國防部第二廳副廳長，1953 年 12 月調任海軍總司令部法規
　　委員會委員。
8　白樹綿，遼寧遼陽人。1949 年任信陽艦艦長，駐守江陰。4 月 22 日隨第一江防區指揮
　　官宋長志（兼逸仙艦艦長），在砲火攻擊下，順利脫險。1950 年 10 月任海軍士官學
　　校教育長。1955 年 9 月調任海軍指揮參謀學校教育長。
9　李北海，廣東人。中校艦長。
10　王德安，時任永順艦艦長。
11　胡嘉恆，原名胡德華，曾於中日戰爭時參與江陰保衛戰，任永嘉艦艦長。政府撤臺之
　　後曾任海軍專科學校兵學部主任，任內廣蒐中外文海軍書籍以充實教材，對海軍教育
　　貢獻大。

5/3　　楊維智[1]　浙　海政工副主任

4/3　　牟秉釗[2]　鄂　海二署處長

2/3　　曾耀華[3]　閩　海校教處長 2/3

　　　　錢懷源[4]　上虞　卅八才　海校

　　　　梁序昭[5]　閩　煙臺海　訓練司令

　　　　張仁耀[6]　蘇　第二艦隊參長

　　　　陳慶堃[7]　粵　第三艦隊參長

　　　　黃震白[8]　川　電雷一

　　　　馮啟聰[9]　粵　黃埔海

　　　　崔之道[10]　齊鴻章[11]　電雷一

　　　　蔣　謙[12]　江蘇　青島三

7/2　　海軍　宋長志　吉林　青島四

1　楊維智，號未之，浙江紹興人。1951 年 8 月，任海軍總司令部政治部副主任。1954
　年 6 月，調升海軍總部政治部主任。
2　牟秉釗，字履冰，湖北利川人。1950 年 10 月任海軍汾陽艦艦長，後升任海軍總司令
　部第二署第一處處長。1953 年 1 月調任該署第二處處長。
3　曾耀華，福建長樂人。時任海軍軍官學校教育處處長。
4　錢懷源，浙江上虞人。1951 年 11 月任海軍參謀研究班主任，1952 年升任該校校長。
　1958 年任會稽軍艦艦長。
5　梁序昭，福建閩侯人。1951 年 5 月，任海軍艦隊訓練司令。1953 年 7 月，任海軍艦隊
　指揮部副指揮官。
6　張仁耀，字瀾滄，江蘇鎮江人。1949 年 6 月任海軍太湖艦艦長。1951 年 7 月升任海軍
　第二艦隊參謀長。1953 年 7 月調任國防大學校教官。
7　陳慶堃，廣東番禺人。曾任海軍永嘉艦艦長，時任海軍第三艦隊參謀長。
8　黃震白，四川華陽人。1949 年 4 月，調任海軍總司令部第三署作戰處副處長，代理處長。
　10 月兼海軍總司令部作戰指揮室主任。1951 年 4 月，調任海軍總司令部第三署署長。
　9 月調任海軍第四艦隊司令，後任海軍登陸艦隊司令部司令。1955 年 5 月，任海軍兩
　棲訓練司令部司令。
9　馮啟聰，字伯曼，廣東番禺人。1950 年 6 月，任海軍登陸艦隊司令部司令。1952 年 8
　月連任。
10　崔之道，1952 年 3 月任海軍艦艇司令部副司令，8 月調任第三艦隊司令。
11　齊鴻章，字印輝，江西進賢人。原任大陳特遣艦隊司令，1952 年 8 月調任第二艦隊
　司令，9 月准予連任一次。1954 年 7 月，調任海軍士兵學校校長。
12　蔣謙，字士鵬，號孝先，江蘇宜興人。歷任海軍永勝、太平、峨嵋等艦艦長。1952
　年 9 月，任海軍後勤艦隊司令，後任特種任務艦隊司令。

高　舉　閩　四二才　海校留意

趙　剛[1]　仝左　豫

覃　豪[2]（未畢業海校）粵

傅洪讓[3]　江西　四一才　中訓艦　差

劉德凱[4]　遼　卅八歲　太和艦（浮）

林鴻炳[5]　太昭艦　文昌　貌俗

謝祝年[6]　粵　可

曹仲周[7]　差

齊鴻章　差

德人　霍愛新格[8]　五五才　第二次大戰德參部作戰局長

德人　司派德爾[9]　五五才　任羅慕爾[10]將軍之參長

日海　山本清〔親〕雄

曾耀華　卅六才　閩　海校教育處長

李敦謙[11]　四〇才　海總一署副　江西

1　趙剛，字德成、子材，河南輝縣人。1951 年 3 月任海軍總部第六署第六科科長。

2　覃豪，廣東德慶人。時任海軍中興艦副艦長。

3　傅洪讓，號揖如，江西豐城人。1949 年 8 月，任海軍中訓艦艦長。1952 年 8 月，調任海軍第三艦隊參謀長。1954 年 4 月，調任國防大學校教官。

4　劉德凱，1950 年 7 月任太和艦艦長，1957 年 3 月任洛陽艦艦長。

5　林鴻炳，廣東文昌人。時任太昭艦艦長，1955 年調升巡邏艦隊司令。

6　謝祝年，廣東開平人。1949 年任海軍第一艦隊參謀長。1953 年任海軍供應司令部副司令。

7　曹仲周，字書範，江西新建人。1951 年 3 月任海軍第三艦隊司令，1952 年 9 月任海軍士官學校校長，1954 年 5 月接任海軍軍官學校校長。

8　霍愛新格（Adolf Heusinger），1950 年任西德總理艾德諾（Konrad Adenauer）的軍事事務顧問。

9　司派德爾（Hans Speidel），德國軍事將領，西德聯邦國防軍主要創始人。

10　隆美爾（Erwin Rommel, 1891-1944），又譯為羅慕爾，第二次世界大戰德國將領，有「沙漠之狐」稱號。

11　李敦謙，江西新建人。原任海軍中勝艦艦長，1952 年 3 月任海軍總司令部第一署副署長。後任海軍總司令部作戰副參謀長。

郭玉田[1]　四四才　青田　45D 副校六

王良棟[2]　卅九才　湖北　空警旅團長

劉漢卿[3]　四四才　2D 副師長軍訓班　陝西

陳家垔[4]　四十才　湖北　87D 副師長

張勳增[5]　三十四才　96A 634 團長　河南騎校

高廉九[6]　四七才　河北　苗栗縣黨部主委

王再長[7]　四七才　遼寧　戰略計畫研究會委員

吳方覺[8]　卅八才　湖北　五四軍戰團參謀長

王翰卿[9]　四六才　察哈爾　海警衛團長　閔銘厚[10]（不行）

吳麗川[11]　四五才　河南　校四　大十九　國防部高參

羅　恆[12]　卅五才　湖北　公路黨部書記長

楊履祥[13]　四〇才　皖　空一大隊副　陳桂華　卅七才　東莞　十六師團長

1　郭玉田，又名季峯，字予夫，浙江青田人。1949 年春，調任空軍警衛第二旅副旅長。後升任第二十五軍第四十五師副師長，調往金門，後奉調基隆要塞暨港口司令部副司令。
2　王良棟，空軍警衛旅團長。
3　劉漢卿，陝西興平人。1950 年 3 月，調任第五十二師第二師副師長。
4　陳家垔，字哲瑞（王橘），湖北鄂城人。1950 年 5 月任第九十六軍第八十七師副師長。
5　張勳增，河南項城人。歷任臺南團管區司令部司令、第八十四師副參謀長。1962 年 4 月任反共救國軍步兵突擊第一支隊支隊長。
6　高廉九，號廣九，河北趙縣人。歷任河北曲陽縣縣長、中國國民黨河北省黨部秘書、第一屆國民大會代表。來臺後，曾任苗栗縣政府科長、臺中市宜寧中學教員。
7　王再長，遼寧錦縣人。原任空軍參謀學教育處處長，1951 年 2 月調任國防部戰略計畫委員會委員。
8　吳方覺，字誠久，湖北應山人。歷任第五十四軍第二九一師參謀長、第八軍官戰鬥團第一大隊大隊長。1960 年 1 月任第三軍六八三砲兵指揮部指揮官。
9　王翰卿，號蘊文，察哈爾多倫人。1947 年 1 月任察哈爾團管區副司令，11 月當選第一屆國民大會代表。來臺後，曾任海軍陸戰隊副旅長。
10　閔銘厚，四川高縣人。歷任第八十軍第二〇一師師長、國防部第五廳高級參謀、第八十軍軍官戰鬥團副團長。1952 年 7 月調任第六軍軍官戰鬥團副團長。
11　吳麗川，字逸塵，河南固始人。1950 年 5 月任國防部參議，1951 年 10 月任國防部高級參謀，1955 年 10 月任總統府第二局高級參謀。
12　羅恆，字克明，湖北荊門人。時任臺灣省公路局專門委員、中國國民黨臺灣省公路特別黨部書記長、大道月刊社社長。
13　楊履祥，字吉甫，安徽渦陽人。1950 年 8 月，任空軍東海大隊副大隊長。1953 年，調任空軍臺中基地作戰指揮所主任。

（陸大）

袁立人

熊鎮楚 [1]

史雙興 [2]

姜禮宏 [3]

不行

黃　煇 [4]　閩　留美　電力公司總經理　孫運濬〔璿〕[5]（魯）　徐承煥 [6]（粵）

江　鴻 [7]　南京　留德　糖業公司工程處長

吳公懿 [8]　裝旅戰車修理廠長　留美　四一才　蘇州

俞友田 [9]　運輸署組長　航校四　留美機械技術校　卅八才　蕭山

莊學曾 [10]　兵工署　組長　兵工校　留美　山東　卅七才

1　熊鎮楚，湖北鄂城人。1951 年 6 月任陸軍大學後方勤務系主任，1952 年 11 月調任實踐學社研究員。

2　史雙興，山東商河人。時任陸軍大學情報系主任。

3　姜禮宏，安東莊河人。歷任陸軍大學人事系主任、陸軍軍官學校研究室研究員，1952 年 10 月調任調任國防部軍學研究會研究室研究專員。

4　黃煇，字則煇，福建南安人。1945 年來臺出任臺灣電力公司協理，1950 年 5 月至 1962 年 4 月擔任臺灣電力公司總經理。

5　孫運璿，山東蓬萊人。1950 年升任臺灣電力公司總工程師，向美國西屋公司借貸二百萬美元，陸續完成了烏來水力發電所、臺灣東西部配電聯絡線、立霧發電所、新竹變電所等設施。1953 年升任臺電公司協理。

6　徐承煥，號仲宣，廣東番禺人。歷任國民政府鐵道部參事、交通大學北平鐵道管理學院院長、交通部財務司司長。1951 年 5 月任臺灣電力公司協理間總稽核。

7　江鴻，字清之，江蘇江寧人。歷任行政院水利委員會示範水利工程處主任、臺灣省高雄港務局總工程師，1952 年 5 月任臺灣糖業公司農業工程處處長。

8　吳公懿，號公一，江蘇吳縣人。時任裝甲兵旅戰車修造工廠廠長。1956 年 12 月任陸軍汽車基地勤務廠廠長。

9　俞友田，浙江蕭山人。1950 年 4 月任聯合勤務總部運輸署供應組組長。1956 年 1 月任國防部第四廳第九組組長。

10　莊學曾，號典于，山東莒縣人。1950 年 6 月任聯勤總部兵工署外勤組副組長，1951 年 8 月升任聯勤總部兵工署外勤組組長。1955 年 4 月升任聯勤總部兵工署副署長。

唐君鉑　車蕃如　龔　愚

李允成[1]　五二才　奉化　留英　工業　招商駐日分局

鍾皎光[2]　四四才　梅縣　留美理工院　臺大機械系主任

柯嘯梧[3]　四〇才　福州　空軍修護處長

侯崇修[4]　卅八才　永嘉　郵務工會理事長

黃柱權[5]　卅四才　長沙　交通銀行課長　政校十二期

簡爾康[6]　卅五才　雲南　郵匯局科長　軍事交通研究所

丁偉川[7]　卅五才　中國銀行秘書　中法工院土木系

周天翔　卅五才　臺糖公司副經理　美英電機

魏華鵾〔鯤〕　四六才　遼寧　留德　金銅礦局長

經濟

立法　國大

　　余富庠[8]　四五才　川（高縣）成都民立大學

1　李允成（1903-1953），浙江奉化人。中國現代氧氣工業、電石工業創始人。1949 年遷
　　居臺灣，經營遠洋油輪公司，復任中國油輪公司總經理。10 月在香港會見董浩雲，任
　　臺灣中國造船公司董事，倡建黃埔船廠。1953 年再次赴日本考察日本戰後工業，不幸
　　病逝日本。
2　鍾皎光，字高光，別號明達，1948 年前往臺灣大學機械系任教，1953 年任系主任，次
　　年任臺大工學院院長。
3　柯嘯梧，號新吾，福建福州人。時任空軍總部第四署修護處處長、臺灣省立臺北工專
　　兼任教授。
4　侯崇修，浙江永嘉人。時服務於臺灣郵政管理局。
5　黃柱權，湖南長沙人。1951 年 1 月任交通銀行總處業務處襄理兼代第二課課長。
6　簡爾康，雲南昆明人。1949 年 12 月自成都追隨政府來臺，任郵政總局及郵政儲金匯
　　業局科長，秘書等職務，1953 年升署副郵務長，1956 年實授。
7　丁偉川，江蘇無錫人。1938 年 12 月任中國銀行總管理處助理秘書，累遷至秘書，1951
　　年 6 月兼中國保險公司總公司總務組主任，1953 年 2 月兼中國物產公司董事會秘書。
8　余富庠，四川高縣人。1948 年在四川省第四選區第二高票當選第一屆立法委員。時任
　　四川旅臺同鄉會理事，並在臺北執業律師。

　　　　鍾鼎文[1]　卅九才　舒城　中國公學留日社會學　國大

　／　劉顯琳[2]　皖　卅五才　中山大學　臺大法學院

司法　黃　亮[3]　南海　五一才　北大　最高法院推事

　＼　李鐘聲[4]　河南　卅一才　政大　臺北法院檢察官

　　　　鄧友德[5]　川　四一才　復旦

　　　　錢葉桐　桐城　卅一才　中央大學

　　　　王冠青[6]　桂林　廣東大學　中央宣傳　省府參議　四八才

　　　　楊紹元[7]　番禺　廣東軍政學校高級班　粵市黨部工作委員

　　　　梁永章[8]　第二組

　　　　楊希震　四六　棗陽　留美　臺大教授

　　　　吳寶華[9]　卅六　開封　幹校　海機校政主

　　　　龍名登[10]

1　鍾鼎文，安徽舒城人，與覃子豪及紀弦並稱為臺灣現代詩「三老」。1949 年隨國民政府撤退來臺，歷任《自立晚報》、《聯合報》主筆，為《聯合報》「黑白集」專欄作者群之一。1951 年向行政院政務委員蔣經國提議《自立晚報》復刊，《自立晚報》得於同年 9 月 21 日復刊。同年邀紀弦與葛賢寧共同創辦及主編《自立晚報》「新詩週刊」。1954 年 3 月與余光中、覃子豪等人成立藍星詩社。

2　劉顯琳，號仲玉，安徽南陵人。1951 年 7 月任臺灣大學法學院事務主任。1952 年 2 月兼國立臺灣大學第一知識青年黨部總幹事。

3　黃亮，字光普，廣東南海人。1964 年 9 月至 1967 年 9 月任司法院大法官。

4　李鐘聲，河南光山人。歷任臺東及臺北地方法院檢察官、福建高等法院廈門分院檢察官、推事。

5　鄧友德，四川奉節人。時為外交部顧問，派駐日本從事黨務及宣傳工作。

6　王冠青，又名冠卿，廣西桂林人。1949 年來臺灣，任臺灣省政府參議，嗣轉中國國民黨中央黨部秘書。

7　楊紹元，廣東番禺人。1949 年留任中國國民黨廣州市黨部副書記長，1952 年 10 月代表敵後地區出席第七次全國代表大會。

8　梁永章，號少卿，1952 年 11 月任中國國民黨中央委員會第五組副主任。

9　吳寶華，河南開封人。歷任海軍機械學校、海軍軍官學校、海軍總司令部、陸軍預備部隊訓練司令部、政治作戰學校、金門防衛司令部、空軍總司令部政治部主任。

10　龍名登，湖南安鄉人。歷任中國國民黨革命實踐研究院秘書、人事室主任，中國國民黨中央黨部秘書、設計考核委員，時任中國青年反共救國團總團部文教組組長。

蘇進土[1]　角畈黨部書記

楊有壬　四六才　吳興　第五組總幹事　京滬路黨部

李壽雍[2]

謝徵孚[3]　四六才　湖南　巴黎大學（社會）中央工人委會召集人

陳國鈞[4]　卅七才　諸暨　花蓮中學校長

范魁書　四〇才　河北　朝陽大學　總政治部副主任（經[5]荐）

梁興義　四〇才　山東　清華　訓委會總幹事（經荐）

周競人[6]　四五才　寧鄉　軍校四　第六組委員　原憲校教長

洪　同[7]　卅七才　安徽　清華經濟　陸總政工副主任

談龍濱[8]　廿九才　江陰　政校行政系　第一局

陳魯慎[9]　四〇才　廣州　留日　法學士　港澳　澳主任

周仲穆[10]　廿九才　騰衝　西南聯大　仰光自由日報

王　蘊[11]　卅六才　江西　幹校　金門政工

黨政僑教　潘重規[12]　陳致平[13]　師範學院

1　蘇進土，臺灣臺北人。1957 年 7 月任中國國民黨桃園縣第十二區黨部幹事。
2　李壽雍，字震東，1948 年 6 月至 1949 年 5 月任暨南大學校長。1950 年 11 月至 1952 年 10 月任中國國民黨中央改造委員會設計委員會委員。1961 年 3 月至 1971 年 7 月任考試院考選部部長。
3　謝徵孚，曾任南京市社會局局長。1951 年 4 月出任臺灣省政府社會處處長。
4　陳國鈞，浙江諸暨人，1949 年 7 月至 1954 年 2 月任花蓮中學校長。
5　經即蔣經國。
6　周競人，湖南寧鄉人。曾任憲兵學校教育長，時任中國國民黨中央改造委員會第六組研究委員，1953 年由臺赴大陸邊區工作。
7　洪同，字維公，安徽涇縣人。時任陸軍總部政治部副主任。
8　談龍濱，歷任中越經濟文化協會秘書長、國史館總務處處長、主任秘書。
9　陳魯慎，廣東南海人。時為華僑聯合救國總會澳門區理事。
10　周仲穆，雲南騰衝人。曾任《中國日報》主筆、副經理，時任緬甸仰光《自由日報》主筆。
11　王蘊，江西龍南人。時任金門防衛司令部政治部科長。
12　潘重規，號石禪，時任臺灣省立師範學院國文系教授。
13　陳致平，時任臺灣省立師範學院歷史系教授。

經濟　張志和　後藏　中央日報記者

　　　林春光　揭陽　青海校　卅七才　海總部員板門店譯員

　　　謝慶堯[1]　上海　聖約翰　卅九才　中央業務局副

　　　常文熙[2]　湘　　留德　中訓團高級班　商聯會理事

　　　湯惠蓀[3]　崇明　留德　農　五三才　教〔地〕政部次長

　　　許世鉅　奉化　留美　醫　四七才　中央衛生院瘧疾室

　　　馬保之[4]　桂林　留美　農　四六才　農林部次長

　　　蔣彥士　杭州　留美　農　農復會執行長

　　　周　禮[5]　固始　留美　水利　農復會工程師

　　　宋希尚[6]　嵊縣　留美　水利公路　臺大

　　　孫桂藉〔籍〕[7]　東北　立委

　　　劉友琛[8]　甘肅　立委　經濟

　　　李　忠[9]　卅一才　蒙　政校十二期　土地銀行

　　　辜祖文[10]　四十才　長沙　政校文學士　祖文女校主任　前中央日報主編

1　謝慶堯，上海人。時任中央銀行業務局副局長。

2　常文熙，字輯甫，河南修武人。1947年膺選為行憲國民大會代表，1949年續任國民大
　　會代表，並任憲政研討會委員暨第五委員會召集人。中國銀行總管理處稽核、赴外稽
　　核，曼谷中國銀行經理，曼谷中國保險公司董事長，雍興實業公司總經理。

3　湯惠蓀，江蘇崇明人。1947年6月任地政部常務次長，1951年6月任農村復興聯合委
　　員會土地組組長。

4　馬保之，馬君武之子。1949年到臺灣，任中國農村復興委員會植物生產組組長，1954
　　年任臺灣大學農學院院長。

5　周禮，1949年到臺灣，任中國農村復興委員會水利工程組技正。1952年發表〈臺灣輪
　　流灌溉與繼續灌溉〉一文，倡言「輪流灌溉」之利，殆至1954年臺灣大旱，「輪流灌
　　溉」始見實施。

6　宋希尚，字達庵，著名水利專家，第一個提出開發三峽計畫的人。1949年到臺灣，歷
　　任臺灣大學教授、臺北工專校長、逢甲大學水利系主任、淡江大學工學部灌溉系主任。

7　孫桂藉，山東披縣人。1948年，經選舉成為哈爾濱市第一屆立法院立法委員。1949年
　　到臺灣，歷任中國國民黨第七屆、第九屆候補中央委員。

8　劉友琛，名汝璠，1948年在甘肅省第四選區當選第一屆立法委員。

9　李忠，後升任土地銀行住宅金融部經理。

10　辜祖文，1936年7月在南京匯文女中大禮堂與馬星野結婚。1946年6月起主編《中
　　央日報·婦女周刊》，星期四定期發刊，其前身為《婦女新運》週報。

劉全忠[1]　四四　嫩江　留美　鴻鈞保荐

林衡道[2]　卅七　臺北　帝大

敏珠策旺多濟[3]　四九才　留俄　任蒙會

孫　明[4]　四〇才　熱河軍校十　軍訓團訓育主任連隊長縣長

袁甡民[5]　卅三才　甘肅慶陽　警校十期　考選部科長

張丹柏[6]　四四才　陝西　中山學院政經　胡宗南秘書長　前陝黨委

女　趙文藝[7]　卅五才　陝西　西北師範　立法委員

富德淳[8]　卅六才　興安　東京農大

韋懋德〔德懋〕[9]　卅八才　河南　政校高科　國大代表

王虞輔[10]　四三才　歸綏滿族　政校財系金融組　國大代表

堯道宏[11]

吳寶華　卅五才　開封　幹校　海機校 政工

寶景椿[12]　卅九才　敦煌　師範　考選部司長

　　　　　臺灣　蒙　回

1　劉全忠，1948 年在嫩江省選區當選第一屆立法委員，時兼任中央銀行秘書處處長。
2　林衡道，板橋林家後裔，1951 年獲聘為日文書刊編譯委員會委員，1952 年初被聘為臺灣文獻委員會委員。
3　敏珠策旺多濟，漢名敏孟經。曾任蒙藏委員會委員，1949 年卸任。
4　孫明，第一屆國民大會熱河省經棚縣代表，1957 年 10 月 17 日病故。
5　袁甡民，來臺後曾任蒙藏委員會藏事處處長，1970 年 2 月至 1986 年 1 月任蒙藏委員會委員。
6　張丹柏，1946 年 5 月，任西安市市長。1948 年 9 月 22 日任陝西省第十區行政督察專員兼區保安司令，1953 年 7 月，任蒙藏委員會簡任秘書。
7　趙文藝，1949 年到臺灣，後遞補第一屆西安市立法委員，並獲得美國明尼蘇達大學教育研究所碩士，擔任中華民國內政部兒童福利促進委員會委員、青少年兒童福利學會理事長等。
8　富德淳，興安索倫人。時任經濟部中央農業研究所技正、光復大陸設計委員會研究委員。
9　韋德懋，號勉齋，河南陽武人。歷任光復大陸設計研究委員會委員、國民大會代表、行政院國軍退除役官兵就業輔導委員會主任秘書、副秘書長、中國文化學院教授。
10　王虞輔，字憲章，綏遠歸綏人。曾任陝西省田糧處副處長，時任第一屆國民大會代表。
11　堯道宏，字毅齋，新疆哈密人。曾任新疆省哈密縣縣長，時任新疆省政府辦事處主任。
12　寶景椿，字壽如，甘肅敦煌人。第一屆國民大會代表，時任考試院考選部第三司司長。

外交

　　彭克定[1]　湖北　校二　留德

　　楊學房[2]　魯　黃宗石　溫州陸總

　　顧世純[3]　魯　駐英

　　鄭學燧[4]　粵　駐美

　　湯德衡[5]　宜興　留德奧（外交大學）　四二才　伊朗武官

　　黃宗石　溫州　校八　留英　四〇才　陸總聯絡官　美副武官

　　鄭學燧　潮陽　清華　軍校十四　卅七才　國防二廳參謀

　　段志緯[6]　山東　軍校十四　卅六才　俄副武官　僑俄

　　鄭南渭[7]

　　吳世英[8]　駐韓

　　謝紹〔肇〕齊[9]　閩　武平　留英美　校六　步校教長

　　車啟亮[10]　紹興　交大　編譯訓練班

　　龔　愚

1　彭克定，又名運漢。字靜安，湖北雲夢人。歷任軍事委員會戰時工作幹部訓練團第一團教育處長、第一九七師副師長、第九十八軍副軍長兼第四十二師師長。1944 年秋任駐瑞士大使館武官。

2　楊學房，字留軒，山東樂陵人。原任總統府駐國防部聯絡室主任，1952 年 3 月，任總統府第二局副局長。1953 年 9 月，調任駐韓大使館首席武官。

3　顧世純，字信篤，山東博興人。歷任國防部第二廳第三組參謀、駐菲律賓武官處副武官、武官。

4　鄭學燧，字中直。1951 年 5 月出席聯合國軍事參謀團。回國後任國防部聯絡局組長，1953 年 12 月任第八十軍工兵營營長。

5　湯德衡，江蘇宜興人。曾任軍令部第二廳科長、駐伊朗武官。時任國防部部員。1953 年 1 月擬調國防部第二廳或政治部參謀。

6　段志緯，號希雨，山東招遠人。曾任駐蘇副武官、國防部第二廳第五處副武官。

7　鄭南渭，浙江定海人。1950 年至 1965 年任臺灣銀行研究員，期間並擔任英文《中國日報》社長兼總編輯。1965 年 10 月，調任行政院新聞局駐舊金山辦事處主任。

8　吳世英，北平市人。時任駐韓大使館參事。

9　謝肇齊，福建武平人。原任陸軍官兵學校研究室主任，1952 年 7 月調任陸軍步兵學校教育長。1953 年 10 月出任陸軍軍官學校教育長。1954 年 9 月升任陸軍軍官學校校長。

10　車啟亮，浙江紹興人。1952 年 6 月任國防部編譯人員訓練班副主任。

尹國祥[1]　校七　留法

馬賦良[2]　新疆　四四　輔仁大學　駐土大使館秘書　領事

梁大鵬[3]　南海　四三　紐約大學　聯國同志會

三廳　程有秋[4]　華金祥[5]　陳御風[6]

嚴棐賢[7]　蘇　卅七才　軍校十四　院十八　自由勞工同盟三處

情報

警察

婁品璋[8]　瀏陽　四五才　校六　通信署管制組長

羅中揚[9]　邵陽　卅九才　校八　空校二　情參班副主任

1　尹國祥，河北唐縣人。1949 年到臺灣，先籌辦海軍參謀大學，又出任南部防衛司令部
　　參謀長，受訓於實踐學社與國防大學，出任第八十四師師長，繼任陸軍總司令部副參
　　謀長。1957 年任駐法武官。
2　馬賦良，新疆阿克蘇王之後裔，出生於北平回回營。1947 年 12 月 16 日至 1951 年 3
　　月任駐伊斯坦堡領事。
3　梁大鵬，海南樂會人。1947 年任中山大學教授，同時籌辦海南大學，成立後，任代理
　　校長、副校長。1950 年 2 月，為爭取經費到臺灣活動，旋即海南島易手，試圖使海南
　　大學在臺復校未果。後應邀擔任中華民國聯合國同志會秘書長。1953 年 8 月任臺灣大
　　學教授。
4　程有秋，四川隆昌人。原任整編第七十四師第五十七旅旅長，1948 年 5 月任陸軍總部
　　第三署第二處處長。1953 年 1 月任國防部第三廳副廳長。
5　華金祥，號康治，江蘇無錫人。1952 年 2 月任國防部第三廳第二組組長，12 月調任第
　　六十七軍參謀長。1955 年 3 月任金門防衛司令部參謀長兼第一軍第五十八師副師長。
6　陳御風，本名步雲，遼寧蓋平人。原任國防部第三廳副廳長，1952 年 11 月調任空軍
　　總司令部第五署副署長。1953 年 4 月升任空軍總司令部第五署署長。
7　嚴棐賢，號滋森，江蘇泰興人。1950 年 9 月任自由中國勞工同盟設計委員，1952 年 1
　　月調任自由中國勞工同盟第三處處長，兼中國勞工出版社社論委員。
8　婁品璋，號瀨平，湖南瀏陽人。1952 年 2 月任聯合勤務總司令部通訊署管訓組組長。
　　1953 年 12 月任聯合勤務總司令部工程署勤務組組長。
9　羅中揚，號澄波，湖南邵陽人。1951 年 8 月任國防部情報參謀訓練班副主任，後任情
　　報學校教育長。1953 年 6 月任空軍警衛旅副旅長。

饒鐵珊 [1]　長沙　四○才　高教班　海總政工組長　由新疆出來

馬超羣 [2]　山東　卅七才　高教班　宜蘭警局長

饒鐵珊　長沙　海總政工組長　四○才

梁若節 [3]　梅縣　留日　法政　四二才　任資料組

許紹昌 [4]　楊博清 [5]　臺糖公司　桂中樞 [6]　王稼〔家〕棫 [7]　招商局設計員

孫秉乾 [8]　外交部　謝肇齊　　吳鴻藻 [9]（美新聞處）

潘蕃蓀 [10]　美洲司長　杭州　　哈佛

李直夫 [11]　物資司　鄂　　校四　留英德

吳炳鍾 [12]　輔仁大學畢業　　蔡斯翻譯

1　饒鐵珊，號敏學，湖南長沙人。曾任第四中美特種技術訓練班第三班（峽壩班）教育長、國防部保密局新疆站站長。來臺後原任海軍總司令部政治部第四組組長，1952 年 12 月調任國防部動員幹部訓練班政治部主任。

2　馬超羣，山東人，時任宜蘭縣警察局局長。

3　梁若節，號福昌，廣東梅縣人。1949 年秋來臺，任憲兵司令部政治部主任、國防部情報局大陸工作研究室副主任、主任及設計委員會主任。

4　許紹昌，字持平，浙江杭州人。1948 年 8 月，任駐韓國大使館參事。1951 年 9 月，調任駐伊朗大使館參事銜代辦。1954 年調任外交部美洲司司長。

5　楊博清，時為臺灣糖業公司協理。著有《一個公共關係的實例—臺灣省蔗農服務社》一書。

6　桂中樞，四川開縣人。戰前在上海主持英文《中國評論報》（The China Critic）筆政，兼《天下》雜誌（T'ien Hsia Monthly）政論編輯。戰後在香港英文《虎報》（The Standard）任總編輯。

7　王家棫，筆名王孫、朴人，江蘇常熟人。歷任行政院新聞局副局長、局長、顧問，時任中央通訊社副社長。

8　孫秉乾，號中陽，吉林榆樹人。1947 年起，任駐曼谷總領事、駐泰國大使館一等秘書兼總領事、外交部亞東司專門委員。1952 年出任駐橫濱總領事館總領事，後又改任駐大阪總領事（加公使銜）。

9　吳魯芹，本名鴻藻，字魯芹，上海人。來臺後，先後任教於臺灣師範大學、淡江大學、臺灣大學、政治大學。1956 年與夏濟安、林以亮、劉守宜等聯合創辦《文學雜誌》。

10　潘蕃蓀，浙江杭州人。時任外交部美洲司司長，1954 年 11 月出任駐哥倫比亞公使。

11　李直夫，湖北人。曾任行政院參事，時任國防部物資司司長，後任國防部參事、國際政治研究室研究委員兼英國組召集人。

12　吳炳鍾，曾任職國立編譯館，時任陸軍總部秘書處英文秘書，擔任英語口譯。

徐　鼐[1]　皖　　　四三才　　中國大學　經濟部次長

謝志耘[2]　清華　　　劍橋　　　現在遠東經濟委員會參事

張自存[3]　清華　　　倫敦大學　現在聯合國

楊叔進[4]　政大　　　南開　　　遠東經濟委員會

鄒景忠[5]　東大　　　瀋陽　　　中行專員

徐世騏　六軍戰鬥團副　　　吳燦禎　防總通信指揮

韋憲〔現〕科[6]　空十一大隊政工主任

蔡名永[7]　劉世傑[8]　空三署正副長

龔至黃[9]　四四才　合肥　　　陸總副官處長

朱彭年[10]　卅四　　吳縣　　　十九軍　副參長

王　道[11]　四一才　武昌　國防部高參

謝肇齊　四五才　閩　　校六　留英美　步校教長

謝家駒[12]　卅四才　寧國　校十二　大二十　聯總補給處長

1　徐鼐，字健青，安徽歙縣人。歷任臺灣省政府專門委員、東南軍政長官公署政務處長、行政院參事兼第一組組長。1952 年 1 月任經濟部常務次長，1954 年轉任政務次長，並兼僑外商投資審議委員會主任委員。

2　謝志耘，1947 年 11 月任出席聯合國貿易暨就業大會中國代表團顧問。時任聯合國遠東經濟委員會參事。

3　張自存，1947 年獲得英國劍橋大學經濟學博士，論文《國際收支平衡的周期運動》，1951 年由劍橋大學出版社出版。後長期在聯合國服務。

4　楊叔進，學名家駒，遼寧鐵嶺人。曾任世界銀行及聯合國遠東經濟委員會高級經濟專家、泰國和菲律賓等國政府經濟顧問。

5　鄒景忠，瀋陽人。歷任中央銀行發行局一等專員、襄理，副局長。

6　韋現科，廣西荔浦人。曾任空軍第五大隊第二十六中隊中隊長，時任空軍第十一大隊政治主任。

7　蔡名永，湖北雲夢人。1951 年春，入圓山軍官團高級班第一期，同年秋畢業。1952 年 4 月，升任空軍總司令部第三署副署長，12 月調任總統府高級參謀，以原職入石牌革命實踐研究院黨政軍幹部聯合作戰班第一期受訓。

8　劉世傑，時任空軍總部第三署副署長。

9　龔至黃，安徽合肥人。1950 年 4 月任陸軍總司令部副官處處長。

10　朱彭年，江蘇吳縣人。歷任第五軍副參謀長、第十九軍副參謀長。1950 年 4 月任第八十七軍參謀長。

11　王道，字道勝，湖北武昌人。1952 年 3 月任國防部軍官外語訓練班政治部主任。

12　謝家駒，江西寧國人。時任聯合勤務總司令部補給處處長。

黃宗石　四〇才　溫州　校八　留英　　陸軍聯絡官

黃錫麟　卅八才　潮安　海校　總聯絡官

姜獻祥[1]　四〇才　江山　空軍三期　空通信校長

方朝俊[2]　四〇才　嘉興　空軍三期　空軍校長

易　瑾[3]　四〇才　湘西　校七　軍訓團教官師長

周　琦[4]　四五才　嵊縣　校六　大十四　　陸大教官　副師長

唐守治　宋邦偉〔緯〕　余伯泉　方先覺[5]

王競雄[6]　廿一才　壽縣　軍訓班十八期　一六七團少尉排長

陳雨辰[7]　卅一才　信陽　校十六　大廿二　六十七師少校參謀

汪貫一　卅七才　洛陽分校高級班　上海　軍訓團政治教官

汪敬煦[8]　美參校　卅四　十四期

劉恩霖[9]　土耳其留學　卅四　十一期

汪治隆[10]　校十　空五　　　　總長辦公室副主任

　　　　　　　　　　　　　　　為美顧問衝突免職

1　姜獻祥，浙江江山人。1951 年任國防部第一廳副廳長，5 月在革命實踐研究院第十一
　　期研究員結業。1952 年任空軍通信學校校長。
2　方朝俊，浙江嘉興人。1948 年 1 月任空軍航空技術學院校長，1952 年 3 月任空軍軍官
　　學校校長。
3　易瑾，號漢法，湖南大庸人。歷任第一軍團司令部政治部主任、陸軍總司令部政治部
　　主任、國防會議特種作戰指揮部指揮官、陸軍特種作戰部隊司令、國防部特種作戰部
　　隊指揮部指揮官、國防部聯勤總部副總司令。
4　周琦，字奉瑞，浙江嵊縣人。1951 年入圓山軍官訓練團將官班，後又入國防大學第一
　　期深造。原任聯合勤務總司令部通信署副署長，1954 年 4 月卸任。
5　方先覺，字子珊，江蘇蕭縣人。抗戰期間帶領第十軍堅守衡陽四十七天，榮獲青天白
　　日勳章。1949 年至臺灣，1953 年 3 月，調任澎湖防衛司令部副司令官兼防空指揮官。
6　王競雄，安徽壽縣人。時任第一六七團排長。
7　陳雨辰，河南信陽人。時任第六十七師參謀。
8　汪敬煦，歷任駐美國軍事代表團團員兼駐聯合國軍事代表團參謀、國防部第二廳科長、
　　第六十七師第一九九團團長、國防部兵棋室主任、駐伊朗大使館武官、第二軍團工
　　兵指揮部副指揮官、第二軍團司令部助理參謀長兼第三處處長，1958 年 11 月調任第
　　八十一師師長。
9　劉恩霖，號霖之，遼寧綏中人。時任總統府戰略顧問委員會辦公室參謀。
10　汪治隆，湖南益陽人。1952 年 5 月任國防部參謀總長辦公室副主任，6 月調任國防部
　　第五廳副廳長。

趙位靖[1]　傘兵副總隊長　成都　　洛陽分校軍官班

鄭天杰[2]　海參校教育長　四二才　馬尾及留美　閩

任顯羣　李維〔惟〕果　吳國楨　魏道明[3]　沈昌煥

張茲闓　俞鴻鈞　李士英　楊希震　鄂　臺大教授

龍名登　湘　幹校　院人事課　　高應篤[4]　豫　內政部司長

滕傑　蔣彥士（農復）　鄧傳楷（江陰）　倪文亞　羅才榮[5]

徐晴嵐　川　留俄　張壽賢[6]　曾虛白　蔣廉儒　任卓宣[7]

周德偉

1　趙位靖，1949 年初任傘兵第二團團長。1952 年 10 月任國防部陸軍傘兵總隊副總隊長。

2　鄭天杰，福建林森人。歷任汾陽艦艦長、海軍指揮參謀大學教育長、國防部第五廳副廳長、駐美大使館海軍武官、海軍總部督察長、人事署署長等職。1952 年 1 月任海軍參謀研究班教育組組長，10 月兼任國防大學教官第二組教官。長期從事軍隊教育、訓練，以及軍事書刊的編譯等工作，著有《歷法叢談》等專著。

3　魏道明，字伯聰，江西九江人。1947 年 4 月，任臺灣省政府主席，1949 年 1 月卸任後移居香港，韓戰期間至法國巴黎。1951 年 9 月遷居烏拉圭。1953 年 10 月返回臺灣，未被委以任何職務。

4　高應篤，河南鄧州人。時任內政部常務次長。

5　羅才榮，號言侃，四川瀘縣人。1949 年任青年服務團副團長，旋轉任東部防守區政治部主任。1952 年 3 月任中國國民黨中央改造委員會第二組副主任，11 月調任中央委員會第一組副主任，至 1961 年 3 月離任。

6　張壽賢，江蘇武進人。1950 年 8 月任中國國民黨中央改造委員會第五組副主任，1952 年 11 月任中央紀律委員會副主任委員。

7　任卓宣，原名啟彰，筆名葉青，四川南充人。1920 年代加入中共後又反共，成為三民主義理論者。1950 年 3 月，改任政工幹部學校教授、政治研究所主任。並成立帕米爾書店與中國五權憲法學會，其著作多以反共理論與解釋國父思想為主。

車蕃如

趙龍文[1]　查良鑑　羅　列　上官業佑　倪文亞

張曉峯　谷鳳翔[2]　蕭自誠　羅友倫　　徐柏園

蔣經國　彭孟緝　鄭彥棻　周宏濤　　谷正綱

汪正中[3]　王秉琳[4]　空軍專機正副組長

1　趙龍文，原名華煦，1949 年任甘肅省隴南行署主任。3 月經香港來臺，1954 年 12 月，
　　出任海軍總司令部政治部主任。
2　谷鳳翔，字岐山，察哈爾龍關人。1950 年 7 月，任中國國民黨中央改造委員會改造委員，
　　1951 年 7 月，兼改造委員會秘書長。1952 年 10 月，任中國國民黨中央委員會副秘書長。
　　1954 年 6 月，調任司法行政部部長。
3　汪正中，曾任蔣中正座機「美齡號」副駕駛。1946 年接收第二代「中美號」新機，並
　　擔任正駕駛，至 1952 年止。
4　王秉琳，山東安邱人。1953 年任空軍特種任務組組長、第三十四中隊中隊長。1955 年
　　5 月任第三十中隊中隊長。

蔣中正日記
Chiang Kai-shek Diaries

索引

蔣中正日記
Chiang Kai-shek Diaries

索引

吳燦禎（叔敏）	195, 362
吳鴻藻（魯芹）	361
吳麗川（逸塵）	352
吳寶華	355, 358
吳鐵城（子增）	255
呂渭祥	111
宋君	247
宋鍔（敬明）	93
宋子文	7, 179, 271, 296
宋化純	319
宋希尚（達庵）	357
宋邦緯（希武）	189, 363
宋長志	347, 350
宋美齡	14, 18, 23, 24, 27, 33-37, 45, 46, 50, 52, 53, 58-61, 72, 75, 76, 78, 79, 81, 82, 84, 86, 87, 90, 94, 101, 102, 104, 107, 110, 111, 113, 115, 118, 119, 127, 130, 133, 135, 140, 142, 143, 145, 154, 158-160, 162-164, 169, 178, 179, 181, 182, 184, 187, 188, 190, 193, 195, 196, 198-200, 206-210, 212, 214, 215, 217-219, 223, 228, 230, 235, 241, 247, 261, 262, 266, 270, 280, 287, 290, 292, 293, 298, 303, 312, 323, 329, 338
宋慶齡	56, 262
岑參	280, 286
李忠	357
李梅	182
李煥（錫俊）	296
李璜（幼椿）	220
李彌（炳仁）	55, 87, 103, 106, 113, 156, 233, 274, 329, 344
李士英（了人）	184, 345, 364
李子寬	247
李允成	354
李友邦（肇基）	8, 114, 115, 117, 119
李文範（君佩）	212, 279
李世鏡	209
李北海	349
李正平（聲振）	60, 304
李石曾	269
李季札（季子）	1
李宗仁（德鄰）	13, 22, 24, 47, 210, 333
李延年（吉甫）	211
李承晚（承龍、雩南）	88, 179, 180
李直夫	361
李迪俊（滌鏡）	234
李烈鈞（協和）	182
李惟果	345, 364
李添春	247
李連墀（步廷）	49
李敦謙	351
李媽兜	64
李義成	57
李壽雍（震東）	356
李福林（登同）	84
李慕白	304
李樹正（清源）	151
李穆堂	348
李應生（運啟）	17
李濟深（任潮）	52
李鐘聲	355
杜甫（子美）	286
杜鼎（卓九）	189
束雲章（士方）	17
汪正中	365

Beightler, Robert S.（貝達萊）	32
Beyerly, Irwin F.（貝樂利）	107, 139, 154, 208
Bonaparte, Napoléon（拿破崙）	2
Borodin, Michael M.（鮑羅廷）	211
Braden, Charles S.（布萊登）	180
Bradley, Omar N.（布萊得雷）	197
Bridges, Henry S.（白雷傑斯）	20
Bullitt, William C. Jr.（蒲立德）	292-294, 296, 306, 320-321, 323, 332

C	
Chase, William C.（蔡斯）	31, 34, 37, 55, 87, 102, 116, 120, 127, 136, 154, 165, 168, 189, 208, 213, 235, 242, 243, 246-249, 253, 260, 262, 296, 298, 300, 303-305, 307, 316, 361
Chennault, Claire L.（陳納德）	80, 297
Churchill, Winston（邱吉爾）	6, 17, 19, 20, 22, 26, 27, 37, 40, 170, 173, 329, 330, 337, 341
Clark, Edwin H.（克拉克）	140-143, 146
Clark, Josef J.（柯拉克）	155, 156, 157
Clark, Mark W.（克拉克）	122, 130, 337
Clausewitz, Carl von（克勞塞維茲）	2, 340
Cohen, Morris（馬坤）	155
Collins, J. Lawton（柯林斯）	197
Cooke, Charles M. Jr.（柯克）	34, 38
Cooper, John Sherman（庫珀）	39

D	
Decker, Clarence R.（臺克、戴克）	166, 168, 169
Dewey, Thomas E.（杜威）	141, 191, 291, 295
Dodd, Francis T.（杜德）	133
Dulaney, R. J.（杜南耐）	199, 328
Dulles, John F.（杜勒斯）	25-27, 34, 35, 40, 77, 80, 135, 140, 141, 299, 323

E	
Eden, Robert A.（艾登）	252
Eisenhower, Dwight D.（艾森豪）	5, 83, 122, 135, 143, 146, 156, 185, 186, 201, 289, 291-295, 297, 299, 307, 315, 316, 318, 320, 323-325, 329, 330, 333, 337, 339
Elizalde, Joaquin Miguel（伊利薩德）	214

F	
Fārūq, Muhammad（法魯克一世）	197
Fechteler, William M.（費區特拉）	133, 192-194, 197
Fitch, George A.（費吳生）	28, 265, 328
Fitch, Geraldine T.（傑拉丁‧費區）	28, 303
Foster, William C.（福斯特）	277
Friedrich II（腓特烈二世）	2, 134

G	
Ginsberg, Paul（金世保）	29
Gough, Lewis Ketcham（高夫）	288
Gromyko, Andrei A.（葛羅米柯）	170
Gropius, Walter（葛羅斯）	274

蔣中正日記 (1952)
Chiang Kai-shek Diaries, 1952

著　　者：蔣中正
授權出版：國史館館長 陳儀深
統籌策劃：源流成文化
總 編 輯：呂芳上 源流成
責任編輯：高純淑 張傳欣 蔣緒慧
封面設計：溫心忻 源流成
排　　版：蔣緒慧

出 版 者：民國歷史文化學社有限公司
臺北市大安區羅斯福路三段 37 號 7 樓之 1
TEL：+886-2-2369-6912

國史館 Academia Historica
臺北市中正區長沙街一段 2 號
TEL：+886-2-2316-1000

贊助出版：蔣経國國際學術交流基金會
Chiang Ching-kuo Foundation for International Scholarly Exchange

世界大同文創股份有限公司
AGCMT CREATION CORP.

總 發 行：源流成文化股份有限公司
臺北市大安區羅斯福路三段 37 號 7 樓之 1
TEL：+886-2-2369-6912
FAX：+886-2-2369-6990

初版一刷：2023 年 10 月 31 日
定　　價：新臺幣 850 元
　　　　　美　元　32 元
ＩＳＢＮ：978-626-7370-24-7（精裝）
　　　　　978-626-7370-27-8（1948-1954 套書）

Republic of China History and Culture Society
http://www.rchcs.com.tw

ISBN 978-626-7370-24-7

9 786267 370247

蔣中正日記 (1952) = Chiang Kai-shek diaries,
1952/ 蔣中正著 . -- 初版 . -- 臺北市 : 民國歷史
文化學社有限公司 , 國史館 , 2023.10
　面；　公分
ISBN 978-626-7370-24-7(精裝)

1.CST: 蔣中正 2.CST: 傳記

005.32　　　　　　　　　　112015566